環法自由車賽七冠王

Lance : The Making of the World's Greatest Champion

藍斯‧阿姆斯壯

約翰‧威考克森 (John Wilcockson) ◎著

莊安祺◎譯

獻給法比歐，
他活在笑容中，死在自由車上

獻給蕾妮與芮塔，
感謝她們的精神和啓發

媽媽琳達抱著寶寶藍斯,雖
然藍斯才7個半月大,看來
就已經是個小壯丁。
(COURTESY LINDA KELLY
ARMSTRONG)

琳達的妹妹黛比對3歲的小姪兒寵
愛有加。(COURTESY LINDA
KELLY ARMSTRONG)

4歲的藍斯抱著愛貓杜西和湯米。(COURTESY LINDA
KELLY ARMSTRONG)

藍斯過8歲生日,得意地和舅舅
艾倫展示他的第一輛BMX腳踏
車。(COURTESY LINDA KELLY
ARMSTRONG)

藍斯的名字是為了紀念達拉斯牛仔美足隊的一名隊員，不過8歲的他卻是為牛仔的對手油人隊效命。油人是嘉蘭德YMCA美足隊的綽號，教練是他的養父泰利·阿姆斯壯（左上）。藍斯在五年級時轉入阿姆斯壯中學校隊。（PHOTOS COURTESY TERRY ARMSTRONG）

藍斯對BMX自行車賽產生興趣之後，父母在1981年聖誕節為他買了一輛全新的BMX車。

（COURTESY TERRY ARMSTRONG）

13歲的藍斯和死黨波岡一起參加普蘭諾市游泳隊。16歲的他已經一馬當先,助高中越野隊拿下達拉斯地區冠軍。(PHOTOS COURTESY HAL BOGGAN)

1986年，正值尷尬年齡的藍斯和母親與養父泰利·阿姆斯壯合影。（COURTESY TERRY ARMSTRONG）

比較懂事的藍斯和他第一任女友吉娜·迪·路卡。（COURTESY HAL BOGGAN）

藍斯的母親琳達錯過了自己高三的畢業舞會，因此藍斯帶她去參加他的畢業舞會，另一旁是他的女伴崔西·派瑞特。（COURTESY LINDA KELLY ARMSTRONG）

藍斯第一次參加三項全能賽事，母親在一旁協助。（COURTESY HAL BOGGAN）

藍斯贏得1988年土耳沙三項全能賽時，指導他的史考特・艾德喜不自勝。（TULSA WORLD PHOTO）

李察遜自行車商場的老闆賀伊特提供這輛白色的Kestrel自行車，讓他贏得第一場自行車賽。（COURTESY JIM HOYT）

在巴塞隆納奧運公路賽開始前，藍斯聽美國隊教練卡麥可的指示……但他和隊友麥恩斯克終場時一塌糊塗。（GRAHAM WATSON PHOTOS）

藍斯剛轉入職業車壇，英國車手葉慈就像大哥一樣。
（GRAHAM WATSON PHOTO）

21歲的藍斯在第一個完整的職業賽季，頭一次參加環法賽，拿下馮杜站的分站冠軍，接著在挪威奧斯陸摘冠，成為世界冠軍，身披彩虹衫，與母親合影。（GRAHAM WATSON PHOTOS）

1993年，藍斯戰果豐碩，贏得鉅額獎金，在德州普蘭諾以現金支付頭款，買下這款140匹馬力的Acura NSX跑車。（COURTESY HAL BOGGAN）

1995環法賽，車團紀念不幸喪生的卡薩爾泰利，讓他的隊友（由左至右）鮑爾、梅西亞、安德魯、派倫、史瓦特，和藍斯一字排開，率先抵達分站終點波爾。〔GRAHAM WATSON PHOTO〕

藍斯在卡薩爾泰利去世後三天，贏得里摩日賽程的分站冠軍，紀念這位隊友。
(GRAHAM WATSON PHOTO)

摩托羅拉隊經理奧查（左）和隊醫兼訓練顧問泰斯塔在藍斯成為職業車手後指導他四年。
(GRAHAM WATSON PHOTO)

J.T.尼爾對藍斯就像父親一樣，在他與藍斯在奧斯丁湖上一遊之後，兩人都被診斷出癌症。
（GRAHAM WATSON PHOTO）

奧斯丁的李維斯醫師說，藍斯所罹患的是這位腫瘤大夫畢生所見最惡劣的情況之一。
（COURTESY DR. JIM REEVES）

藍斯腦部手術切除病變組織，頭上留下U形的傷疤。
（JAMES STARTT PHOTO）

經歷積極化療之後不到兩年，藍斯減輕13磅，重回自由車壇，抱定決心要征服世界。
（GRAHAM WATSON PHOTO）

歐洲媒體不斷質疑藍斯的義大利訓練員費拉里醫師所用的方法。（GRAHAM WATSON PHOTO）

美國郵政車隊布魯尼爾帶藍斯參加環法自由車賽前，在庇里牛斯山和阿爾卑斯山的訓練營。（GRAHAM WATSON PHOTO）

1999年起，脊椎治療按摩師史賓塞用最先進的復原技術，協助藍斯在每一場環法賽事之中，都保持最佳狀況。（GRAHAM WATSON PHOTO）

藍斯和妻子克莉絲汀與母親琳達一起慶祝他第一次獲得環法賽總冠軍。（GRAHAM WATSON PHOTO）

三名環法賽前冠軍藍斯、烏利赫，和潘塔尼在2000年環法賽開始之前。（GRAHAM WATSON PHOTO）

藍斯和烏利赫在2003年環法賽之間的激烈纏鬥。藍斯由一連串幾乎造成憾事的意外中,在呂茲-阿第登(Luz-Ardiden)超越烏利赫(左圖),而這名走投無路的德國車手在最後的計時賽中奮力一搏,卻功虧一簣。(GRAHAM WATSON PHOTOS)

2005年，藍斯和好友兼車隊總監布魯尼爾一起慶祝他連續第七度環法自由車賽勝利（上圖），他的三名兒女路克、葛麗絲和伊莎貝爾則在香榭麗舍大道上和父親一起站上受獎台（下右）。（GRAHAM WATSON PHOTOS）

美國隊友辛卡皮皮助藍斯七度贏得環法賽冠軍。（GRAHAM WATSON PHOTO）

2007年12月阿富汗、伊拉克和科威特的勞軍之旅。藍斯和受傷的美國士兵、陸軍下士麥克尼利合影，同行的還有羅賓‧威廉斯（右前）、歌手搖滾小子（Kid Rock，上右）、諧星路易斯‧布萊克（Lewis Black），以及前美國小姐瑞利‧史密斯。（COURTESY DEPARTMENT OF DEFENSE）

奧斯丁律師比爾‧史代波頓是藍斯唯一的經紀人。
（GRAHAM WATSON PHOTO）

訓練夥伴和奧斯丁的朋友約翰‧柯列吉。柯瑞斯是藍斯‧阿姆斯壯基金會的第一任經理。（ELIZABETH KREUTZ PHOTO）

顧問兼好友奈格斯如今是藍斯最親近的業務夥伴。
（ELIZABETH KREUTZ PHOTO）

藍斯和歌手雪瑞兒‧可洛有一段曲折的情感，但他倆之間的愛出自真誠。這是在2006年1月宣布取消婚約前兩個月所攝。（GETTY IMAGES PHOTO）

作父親是藍斯生活中的一大樂事。在這張2006年4月所攝的相片中，他的兒子路克和雙胞胎女兒伊莎貝爾（貝拉）與葛麗絲分別是7歲和5歲。（GETTY IMAGES PHOTO）

藍斯在職業車壇東山再起，2009年1月，他再度領先群雄。（GRAHAM WATSON PHOTO）

目次

藍斯‧阿姆斯壯

序

　　「嘿，約翰，我正在推特（twitter）上告訴大家我們正在進行訪問。你總共報導環法自由車賽幾次？」

　　「四十次。」我答道。

　　「這會教他們嚇死。」這位七獲環法賽冠軍的車手說道。

　　如今藍斯雖名留青史，但他卻永遠想要學習更多。我告訴他一名傳奇冠軍車手的故事。

　　「1963年我初次觀賞環法自由車賽，最鮮明的記憶是我在其中一站終點霞慕尼（Chamonix）當觀眾，那是登山賽的最後一天，賈克‧安奎提爾（Jacques Anquetil，1934-87）拿下單站冠軍，披上黃衫。他上台領獎時走過我身旁，當時傾盆大雨，但在離我五英尺之時，他由身後的口袋掏出一把梳子梳他濕透的金髮，那動作簡直就像電影明星。」

　　安奎提爾是首位五獲環法賽冠軍（1957、1961-64）的車手，接下來三十年，又有三位歐洲車手平了紀錄，接著出現的是一位缺乏經驗、無視傳統，也毫無限制的美國選手藍斯‧阿姆斯壯。

藍斯·阿姆斯壯

藍斯就和安奎提爾一樣生了一副厚實的胸膛和又細又長的四肢，踩上單車就像風火輪般風馳電掣，但兩人的相似之處也僅此而已。藍斯在德州郊區的普蘭諾(Plano)成長，那裡壓根兒就沒聽過職業自由車這項運動。

如今人人都聽過這位自由車手抗癌成功，並且在舉世最艱難的運動中多次摘冠的英勇故事，這故事啟發了全球數以百萬計的人，並且喚醒世人對癌症的警覺，但很少人知道這個原本毛躁無禮的德州青年出身貧寒，在美式足球的文化中成長，卻在美國非常不流行的運動中登峰造極──甚至在他被診斷出罹癌之前。

無限剛毅堅忍的藍斯面對癌症，一如他後來面對環法賽一樣：和一群朋友、專家，和顧問合作，針對最困難的問題，找出最佳的解決辦法。這種作法再加上無與倫比的努力與紀律，使得他徹底改變了號稱舉世最美卻也最殘酷的運動。而最後，他以七年七獲環法賽冠軍的成就，創下了前所未有的紀錄，也獲得舉世最偉大冠軍的頭銜。

還有誰有資格爭取這至高無上的榮譽？這是自我非常小的時候，就一直在思索的問題。

我在戰後的英國成長，大家藉著看比賽紓解發洩，因此哥哥和我就成了運動迷。我們總爭論誰是這個項目的冠軍，誰是那個項目的第一，我們踢街頭足球，也打板球，在森林中賽跑，攀爬我們認為是山的高地，最後騎著我們的單車，假想自己到歐洲去參加環法賽。

爸爸媽媽帶我們去倫敦，讓我們看到了我們成天掛在嘴上唸個不停的各種冠軍。我們看著英格蘭板球隊對抗來自澳洲、南非和西印度群島的國家隊，我們親眼見到這種運動的傳奇人物唐・布拉德曼(Don Bradman，1908-2001，澳洲板球名將)，聽說了他的事蹟，不得不驚嘆他和美國棒球明星貝比・魯斯(Babe Ruth)和泰倫斯考柏(Ty Cobb)孰優孰劣。我們去看本國的長跑好手羅傑・班尼斯特(Roger Bannister)和澳洲的網球明星肯・羅斯伍爾(Ken Rosewall)。在擁有電視之前，我們嗶嗶剝剝的收音機就傳來了喬・路易(Joe Louis)和洛基・馬西亞諾(Rocky Marciano)的世界拳王賽，以及阿根廷好手范吉奧(Juan Manuel Fangio)出賽的一級方程式大賽車現場轉播。我們成了本地足球隊伍的忠實球迷，也因球王比利(Pelé)出神入化的技巧而嘆爲觀止。

這些人中，有哪一位能稱得上舉世最偉大的冠軍？如今能納入這個頭銜的人選都是球員，麥可・喬丹(Michael Jordan)以無人能出其右的球技和運動精神風靡了全國，比利妙手空空技驚四座，進球的速度和力量教全場觀眾如醉如痴，老虎伍茲擊球、切球、推桿的精準，史上沒有其他高球名將能及，貝比・魯斯叱吒他那一代的棒球場，而板球的布拉德曼棒上開花的功力則像魯斯一樣神乎其技。其他可以考量的還包括以炫目的表演技巧、凌波步法，和反手出拳的功力傲視擂台的拳王阿里(Muhammad Ali)；由5000公尺到馬拉松每一個項目都創世界紀錄的長跑健將海莉・吉布塞拉西(Haile Gebrselassie)；以及創紀錄七獲世界冠

藍斯‧阿姆斯壯

軍的一級方程式大賽車名將舒馬赫(Michael Schumacher)。

這些運動健將全都有震撼人心的輝煌成績,但很少有人多次摘冠,更沒有人參與如環法自由車賽這樣教人怯步的賽事——環法賽在體力、心靈,和情感上都有嚴格到幾乎可說是虐待的要求,參賽者在23天的時間裡必須承受耐力的超凡考驗,以雷霆萬鈞的速度完成2100英里的賽程,和平原上的強烈側風搏鬥,像老鷹一般攀爬數十個山道隘口,並以人類極限的速度爭相下坡。他們的身體必須適應寒風和酷熱,四分之一的選手在終點前,必會承受撞擊、傷害和病痛。

職業自由車是少數幾個以團隊為競爭、但卻會產生個人冠軍的專業運動,真正優異的選手可以贏得一次的冠軍,但要年復一年不斷地封王,則需要不同的完美技巧。藍斯展現了所有冠軍車手應有的天賦和能力,把科技、物理治療,和創新的訓練方式發揮得淋漓盡致,並且學到了決策技巧,方才得以組成、準備,並領導百年來最強的參賽隊伍。這些成就,再加上他所展現無堅不摧的雄心,使藍斯比起溯自1960年代之初的金髮自由車巨星安奎提爾以降,五度封王的幾位前輩來,是更偉大、更堅定的冠軍。

和藍斯的故事交織的,是一路上影響他,讓他在運動生涯和偶像人生中得到技巧、知識和信心的人。或許是天意安排,他們每一個人,都在藍斯最需要他們的時刻進入他的生命,協助他成長,發揮他的潛能,最後成為舉世最偉大的冠軍。

前言：只是個點子

2008年8月12日，再兩週環法自由車賽就要結束了。我正就著手提電腦吃午餐，卻見螢幕上冒出了發自「藍斯‧阿姆斯壯」的電子郵件訊息，主旨是「聊聊」。出於好奇，我把它點開展讀：「約翰，你有時間和比爾與我談談嗎？多謝。L。」比爾指的是比爾‧史代波頓（Bill Stapleton），他的生意夥伴兼友人。我不知道他們想聊什麼，因此好奇心大作。自環法賽開始前，我就沒有藍斯的消息了，那時是6月底，他在回覆我對本書的問題時說：「抱歉拖延了，我正帶著孩子在聖塔芭芭拉度暑假（避暑！），放鬆自己。……」

三年前他說自己退休後想做的，正是到海邊放鬆自己。在贏得2005年環法最後一場計時賽，也就是到他準備以破紀錄七度封王的成績，在環法賽終點巴黎結束職業賽車生涯的前一天，他在分站冠軍慣例的記者會上，向媒體侃侃而談，歷時一個小時。他坐在如洞窟般的大廳高台桌前，要大家提最後一個問題，一名法國記者拿起麥克風問：「明年七月環法賽時，你會做什麼？」

藍斯・阿姆斯壯

「我會帶孩子去海邊，」他說：「拿著冰啤酒輕鬆一下。」

　　沒有人懷疑他的說法。第二天他在巴黎發言時，也沒有人質疑他的誠懇。那天藍斯身穿優勝者的黃衫，大家都認為這會是他最後一次披黃衫，他拿起主辦單位的麥克風，向擠在舉世最宏偉香榭麗舍大道上的數千觀眾致詞。從沒有環法賽的冠軍曾在巴黎向群眾發言，就連藍斯也沒有，但這是他最後一次機會。

　　沒有人知道他想要說什麼，不過大家都知道絕不會是感性的道別。在藍斯身為職業車手的十四年來，他一直都是充滿自信，目空一切。在這次發言一開始，他像金像獎得主一樣，讚美對手，感謝協助他的親朋好友，接著他展現自1980年代中他少年時就和專業鐵人三項選手競速的認真態度，用環法賽的獎台作為他的道壇，向冷嘲熱諷懷疑他能力的人致詞，尤其是自1999年他戰勝癌症奪下環法賽冠軍以來，一直想給他扣上服食禁藥罪名的新聞記者。

　　「我為你們難過，我很遺憾你們沒辦法擁有夢想。」他在2005年7月的最後一個週日說：「我很遺憾你們不相信奇蹟。但這是一場盛大的比賽，沒有任何秘密。這是艱難的運動，要贏得勝利，就要拚命努力。」

　　就這樣，他以33之齡退出這項運動——比環法賽先前三位重要冠軍：西班牙的米格爾・英杜蘭(Miguel Induráin，最後一次參賽是1996年)、法國的伯納・伊諾(Bernard Hinault，1986)，和比利時的埃迪・墨克斯(Eddy Merckx，1978)的退休之齡都晚一

年。

　　有人說，環法賽太累人，每參賽一次，就會折壽一年。藍斯已經參賽十一次，他可不想再折壽下去了。他告訴記者，他已經耗盡心神，而他還有其他的事想做。最重要的是，他想要做個好爸爸，好好照顧當時才五歲的兒子路克，和才三歲的雙胞胎女兒葛麗絲和伊莎貝爾。她們傍著父親，站在2005環法賽獎台上，兩人穿著一模一樣的黃色無袖洋裝，正好搭配父親的黃衫。他把用黃色玻璃紙包著獻給冠軍的花束交給一個女兒，再把贊助商里昂信貸銀行送的獅子玩偶交給另一個女兒。路克則規規矩矩地等父親把冠軍獎杯交給他，這是一個鑲金邊的塞佛爾（法國國立陶瓷廠Sèvres，曾經是法王路易十五的御用窯場）水果瓷碗。他們的母親克莉絲汀則在場邊觀看，她和藍斯已經在2003年離異。

　　藍斯走下獎台，離開職業車手生涯，卻並不打算就此享清福。除了多陪陪子女、和與歌手雪瑞兒·可洛（Sheryl Crow）交往兩年之外，他還要推展以自己為名的防癌基金會，和各企業合作推廣 "LiveStrong" 品牌，並且履行價格上百萬的廣告合約。

　　但在2005年環法賽後不到一個月，藍斯的世界卻突然受到威脅。8月23日，法國運動大報《團隊報》（L'Equipe）以頭版頭題提出嚴厲的指控：「阿姆斯壯的謊言」。裡面有一篇獨家報導，由該報的禁藥專家，記者丹米恩·何索特（Damien Ressiot）執筆。這篇聳動的報導說，藍斯1999年環法賽的尿液檢體中，有六份檢體在一項實驗計畫中重檢，卻顯示其內有紅血球生成素

藍斯‧阿姆斯壯

(EPO)的禁藥成份。世界反禁藥組織(WADA)一直到2000年8月才准許探測尿液中的EPO，因此該組織准許法國檢測單位檢驗舊的檢體，以對EPO檢測有更進一步的瞭解。藍斯否認服食禁藥，而前荷蘭反禁藥組織主管艾密爾‧維萊蒙(Emile Vrijman)律師所負責的獨立調查，則向國際自由車總會(International Cycling Union，法文縮寫為UCI)提出報告，證明藍斯無罪。不過就在《團隊報》的報導掀起軒然大波之後，藍斯曾半開玩笑說他要重返車壇，「向法國人證明」他的清白，有人真把這話當一回事，害他不得不召開電話會議，澄清他的立場。他說：「我受夠這些了，坐在這裡面對這一切，明知就算我重返車壇，一樣也不可能得到公平的待遇──不論是在路上、禁藥單位，或是實驗室裡。我很高興我完成了我的生涯，不會重返車壇。」

這些話似乎確實為藍斯的自由車生涯畫下了句點，他如今把重心移向防癌團體，過著眾所矚目的名流生活。接下來三年，藍斯忙著促進世人對癌症的警覺：他在募款會議上演說、參加慈善自由車和馬拉松運動、探視癌症病患，甚至遊說美國總統候選人，鼓吹他們撥更多的經費供癌症研究。2008環法賽將屆之時，藍斯‧阿姆斯壯基金會已經籌募了逾兩億五千萬美元。

在自由車世界之外，藍斯所面對的最大挑戰是在2007年秋，他在德州推動的州立法案，要在十年內籌募30億美元作為癌症研究基金。為了這個歷史性的法案，藍斯就像政治人物一樣在他的家鄉奔走，在德州議會發表慷慨激昂的演說，並搭著宣傳巴士掃

街，在全州各個城鎮演講。雖然這計畫金額龐大，卻以壓倒性的驚人票數順利通過。

他基金會的LiveStrong品牌最先是推出到處都可以看得到的黃色腕帶，接下來則推動年度防癌高峰會、「健康人生」網站，以及全球抗癌計畫等重大工作。而在這些計畫之外，藍斯還開了一家叫作Mellow Johnny's（德州人對法文maillot jaune(黃衫)的說法)的高級自行車店，好消耗他無窮的精力，這家店位於他已經住了二十年的奧斯丁(Austin)，店裡展示了一些他在拍賣會上所購買的非主流藝術品，這是他用來妝點他在當地的西班牙式宅邸、在科羅拉多亞斯平的家，和在加勒比海的海濱別墅。

藍斯通常都是搭私人專機旅行，他黑莓手機裡的聯絡人無所不包，由同為活躍志工的U2主唱波諾(Bono)，到美國歐巴馬總統。自他告別車壇的環法賽之後，這位出生於達拉斯(Dallas)南區陋巷的德州億萬富豪私生活就成了眾所矚目的焦點，八卦報紙大幅報導他和雪瑞兒的訂婚(和後來的分手)，密切注意他和服飾設計師托莉‧伯奇(Tory Burch)的遠距離關係，並且拍到他和影星凱特‧哈德森(Kate Hudson)兩個月的交往。

藍斯和凱特在西班牙車手卡洛斯‧薩斯特(Carlos Sastre)拿下2008環法賽的那個週末分手，不到兩週，藍斯就參加了洛磯山的百英里登山車賽，純是為了好玩，結果他落在知名的科羅拉多登山車手戴夫‧韋恩斯(Dave Wiens)之後，讓大家都吃驚不已。比賽後四天，藍斯就發了那封「聊聊」電郵給我，我答應之後，

藍斯‧阿姆斯壯

那天深夜他回信給我：「謝了，約翰，我們有個計畫想請你執行。」我上床時滿心好奇，說不定是像他自行車店的計畫，不過為什麼要找史代波頓和我一起談？為什麼要一個作家來執行他的計畫？

次日晚上，他的電話來了。「抱歉我沒有先打電話來，」他的口氣有點猶豫，以他一向直來直往的作風看來，的確有點不尋常。「前幾天我在旅行，到亞斯平騎馬一週，現在我回聖塔芭芭拉了，我想和你談是因為這個點子可能會影響你正在寫的書。」

我興趣更濃了，說不定是有關私人的事。

接著他說：「我在考慮參加明年的環法賽。你覺得如何？」

我正大吃一驚，藍斯又說：「明年我就36歲了，但我不覺得自己太老。」我贊同，並說義大利車手大衛‧雷貝林（Davide Rebellin）以37之齡，依舊贏得北京奧運會公路賽銀牌。

「還有，」他繼續說：「現在大家都在報導游泳選手戴拉‧陶瑞斯（Dara Torres）奪牌的事，她已經41了，因此大家對我的想法一定會有興趣。」我告訴他，如果他再參加環法自由車賽，大家一定興趣濃厚，媒體一定會目瞪口呆。

藍斯說他沒有和多少人談過這個點子，只有他奧斯丁的朋友，和長久以來的私人教練克里斯‧卡麥可（Chris Carmichael），他的心腹和經理約翰‧布魯尼爾（Johan Bruyneel），以及前妻克莉絲汀。他說：「她是我的頭號粉絲，要不是她首肯，我不會這樣做。我們的子女太重要了。」藍斯對2009環法賽的念頭躍躍欲

試。「我喜歡給他們一點顏色瞧瞧。」這口氣就和以往的藍斯一樣，喜歡面對挑戰和搏鬥。「今年的環法賽簡直是笑話，我不是對薩斯特或凡德・瓦爾德（Christian Vande Velde，美國車手）有什麼意見，瓦爾德是個好人，但在環法賽只得第五？拜託！」

「我還沒百分之百確定，」他又說，「但我已經參加UCI、WADA，和USADA（美國反禁藥組織）等組織的藥物檢測計畫。」

接著藍斯談起這項運動名聲敗壞和形象差，他覺得都是因為擁有環法賽北美轉播權的美國有線電視Versus造成的。「你看到Versus的報導嗎？他們竟用『還環法賽清白』這樣的廣告，好像以前得牌的選手都靠的是禁藥。我看到他們一直報導崔基・貝爾川（Triki Beltran）、泰勒・漢米爾頓（Tyler Hamilton）、羅伯托・艾拉斯（Roberto Heras）和佛洛伊德・蘭迪斯（Floyd Landis）就火大——這些人都是我隊上的選手（後來都因服用禁藥而遭禁賽）。Versus根本不是想還環法賽清白，他們要的是重獲2004和2005年的收視率！」

藍斯越說，似乎就越相信自己**能夠**重返菁英車壇，**能夠**重回環法賽，再拿冠軍。但我問他，他為什麼要這樣做？他說他想要把所有的藥物測試結果公布在網路上，和媒體開誠布公，並且請獨立的反禁藥專家監督，成立非關比賽的藥物測試計畫，於是我明白他參賽是要澄清自己的名譽，向2005年他在冠軍台上致詞時，所有懷疑他的人證明：他可以在絕對清白的情況下，贏得環法賽。

藍斯・阿姆斯壯

但真正的理由是什麼？

藍斯沉默了一會兒，接著他誠心地說：「我這麼做是為了我的孩子。如今網路上的消息這麼容易流傳，他們隨時都可以讀到他們想讀的新聞。我可不想他們在成長的過程中看到我和禁藥有所牽扯的新聞。」

這不過是個想法而已，他說。

當然，但我很清楚只要藍斯一有什麼想法——由打破每一屆環法賽的紀錄，到創立全球防癌基金會，他都會馬上付諸行動。

「你明天要做什麼？」我問。

「做4小時的騎車訓練。」

接下來幾週，藍斯和他的基金會認為，他的復出可以使他的防癌活動提升到世界級，這也是他後來向媒體表示他重返環法賽的主要原因。他還指出，這次比賽不論輸贏都沒有關係，因為都一樣可以提醒防癌的觀念。的確如此，但這並不能否定他在電話中所透露出更深入、更單純的原因。扮演好爸爸的模範角色，對藍斯的意義非比尋常，這是他自覺一輩子都沒有得到的事物，而這也可以說是一切的緣起。

第一章

緣起

她灌輸了我勤奮和犧牲的精神，

而勤奮也造成了堅強。

她每天都會說：「去追求你的目標！」

——藍斯·阿姆斯壯

藍斯的母親聰穎而且精神奕奕，就和她的兒子一樣，兩人也有同樣的長臉。不過藍斯運動員的體魄驚人，琳達卻身材嬌小，遮掩了她的堅強。她坐在位於達拉斯北區家裡挑高天花板下的長早餐桌前，顯得更加玲瓏。她準備了一點清淡的午餐，我們邊吃邊談她的人生和她的獨子。五十多歲的琳達一口德州腔，語調輕快，笑起來卻出人意外的爽朗。

她說她的現任丈夫艾德·凱利(Ed Kelly)是「很棒的人，我的夢中伴侶。」她在2002年嫁給愛爾蘭裔的凱利，他曾任IBM的

藍斯・阿姆斯壯

主管，已經退休。這是她第四次婚姻，據她說也是最好的一次，說她從沒有如此快樂幸福。他們的磚房背對高爾夫球場，電話鈴聲是「當愛爾蘭的明眸微笑」這首歌的曲調。

他們位於普蘭諾郊區的家離琳達生長的達拉斯南區雖然不到一小時車程，卻是天壤之別。琳達住在三一河（Trinity River）貧窮的那一側，和她同住的是妹妹黛比和弟弟亞倫，以及他們的單親媽媽伊麗莎白，在他們的成長過程中，他們的父親保羅・穆尼漢（Paul Mooneyham）剛由越戰退役返鄉，但他酗酒和家暴，終於導致離婚。

- -

「酗酒一直是我們家人老是擺脫不掉的問題。」琳達的妹妹黛比說。

黛比比姊姊更高，說話更響亮，也更有德州味。她的嘴較寬，金髮沒有像姊姊那樣刻意整理，口紅則是較明艷的紅色。她嫁給浸信會牧師，生了三個女兒，已經在馬里蘭郊區的城市擔任高中老師達三十年。

她開著轎跑車到巴爾的摩的火車站接我，穿過城中較貧困的地區時似乎有點不自在，或許這讓她想起1960、70年代初穆尼漢姊弟在橡木岩鎮（Oak Cliff）成長的往事，當時學校廢除了種族隔離的制度，白人都遷往郊區，犯罪和幫派活動橫行。「達拉斯南

區是很窮的老區，」她說：「許多族裔的人都住在那裡，我們是少數的白人。」

「我們住的公寓永遠是租的。」黛比在家附近的咖啡店裡捧著咖啡說：「媽媽搬了很多次家——我想是因為錢的問題。爸爸有時會送贍養費來，但通常都沒有。我們最後一次搬的住處情況最糟，恐怕是她唯一可以負擔的地方。」

黛比接著傾身靠近我，放低音調以免被隔桌閒聊的兩名黑人女性聽到。她低聲說：「但據當時的種族情況……是不同的景況——如果你明白我的意思——我還記得故意在前幾站下車走回家，以免別人知道我住在哪裡。很丟臉。」

不管丟不丟臉，貧窮的穆尼漢姊妹依舊是典型的少女。琳達在亞當森高中參加儀隊。「她高中很出鋒頭，」黛比說，「其他學生為我們歡呼喝采。但突如其來地，琳達懷孕了。她只說：『我中獎了。』因為其他女孩都有性行為，她的朋友。當然，媽媽並沒有和我們談避孕丸的事，當時親子不談這個。

「琳達先把這事告訴媽媽，然後又告訴我。她16歲，我15，這真是震驚的消息。她的一個好朋友才剛懷孕，不得不飛到墨西哥墮胎——因為那時還是1970、71年。」

黛比說家人都不知該如何是好，媽媽很氣琳達「惹上麻煩」，但最後他們決定還是要讓琳達保住孩子。黛比說：「我記得很清楚，我的看法是，負負不會得正。我很堅持不該墮胎。」

因此大家決定要讓琳達把孩子生下來，孕育了未來的體壇冠

藍斯・阿姆斯壯

軍。

「最教人吃驚的是藍斯的父親，」黛比說：「艾迪・甘德森（Eddie Gunderson）並不是最炙手可熱的男生。他們倆在高中認識，他不算什麼酷男生，根本是小太保。但就算還很年輕，琳達依舊十分實際：『該怎樣就怎樣』。我還記得我父親——他就住在附近，對琳達說：『你得結婚。』因此我們很快地舉行一個小小的婚禮，我就像女儐相一樣。」

他們在琳達17歲生日那天——1971年2月12日結婚。「琳達穿上好友的舞會禮服，在教堂舉行了很美的婚禮。」黛比回憶說：「擠滿了人，所有的高中同學都來了。」但這興奮並沒有持續多久。

「琳達的許多好友在她懷孕之後就不再和她來往。」黛比說：「我們這個小家庭努力克服萬難。她穿我的衣服當孕婦裝，因爲我的身材比她高大得多。我母親從沒能在財務上幫忙，琳達什麼也買不起。她輟學到超市當收銀員，做這些工作賺點小錢，艾迪則去送報，兩人才能租一間公寓，在橡木岩的一間雙併小公寓，等孩子生下來。」

這男嬰在當年9月18日出生，身體強健，將近10磅（4550公克）重，對像琳達這樣嬌小的年輕女孩實在是很困難的分娩。他們給他取名爲藍斯，紀念知名的美足達拉斯牛仔隊接球員藍斯・倫特澤爾（Lance Rentzel），並加上琳達父親的名字艾德華。（諷刺的是，牛仔隊在那一年釋出倫特澤爾，因爲他行爲不檢，遭警

方逮捕。）

─────────────────

「藍斯為我的生命帶來如此的歡喜、快樂和穩定。」琳達
說：「我連這些都從沒擁有過。但我們過得很苦……」

她從沒有把她成長的艱難告訴兒子，也從沒向他提他如何困
難地來到這世界，以及他幼年時家裡的艱困。他是在2005年讀
她的書《愛比山高》（*No Mountain High Enough*）」時才發現的。
「我的反應就像『哦，我的老天，』」藍斯告訴我：「又窮、
又絕望、又艱難、苦苦掙扎，沒有希望。她的書讓我震驚不已，
震撼了我的世界。因此我一讀──老天，我從不知道我們過得
這麼糟。媽媽總是把我的一切安排得好好的。」

─────────────────

起先穆尼漢和甘德森兩家有「讓我們通力合作」這樣的態
度。琳達的父親為小夫妻買了洗衣機和烘衣機，「艾迪的母親
──我們稱她瑪妮，也很幫忙。」黛比說，「她很窮，但她會幫
忙看孩子，我也是。他們的公寓就離我們家不遠，他們自己都還
是孩子。」

「我高三時，總是去他們家幫瑪妮把孩子送去護士那裡……

藍斯‧阿姆斯壯

艾迪對運動沒興趣，琳達也一樣，所以我總在想：到底藍斯是由哪裡學到這些運動技能的？艾迪喜歡騎自行車，但只是作消遣，我參加一些運動，我弟弟也是，但從沒有像藍斯這樣。至於我的父母親？他們從不運動。」

　　不過艾迪的家族卻有堅強的血統。他的曾祖父母馬丁和瑪瑞‧甘德森十九世紀中生於挪威奧斯陸，後來移民到德州普雷維爾（Prairieville）的挪威人聚落，那是一個與世隔絕的農業社區，在達拉斯東南50英里，二十世紀初時人口只有200人，老甘德森夫婦在經濟大蕭條時期去世時，只有50人。

　　藍斯的父母親都來自低收入家庭，但艾迪比琳達更不成熟也更任性。黛比說：「他要載我去唐先生甜甜圈店，我寧可走去。如果你搭艾迪的車，只能一路祈禱，他的時速開到80英里。他年輕又魯莽。」

　　年方17的艾迪不適應婚姻和父親的角色，他覺得自己喪失了青春自由，因此把滿肚子的挫折都發洩在年輕的新婚妻子身上。「我承認自己不是什麼好人，這輩子也曾做過一些不好的事，但我從沒有像琳達說的那樣打過她。我只記得有一次摑她耳光。」艾迪2005年說。「我行事瘋狂，我也相信琳達向藍斯說了很多有關我的事，我相信大部分都是實話。」憤怒和爭吵可不是撫養寶

寶的好婚姻環境，黛比說：「琳達曾經離家出走一次，搬進我父親只有一間房間的小公寓。她回到艾迪身邊時，爸爸告訴她：『你頂多只能再搬一次了。』她知道他是認真的，但後來一切又失控，她打電話給爸爸說：『我需要幫助，我得搬離這裡。』

「琳達第二次離開艾迪時十分痛苦。我一向個子高大，因此我去幫忙爸爸搬家，我們得去搬洗衣機、烘衣機，還有琳達和藍斯。把寶寶抱出來。」

「艾迪很受傷，他並沒有動手動腳，但卻滿口粗話，是你能想像最難聽的髒話，用髒話辱罵我爸爸，到最後我忍不住哭了出來。爸爸沒有對他說什麼，琳達則一副不想再和他囉嗦的模樣。我想他知道一切就這樣結束了，艾迪就這樣和她分開了。」

這樁婚姻持續不到兩年。離婚協議書中，藍斯由琳達撫養，每隔一週週末去甘德森家，艾迪每週支付二十美元的贍養費。

當年才高三的黛比回憶說：「爸爸教琳達存錢——你賺這樣多，該存這樣多，這樣她才有了間小公寓可住，這點得歸功於他。」

艾迪並未按時支付贍養費，因此琳達得像一般的單親媽媽一樣盤算。「雖然我年輕沒見識，但我想：『我可不是好欺負的。』」她展現了遺傳給兒子的好鬥態度。

除了逞強之外，琳達是靠著信仰度過她與藍斯生命中最艱困的歲月。艾迪的母親和琳達的家人都特別喜愛她的小寶貝，對她也有不少幫助。黛比說：「藍斯是天賜，不論如何，寶寶都是天

藍斯・阿姆斯壯

賜之福。有十年的時間，他是家裡唯一的小孫子。」

　　藍斯身強體壯又早熟懂事，也減輕了琳達的重擔。他九個月就會走路，而且很快就展現他學習的能力。「藍斯兩歲時上一個基督教的托兒中心，他們演了一齣基督劇，我到西爾斯百貨去幫他買了戲服，」琳達還記得：「他上了台，背了一整節聖經經文，聰明得不得了，而且他還比其他孩子都小。這可是大事。」

- -

　　黛比說，這時候琳達的生活漸漸上了軌道，「她努力上進，在一家車行當總機，後來還拿到高中畢業的同等學力證書。」

　　但她擔心藍斯在成長的過程中沒有父親，她的信仰和價值觀都認為這是孩子成長的必要條件。接著她邂逅了泰利・阿姆斯壯（Terry Armstrong），他是德州巴黎市第一基督教會牧師雷蒙・阿姆斯壯的養子。泰利大專畢業就到一家賣熱狗和烤肉用牛肉的公司工作，琳達認為他可以做她兒子的典範。他們倆的結識並非偶然，泰利告訴我：「有個朋友說：『讓我介紹一個我認識的女孩給你』，我們一起去她工作的車行，我想，不錯……所以我就登門拜訪，她要我等一下──她有個保母，我走進去，就看到搖籃裡的孩子，這實在太太神奇了，因為他是個男孩子，而我是個年輕男人。」他說他那時正想安定下來，「我腦海裡靈光一現，因為琳達非常可愛，而且這是個家庭──我受琳達的吸引是因為她

有個兒子，不光只是因爲她自己。」

　　泰利在普蘭諾一間現代辦公建築的會議室和我談話，他在普蘭諾爲「蒙特利菇品公司」開了一間地方辦事處。他的年紀坐五望六，看來親切慈祥，灰髮稀疏，穿了一雙有縫線的皮鞋，灰長褲熨得整整齊齊，還有上漿的白襯衫。一直到現在，他從未公開談論藍斯。他的德州腔很重。

　　「我剛開始和琳達約會時，她還和艾迪牽扯不清。」泰利說。因爲琳達的前夫每隔一週就會帶藍斯去他母親那裡。「艾迪常常不準時送藍斯回來，琳達非常著急。那時我知道艾迪，呢，在警察那裡有案底，因此我也很擔心。我記得琳達告訴我，他們結婚之初，艾迪曾對她丟過螺絲起子，傷了她的大腿。

　　「這一切我都看在眼裡，我在想這個小家庭：『他們住在橡木岩只有一個房間的公寓裡，她賺不了多少錢，又和這個陰陽怪氣的前夫牽扯不清，還拿不到贍養費。』我知道她過得很艱難。」

　　泰利知道她的辛苦，而他作業務員賺的錢不少，因此他向琳達求婚，而她也答應了。「我還記得向保羅・穆尼漢求親時的情景，」泰利說，「我們在她的公寓，藍斯在小床裡。我說：『我會保護你的女兒。』保羅說：『我知道。』」

　　他們在1974年結婚，由泰利的父親主持婚禮。泰利那時22歲，琳達20，而藍斯兩歲。

　　琳達有了新丈夫，但她兒子的姓依舊是甘德森，她並不喜歡

藍斯‧阿姆斯壯

這個姓，因為它一直提醒她這個她一心想忘掉的男人。收養是讓孩子改姓的辦法，但得要艾迪簽名，放棄藍斯的親權。

「有個週末，艾迪不肯帶孩子回來，」泰利回憶說，他們瘋狂地打電話，最後叫來警察。

「我有點氣不過，他已經很長一段時間沒付扶養金了，我在停車場碰到他，我把藍斯抱過來之後，和他吵了起來。

「在我看來，就算他270公分高，我也不在乎。因為你現在要面對的是一個幼兒，他歸你照顧，而你又愛他的媽媽，我可不在乎他有多高大，他就是不能對她這樣……

「所以我說：『簽名，把這些文件簽好，你就解脫了，不用再付任何扶養金。』我還告訴他：『不要再來了。』」藍斯那時才3歲，艾迪20，自那天之後，他們再也沒見面。

艾迪簽了文件之後，撫養程序就沒有其他阻礙，只有一個單純的結論：「泰利收養藍斯的那天，我和琳達與藍斯一起去辦事處，」黛比說。「沒有外人，只是大家一起來，把藍斯的姓改成阿姆斯壯。接著艾迪就自己去逍遙了，他母親想和我們聯絡，但琳達很乾脆：『好了，辦好了。』」

二十年後，艾迪的母親薇妮談起藍斯說：「我哭了很多次，祈禱時流了多少眼淚。我別無要求，只除了看看他，抱抱他，告訴他我多愛他。他是我孫子，就算你有其他孫子，還是忍不住會想念這一個。」

藍斯依舊是獨子。「婚後不久，」泰利說，「琳達和我在朋友家，琳達說『我們生孩子吧！我想懷孕！』但我說：『不，我已經有兒子了，我有責任，我還很年輕，不需要再一個孩子。』我想這是一種自私心理，我有兒子——他有我的姓。

「在我年輕的想法，我覺得如果沒有別的孩子，藍斯就可以得天獨厚……所有的生日禮物，一切的大專教育……一切。所以為什麼再生孩子？一個孩子才有道理。而且我知道琳達那次分娩吃了不少苦，為什麼讓她再經歷一次那種疼痛？自私嗎？」

因此小藍斯依舊是大家的重心，尤其是假日之時。「身為獨子，也是唯一的孫輩，他們把他寵上天了。」琳達說。她還記得有個聖誕節他們和她的弟弟妹妹一起過，她弟妹已經搬去與父親同住，就在橡木岩前幾條街。「聖誕節是有趣的節日，藍斯愛死聖誕老人了。我弟的朋友打扮成聖誕老人來敲門，他妝扮得真像。就是那年，我父親給藍斯沒有輔助輪的第一部腳踏車。」

黛比也記得那個時候「我父親已經戒了酒，在郵局上班。」她說：「他戒酒之後就把我們接去團聚，並且盡量幫助我們。」

黛比也記得藍斯十分可愛，結果照了第一張宣傳照。「是藍斯正在吃熱狗的大張海報，他可能才3歲，為泰利賣的商品促銷。」

藍斯·阿姆斯壯

「我們產品最暢銷的地方是學校，」泰利說明，「因爲全美國每一間學校的菜單上都有熱狗，因此我請相館拍了一張藍斯拿著熱狗的照片，每一次參展都會帶有藍斯的相片。」在那些日子，藍斯少數出德州的旅行是到馬里蘭州去看黛比阿姨。「他跟著爸爸媽媽來這裡度一週，」她說：「他從沒見過地下室，因此問：『這是什麼？』 他們在德州沒有地下室。他打開門跌下樓梯，掉了下去！

「那時我們和公公同住，他年紀大了，已經退休，身材依舊保持得很好，戴著一頂遮陽帽——藍斯很喜歡他，跟著他在花園裡走來走去。我們要帶他去遊樂園玩，要他去做這做那，但他只要跟著我公公就滿足了。一天我公公正在種花，穿上泳褲，藍斯跑來問我說：『黛比阿姨，爲什麼阿公穿著內褲？』他自己就會這樣稱呼他，我並沒有教他。」

這些事藍斯都不記得了，他幾乎根本記不起童年時期的任何事，少數記得的卻是不愉快的往事。「我大約4歲，」他告訴我：「由玩具小卡車上摔下來，撞到手肘，得去醫院。我記得這個，是因爲醫院很嚇人，我的傷勢需要縫合。」

藍斯和母親一樣，後來和泰利再也沒有聯絡。但泰利對他養子卻依然有溫馨的回憶：「我出差賣掉我的商品之後，永遠不會忘記回家時看到他跑過草地，抓著我的外套說爹地回來了。我還記得買玩具或其他東西給他時，看到他的雙眼發亮，是多麼歡喜。」

　　「他作業務員待遇不錯，」黛比說，「我母親總說，泰利在經濟上的確有幫助。」有他的收入，再加上琳達工作賺錢，他們終於實現了琳達長久以來離開老舊橡木岩地區的夢想，這個年輕的家庭搬到三一河對岸，到達拉斯東北區快速發展的郊區李察遜市（Richardson），這裡有購物中心、鄉村俱樂部和整齊的街道。「我相信琳達搬走的時候，」她妹妹說：「她一定是刻意要搬到李察遜市，而這也造成後來一連串的發展，那裡的人水準比較高，他們所做的事和所達成的成就都比較高水準。這是全新的發展，他們全心參與。一個美好的家……藍斯也逐漸結交了這種家庭的孩子──他們全都是什麼都有，名牌服飾、社交活動……我想藍斯很自然地和他們來往，而並沒有說『不，我做不來。』」

　　「我想如果他們繼續待在達拉斯南區，」黛比說：「一切可能就要改觀了。」

第二章

撫養藍斯

琳達說藍斯需要一個導師，不是像教練這樣的導師，

而是個成人導師，讓他不致惹是生非的導師。

——史考特・艾德（Scott Eder）

吉姆・賀伊特（Jim Hoyt）在達拉斯車壇是個知名人物，他開了全美規模最大、業務最鼎盛的自行車店，而且也和其他自行車店老闆一樣，鼓勵並支持年輕而有才華的車手，藍斯就是其中之一。

賀伊特於1950年代在印地安那的小鎮長大，他是個勤奮的男孩，很愛騎單車，自10歲起就在自行車店打工。他沒上大學，而是到芝加哥全美最大的單車廠商舒文（Schwinn）公司當清潔工。但他不久就被徵募赴越南，受了重傷。

「我的大腿、胸膛和背後都遭重襲，」他不帶情感地說。我

藍斯・阿姆斯壯

們走過他的店「李察遜自行車商場」前遼闊空曠的停車場，他說：「越戰後，我回到舒文擔任業務代表，那時我21歲，是他們所聘用過最年輕的業務代表。我的越戰頭盔上不知道為什麼印有『德州』字樣，因此舒文問我要派駐丹佛還是達拉斯，我就選了達拉斯。我搬到這裡的那天是1970年12月，天氣就像這樣。」他指著緩緩消散晨霧的微弱陽光。

賀伊特帶我在他超市規模的單車店裡參觀，裡面有教人驚嘆的許多新車——由兒童初學的第一部自行車，到價格八千美元的環法賽公路車。我們在他寬敞但無窗戶的辦公室坐下，室內滿是金屬檔案櫃和不成套的桌椅。「我一直都用同一張辦公桌。」他驕傲地說。

賀伊特如今年逾六十，國字臉，鐵灰色的頭髮，無框的眼鏡烘托出閃亮的眼睛。他說自己和太太羅達每年騎車千餘英里，因此依舊保持青春。他從沒想到自己會離開舒文，但1980年代初，他因緣際會，買下五家「達拉斯自行車商場」連鎖店的一家。「我依舊每週工作六天，」他說，「好的服務是關鍵。」

他原本的店在現在這家店南方兩英里，「正好」位於阿姆斯壯新搬進來的公寓。賀伊特頭一次見到藍斯，是才一年級的他跟著媽媽來買兒童用的BMX車，「是舒文的Mag Scrambler，栗棕色的車身和黃色車輪，我給他們打了點折扣。」賀伊特還記得，「在那個年紀，才六歲的他是個乖孩子，但後來卻成了個小壞蛋。」

賀伊特指著我坐的椅子，椅套已經磨損，還朝一邊歪斜，恐怕要修了，我向他建議。「是啊，快要不行了，」他同意，「但自我擁有這家店以來，它已經撐了二十八個寒暑，那椅子很有歷史，很多名人都坐過，藍斯就常坐在那裡和我談他的夢想。」

賀伊特說，藍斯總夢想要做個名運動員，讓人生擁有「美好的事物」，但一直要到他十來歲，才談到自己要作自由車手。生長在達拉斯牛仔隊的家鄉，他比較熟悉的是美式足球，還有少棒和足球。但團隊運動一向不合藍斯的口味，即使他的繼父泰利不是擔任教練，就是爲他買最好的裝備，盡力鼓勵他。

藍斯的阿姨黛比說：「泰利能補償他的，就是盡力提供他的物質，但他和藍斯從沒有真正的父子之情。」

或許如此，但在某些方面，泰利盡了他的力。「藍斯剛開始打棒球時，想當捕手，」泰利告訴我，「我問他：『你爲什麼想要做捕手？』他說：『因爲捕手每一球都在場。』於是我爲他買了最好的捕手手套，我希望能盡力提供他一切。」

後來，他們家搬到附近的賈蘭德（Garland），藍斯加入YMCA踢美足和足球，泰利也參與足球隊的教練工作。琳達說這是她印象中藍斯和泰利比較親近的時候，藍斯也同意。泰利想協助兒子參與運動，他的作法就像一般中產階級的父親一樣。「我總擔心教練，你常會聽到教練虐待球員的事，因此我認爲要確保藍斯有個好教練，最簡單的辦法就是乾脆自己去當教練。剛開始我是助理教練，第二年總教練走了，就由我接手。

藍斯・阿姆斯壯

　　「我們取名爲油人隊，而且我還向真正的休士頓油人
（Oilers，美足田納西泰坦隊的前身）隊拿來了印花，並且買了同
樣的頭盔，把花樣轉印上去。我也爲其他教練弄來了油人的鴨舌
帽，我說我們也許贏不了球賽，但至少上場時要有模有樣。結果
我們所向無敵。我發給每一個球員一塊牌子，上面有他們的名字
和得分。如今我還會碰到一些當年的球員，他們依舊稱我教練，
還說他們後來從沒有參加過所向無敵的隊伍。

　　「藍斯是個好美足球員，他打起棒球更好——擔任捕手，幾
乎可以投到二壘，但到球季一半，他又改變心意要做投手，他
說：『這些人根本不會投，我可以投得更好。』 所以他當投手
我當捕手，我們在後院一投球就數小時。

　　「他在球季結束時，以投手的身分被選入明星隊，他很喜歡
上投手丘。我總覺得這是他想成爲明星的第一個跡象，如果你
小時登上投手丘，你就會成爲衆所矚目的對象，而他也喜歡這
樣。」

　　到四年級，藍斯對棒球和足球不再有興趣，「雖然他在團隊
運動上表現傑出，」泰利說，「但他不喜歡依賴別人，他討厭別
人失誤或掉球。」

　　那時九歲男孩能玩的少數幾項單人運動之一就是BMX——
自行車越野障礙賽，在像雲霄飛車的泥土場地上賽小輪單車。
「在李察遜市南區有個小賽車場，他一直說他要去，」泰利
說，「因此我去找賀伊特，告訴他：『藍斯要什麼車，我就

買。』」

　　泰利由一疊他堆在辦公桌上的褪色相片中抽出一張，那是已經發育得胸膛寬闊的藍斯跨坐在全新的BMX賽車上，年輕的他笑容燦爛，但BMX和成長對他而言都並不容易。

　　「有一次他去比賽，結果摔下車來，倒在泥土地上，」泰利說，「我跑過去，看到他正在哭。我扶他起身說：『我們完了。』他問：『這是什麼意思？』『如果你繼續哭，我們就完了。』我說：『我才剛付完這些錢，我們就完了，如果你棄賽走出場外哭，我們就完了。』他說：『不不不，』我說：『不，我們完了，我不想要有棄賽的人。』」

　　「我本來要把自行車放到車後，送還給賀伊特，但還有一場比賽。『我幫你把比賽比完，』我這麼建議，他參賽了，後來每週六都去，那是1981年。」

　　泰利和藍斯一樣是獨子，他和養父母雷蒙與奈兒感情融洽，老阿姆斯壯夫婦住在距達拉斯東北百英里的巴黎，奈兒在教會司琴，雷蒙則是牧師。

　　「重大節日我們都會去巴黎，」泰利說，「有幾次聖誕節我們請琳達的母親來，有幾次我們則邀她父親保羅。夏天時藍斯會去我父親那裡過一兩週，其實在巴黎鄉村俱樂部，大家都在談小

藍斯・阿姆斯壯

藍斯開著我爸的高球車，有位女士還在她家後院的游泳池教藍斯游泳，接著他們會烤肉，藍斯就吃漢堡和冰淇淋。德州巴黎市人人都認識藍斯……到今天還記得他。」

泰利很喜歡他父親。「爸爸熱愛工作，他也愛人。」他說，「他每天都會打電話給我，問我三個問題：『你為別人做了什麼？你為教會做了什麼？你為你的孩子做了什麼？』」

黛比阿姨也喜歡泰利的父親。「他是好人，」她說，「但我並不很喜歡泰利的母親。我記得藍斯有一次在她那裡待了一週，我和琳達一起去接他，他哭著跑出來，那時他大概八九歲。『趕快帶我回家。』我望著琳達對她說：『你再也不要讓他來這裡了，不要讓他待在這裡。』」

像這樣的事件使得藍斯和養父及養祖父母的關係越來越僵，他比較喜歡去看外祖父保羅，保羅已經搬到達拉斯東南五十英里的雪松溪湖區去了。

「我外祖父是退伍軍人，有不錯的津貼，不太需要工作。」藍斯說：「他曾當過德州七點市的市長，信仰虔誠。我們夏天會去那裡，因為有湖，我們會去釣魚。達拉斯報紙上有釣魚新聞，我們收穫不錯，有一次我還因為釣到大魚上了報。真夠酷。」

但回到家裡，泰利和琳達卻衝突不斷。「我們對於如何教養藍斯有截然不同的觀點。」泰利承認，我常說：『我們得和藍斯一起做決定。』但每次我告訴藍斯不行，她總說可以，最後她總是說：『他是我兒子。』她老是用這個理由。

「但其實那也沒什麼不可以。若要我真正指出我們一家人分離的原因，應該是琳達退出教會。我是達拉斯諾斯威基督教會最年輕的執事，在教會裡很活躍。藍斯也上主日學，我們每週日都上教會，但後來琳達說：『我不想再去教會了』。我們就不再去了。」

泰利對這點依舊無法釋懷。「如果你們一家人不再上教堂，你又年輕，那麼你的道德標準就⋯⋯」他沒有把話說完，只用手在空中比畫了一下。「這該怪我，我該以全家精神領袖的身分，堅持全家繼續上教會，但我沒有，現在我可以回顧說：『這一切是什麼時候起開始走下坡的？』我認為如果我們留在教會，一切可能都可以順利解決 。 」

然而藍斯開始迴避泰利，越來越獨立而封閉。黛比談起她的外甥說：「他很害羞。他十或十一歲時，來馬里蘭和我們往了一週，但他其實很想回家。我覺得這趟旅程對他而言並不很有趣⋯⋯還有，藍斯學業不太行，和琳達一樣。或許這讓他煩惱。⋯⋯」

藍斯也有同感。「我不是好學生，因為我沒盡全力。」他說，「我對學業沒什麼興趣，如今很想重來一遍。但那時我坐在課堂上，心裡想的卻是我的宏圖大業，那就是運動。我功課勉強過得去，但那時我想：『我學西班牙文做什麼？』 」

黛比對外甥的學業另有解釋：「或許是教育系統出了問題，我可以說我們的教育不怎麼樣。我在教育界，所以很清楚。

藍斯・阿姆斯壯

「我記得他大約12歲時，我在普蘭諾，藍斯的西班牙文報告不及格，因此琳達說：『爲什麼不讓黛比阿姨教教你？』因爲我在學校教的正是西班牙文。於是我看了他考卷，寫得像鬼畫符一樣，但仔細讀，他的答案都是對的！我告訴藍斯：『你的答案是對的，但可能老師看不懂。或許你下次交教告時，字要寫清楚一點，她才看得懂。』」

藍斯對學業沒興趣，功課也普通，因此他把精力放在運動上──尤其是像BMX這種可以獨力完成的運動。他很幸運，父母親願意協助他達到運動的目標。

「朋友總取笑我，」泰利說，「『你不打獵，不釣魚，不打高爾夫，也不賭博，你究竟做什麼？』我說：『我帶孩子。』他們去打十八洞，我則帶藍斯去BMX賽車場。我的重心一直都在藍斯身上。我買第一棟房子時，刻意選在學校附近，讓藍斯可以走路上學，因爲我不放心他搭巴士。」

阿姆斯壯家的新磚造平房位於很宜人的地區，道路兩旁綠樹成蔭，家家戶戶碧草如茵，離杜利小學只有幾條街，接下來藍斯要上的學校──阿姆斯壯中學、威廉斯高中和東普蘭諾高中，都在方圓三英里之內。藍斯很快就和同爲四年級的亞當・威克（Adam Wilk）結爲好友，他就住在街對面的梅沙路上。「那是個

入門等級的鄉村俱樂部社區。」威克這麼描述他所住的區域，背後對著羅斯里歐斯高球俱樂部和鮑伯伍德羅夫公園，這地方和琳達生長以及藍斯出世時所居的橡木岩真是天壤之別。

威克依舊住在羅斯里歐斯地區，他在基斯健身器材公司擔任經理已經逾十五年，這家公司專門生產家用健身設備和踏車。我到該公司寬大的倉庫去見他，倉庫面對賈蘭德的工業園區，俯看著農地。

我們在他辦公室坐定，每幾分鐘，他桌上的個人電腦就傳出電子郵件的聲音。威克身材精瘦如運動員，漸禿的頭頂上有一小撮灰髮。他工作之餘是全國階級的鐵人三項運動能手，也在一公里自由車計時賽項目拿到全國冠軍。

「我父親是羅格斯賽跑校隊選手，」威克說，「我們在1981、82年左右搬到普蘭諾，才認識藍斯。詹・麥克瑞（Chann McRae）住得離我們約四分之一英里遠，我們三個年紀相仿，身材都瘦，我們後來也全都拿到自由車的全國錦標賽冠軍。」

那時藍斯還交了另一個朋友，那就是約翰・波岡（John Boggan），他家離藍斯家只有五戶遠。「我家是大家的中繼站，」波岡說，「我們家空間很大，又有籃球框，背後就是公園。……我父母親很好客，總說：『請大家來玩。』我們都希望時時在一起，閒蕩胡鬧。我是游泳選手，很愛這項運動，我並不喜歡傳統男孩都做的運動。」

「約翰和我運動細胞比較發達，我們打網球、籃球，什麼都

藍斯‧阿姆斯壯

玩，」威克說，「詹和我在羅斯里歐斯高中參加了游泳隊，但藍斯不是隊員。他在阿姆斯壯中學參加美足隊，而我那時已經是賽跑選手。」

這些朋友對另類運動的興趣，不論是和威克賽跑（「當然，藍斯第一次賽跑就封王」），或是和波岡游泳，對藍斯都有深遠的影響。但據他繼父泰利說，真正的樞紐是在藍斯大約13歲時。「有一天我下班回家，看到他正在看鐵人三項電視節目，他說：『我要參加這個項目，我要做鐵人，我要做三項運動的選手。』」

三項運動是游泳—自行車—賽跑等三項，涵蓋大小賽事，由出賽時間不到1小時的迷你賽事，到逾8小時才能賽完的夏威夷鐵人世界錦標賽。藍斯由BMX賽車中已經學到了絕佳的單車技巧，也參加過10公里賽跑。「媽媽也參賽。」他回憶說，「我第一次參賽就拿了那個年齡分組第一，但我並沒有認真跑⋯⋯只是為跑而跑。」

不過游泳卻是個問題。藍斯會游泳，但游得不好。於是他決定要和朋友亞當、詹和約翰一起上游泳課。

「我們都是八年級，全都加入了普蘭諾市游泳隊，並且參加選拔賽，」威克說，「詹、約翰和我被分到18歲高級組，藍斯則被分到較低的組別。他游得像10歲小孩。」

藍斯對自己的成績不滿意，因此請教游泳隊教練克利斯‧麥柯迪（Chris MacCurdy）該怎麼做才能進步。「我還記得他站在分

隔大眾不讓他們接近泳池的金屬桿前，」麥柯迪說，「他看好朋友受訓時，你可以看到他雙眸炯炯發光，想要瞭解該如何趕上他們。果然，不到一個月，他就辦到了。可能是他的欲望加上能力，才達到這樣的成果。」

　　不到一年半，藍斯不只獲得州際游泳錦標賽參賽資格，也在一英里自由式游泳賽事中贏得前五名，麥柯迪說，這麼快就達到這個程度是「前所未聞」。

　　「麥柯迪是非常好的教練，雖然有時候我覺得他凶到不能再凶了。」藍斯說，「他很嚴厲，那對我可能反而好。我們的練習一絲不苟。我們一到，黑板上就已經列滿時程表，清晨5點半游到6點45，然後上學，黃昏再來。訓練的精華是每天15000公尺——早上5000，晚上10000——你寧可早上游。如果錯過練習或者遲到，他可是魔鬼教頭，他會發火……他的確也把幾個人踢出游泳隊。」但藍斯撐了下去。

　　藍斯的泳技再加上賽跑和騎車技術，讓他覺得自己有把握參加三項比賽了，他告訴父母要參加小鐵人挑戰賽的本地賽事，小鐵人是針對青少年所辦的全國比賽，要先通過地方資格賽，才能晉級全國賽事。但首先他要有輛比賽用的自行車。

　　「他們家很捨得為藍斯花錢，」威克記得，「為他買鼓、買BMX單車，那時我們全都有公路車。他父親很樂意在兒子身上花錢，尤其在藍斯不和他說話一段時間之後。」

　　威克說他很驚訝藍斯在訪問中很少談到泰利，似乎把他當成

藍斯・阿姆斯壯

「不相干的人，他生命中毫不相干的想像。」但威克指出：「他爸爸卻支持他，或許不是情感上，但財務上卻當然有。」

　　藍斯很清楚的記得父母為他買的第一輛比賽用車，好讓他能參加小鐵人。那是一輛中價位的法國Mercier十段變速車，「有狗嘴套(toe clips)、細細的手縶帶(handlebar tape)、Campy(Campagnolo變速器)、大圈刹車導線、和下管變速器，」他說，「詹和我到處騎，我們甚至騎到達拉斯鬧區好證明我們辦得到，而且我們不戴安全帽──沒有人戴。

　　「我覺得能外出就很酷了。你是個小孩卻離開家，到街角逛逛，沒有人在，你一個人，很自在，很自由……小小孩的確如此，而對十三歲的我，騎上公路車外出，感覺也是一樣。」

　　黛比馬上看出單車對藍斯的意義。「單車對他而言就是自由。他只要騎上車就能到處走。他是個自由自在的靈魂。」她也看出外甥正在發展的另一面，溫柔的一面。

　　「我還記得我孩子小時候，一個三歲，一個一歲半，他騎車回來總會要抱寶寶，他要和小嬰兒玩。因此他也有真正溫柔的一面，這些年來對孩子他總是如此，他心腸很軟。」

　　但身為青少年的他卻另有難以控制的狂飆一面，教他母親擔心不已。「那是很棘手的青少年階段，」琳達說，「他可不是天

使，他並不完美。在所有的朋友中，我覺得只有我有這麼難教的青少年。麥柯迪總會說：『喔，藍斯今天又惹麻煩了。』 更糟的是，就連我的同事都說：『他一副自命不凡的樣子。』 但我知道因此他才有信心獲勝。我寧可採取樂觀的角度，而非那種看法。」

泰利的看法則沒有這樣正面，他比較常教訓兒子——就像藍斯由BMX摔下來哭泣時所做的那樣。泰利承認他曾用兄弟會的木槳打藍斯「幾次」，但他說琳達知道這回事，「我從沒有用槳打他，除非她也在場。」

「是，這是真的，」藍斯告訴我，「我不想不公道，那時打小孩是常事。但我不打孩子。有時候我還真想揍人，也有些聰明人說這是教訓孩子最好的辦法，但你會用兄弟會的木槳打人嗎？恐怕不會。那槳又厚又大，還有個握把。學校裡也用這個。如果你犯了錯，就挨一槳。我在學校挨過一兩槳，但被他打的更多。

「我記得最清楚的一次，也是教我終生受傷的一次，是我大約兒子路克現在的年紀，九、十歲，他說：『不准把抽屜開在上面。』 但有一次我把抽屜開了沒關，東西都露在外面——襪子、衣服、一切。當然，他拿著槳來打我，讓我身心都受傷。」

琳達認為，或許正是這樣的教訓讓她兒子在運動上表現傑出。藍斯承認他常這樣發洩憤怒，他寫道「舊傷成了競爭的力量。」

他也因各種挑戰而受到激勵。「大部分孩子拿到單車，騎

藍斯‧阿姆斯壯

幾個上坡，就會說：『這很難。』 我卻覺得這是騎車的一部分，」藍斯說，「我樂在其中……迄今依然。當初我所得到的喜愛的一切，現在依舊相同。全力以赴超越極限，對我並不困難。我依舊賽跑騎車，挑戰極限。」

　　挑戰極限由他頭一次參加三項運動開始。藍斯總提到他母親參與他初期的運動賽事，以及她如何教他：「兒子，永遠不要放棄。」但泰利也記得他對藍斯的鼓勵。「藍斯頭一次在達拉斯參加小鐵人時，身為父親的我很自豪，知道藍斯一定會打敗所有的對手，」泰利說，「他其實贏了賽車，但大會記錯了所有選手的時間，因此他們說：『我們就挑三個選手，讓他們晉級錦標賽。』 錦標賽在奧蘭多的迪士尼樂園舉行，我說：『不行，我們不能這樣做。』 我很堅持，因此他們送我們去休士頓，因為那是下一站，由我挑旅館。後來藍斯贏了。

　　「到了奧蘭多，我們坐在迪士尼飯店，有個人正在吹牛說他兒子會贏，我就和他賭五百美元說我兒子會打敗他兒子──藍斯的確打敗他，在賽車項目贏得第二。那人給了我五百美元。其實那時我並沒有五百美元的賭本，但我知道藍斯會贏他。」而藍斯所記得的卻只是他沒有拿到全美冠軍。「我很惱火自己被打敗。」他說。

「一切都是由小鐵人賽事開始。」威克指的是他朋友面對任何比賽的信心。藍斯很快就展開次年春天地方大賽「總統盃鐵人賽」的訓練，賽事將在離阿姆斯壯家不遠的拉方湖（Lake Lavon）舉行。但就在比賽開始前兩週，美國三項運動聯盟通知主辦者吉姆・伍德曼（Jim Woodman），根據新規則，不到15歲的孩子都不得參加，否則他的賠償保險就作廢。

「兩千兩百名參賽者中，有大約二十個不合規定，」伍德曼說，「我們得一一通知其家長。藍斯就是其中之一，他的父母是唯一不肯接受這消息的父母。他們堅持要讓藍斯參賽，否則他一定會崩潰。『不然我拿張他已經15歲的出生證明來如何？』泰利問我。我受夠了，只好同意，那天晚上泰利給了我一張顯然篡改過的出生證明，我說：『我看沒問題，他可以比賽。』」

那天藍斯的表現不如他自己預期的好，這並不足為奇。整場比賽的距離長得驚人：游泳1.2英里、騎車50英里、賽跑10英里。「我還因為跟車被罰（鐵人賽自由車項目不允許跟車，亦即緊貼前面的車手，利用前車所形成的滑流，減小自身的空氣阻力，在轉彎前一刻超車的行駛技巧）。」但比賽後不久，他又在達拉斯購物廣場一間高級健身房舉辦的鐵人兩項中，展現了卓越的運動才能。這個活動稱為「急游狂奔」，要在25公尺長的室外泳池來回游12趟，接著再在購物廣場長達半英里的人工草皮上跑4圈，藍斯和母親都參加了。

雖然藍斯才只有14歲，卻是男子總冠軍，獲得一百美元Avia

藍斯·阿姆斯壯

運動鞋禮券，鞋子後來郵寄給他，但不合腳，當地業務代表艾德
（Scott Eder）受命去處理此事，因此他去普蘭諾拜訪阿姆斯壯一
家。

　　琳達那時全職工作，泰利又常出差在外，因此她很擔心藍斯
總是一個人在家，她和二十多歲的艾德一談，知道他是業餘運動
員，在體壇有不少熟人，因此靈光一現。

　　「我們聊起來，」艾德說，「琳達說藍斯需要一個導師，不
是像教練這樣的導師，而是個成人導師，讓他不致惹是生非，集
中心神。我們的關係就是這樣開始的。

　　「我有點像琳達的朋友，她並不多問，藍斯和我一起去跑
步、運動、上體育館，接著我們再一起出去吃飯閒逛，最後再送
他回家。我們一週總會共進午或晚餐三天，一連幾年。琳達請我
帶他參加比賽、交報名費、幫他準備配備，帶他去參賽，再安全
回家。」

　　藍斯的朋友也都參加了三項全能賽，他們都很歡迎艾德。威
克說：「他一來我們可樂翻天了，我們只不過是一群毛頭，他就
像我們的大哥，包辦我們想要的事，比如：『媽，你不用去，艾
德會帶我們。』他就像藍斯的經理人那樣照顧我們，但也是我
們的朋友。先前因為只有我母親沒外出工作，因此都是她載我們
到處走。」

　　艾德辦到的一個重要任務，就是讓藍斯和單車店老闆賀伊特
重修舊好。「我初識藍斯時，」艾德說，「那家店並不歡迎他，

我聽說他被趕出來好幾次——他11歲那時。他13歲又去，同樣不受歡迎。因此我最先採取的行動就是讓他們重修舊好，向吉姆保證藍斯現在是個好孩子。這是我辦的第一個贊助活動，讓他重回李察遜自行車商場，最後吉姆每月贊助他400美元，並給了他一輛車作訓練、旅遊和比賽之用。」

　　每月400美元的津貼對正待嶄露頭角的年輕運動員是極大的鼓勵，尤其這又是美國媒體不太重視的運動項目。對還在努力經營車店的這位越戰退役老兵是風險很高的投資，但這個舉動讓一個孩子更接近他的夢想，而這夢想是他和多年前坐在搖搖擺擺辦公椅上的賀伊特所共有的。

第三章

嶄露頭角

大家總問我有沒有教藍斯，
我的答案是：「沒有，沒有人教藍斯。」
藍斯只是發揮自己，他的才華是天生的。
——史考特‧艾德

　　大部分人聽說藍斯一天塞了多少事要做，總是驚訝不置。「我是由媽媽那裡學來的，」他說，「這是潛移默化。她工作努力，並不訴苦，並且讓我對日程安排很有概念。她總說：『今天是你餘生的第一天』，這有點可笑，好像醫生診所牆上掛的格言，但如今我什麼都會作計畫，有些人被我逼得發狂。」每天排得滿滿的，是藍斯自14歲以來的常態，那時他在鐵人賽初試啼聲，要在這項新運動中有傑出表現，他得接受游泳、跑步和騎車的訓練，同時還得保持課業的水準，而且他依然還有時間和好友

藍斯・阿姆斯壯

鬼混，和其他1980年代德州少年過同樣的生活：追女孩、派對、惡作劇、飲酒、搖滾樂，和飆車。

除了課業之外，大部分的活動藍斯都喜歡。不過他還得要有極嚴格的自我紀律，才能達到自己的運動目標——尤其自泰利擔任業務員經常出差，琳達又得全職工作之後。琳達對孩子老是單獨在家很難過，但她說：「我總準備好像麵食之類的食物，讓他騎完車之後能吃，他可以自己弄的簡單食物。」

教琳達最擔心的是，即使她已經找到艾德當孩子的導師，但藍斯依舊一副要惹事生非的樣子。「我是頭一個承認：『老天爺，他真的是個難纏的青少年。』比如自作聰明，和其他青少年常幹的事，」她說：「但為什麼其他媽媽都不會說：『哦，我的孩子也是這樣。』我覺得我是唯一一個這麼倒楣的，我還打「倒楣」專線，這個熱線電話是可以找人談談的諮詢電話——因為我太擔心了。我在游泳和鐵人比賽碰見的其他媽媽只會說：『我兒子不會做這樣的事！』老天爺。」

憂慮的琳達向外求援，而她先生泰利卻以行動反應。「我那時不瞭解泰利・阿姆斯壯，」藍斯說，「迄今當然依舊不瞭解。等我夠大，就明白他根本滿肚子狗屎，而且我明白如何拆穿別人的狗屎。」

這樣的態度造成了泰利所謂「極大的衝突」，藍斯揮拳打了泰利。「他大約15歲，」泰利告訴我：「他打我，我們在起居室的地上扭打起來，我受的教養是：『絕對不能對父親拳腳相

向。』 他們總說：『不能招惹爸爸。』

「因此我把他趕出家門說：『很遺憾，這些是我的規矩，如果你敢打我，就不准進家門。』 他聽了這話就崩潰哭了起來，我說：『很抱歉，這是規矩。』 我還記得他回來敲門。我問他：『你要按我的規矩來嗎？』他說：『好。』」

但其實不然。有一次在參加游泳比賽途中，正在達拉斯機場候機時，藍斯看到泰利嘗試好幾次想要寫東西，最後卻把紙揉掉，丟進垃圾筒。趁泰利去洗手間時，藍斯撿起了紙團藏在他的袋子裡，後來他發現這些原來是情書，而且不是寫給他母親的情書。他沒有告訴任何人，甚至也沒告訴琳達，他不想讓她傷心。

藍斯覺得震驚、遭到背叛，而且十分憤怒，但他把這些情緒藏在心裡，化憤怒為力量。這個小鐵人一心一意要獲勝，找了任何可以協助他的人幫忙，不論是他的導師艾德、單車店老闆賀伊特、游泳教練麥柯迪、或者他的死黨：威克、麥克瑞、波岡，和新加入的路易斯。

「藍斯可能是我成長過程中最好的朋友，」波岡說，他現在Sci 電信公司擔任主管。「我們從早到晚都在一起，每天一起訓練，尤其是夏天。我們的生活是，早上醒來，騎車去練游泳，游兩小時，再騎車回家，休息一下，在日正當中時去跑步，或者晚上再騎車。如果不游泳，我們就騎得遠一點。

「我們每天的訓練就是沿房子前面的75號公路騎下去，藍斯總是走比較遠的彎路，這樣要多走4英里，整個路程是35英里。

藍斯・阿姆斯壯

我的目標是走近路而不要被追上，但我只有一次沒被追上。我騎得不壞，但我們之間有很大的不同。我知道我得上大學，受教育，找工作，如果作職業三項全能選手，我的表現會很差勁。」

後來成爲職業三項全能選手的威克則記得，除了麥柯迪的游泳訓練之外，他們其他的訓練都不科學。「我們可能讀讀書，然後就去跑，」他說。「我們會做一些蠢事——比如吃完晚飯馬上跑步，看看誰不會吐。我們會先吃牛排，然後一下跑七、八英里。我們從沒有作什麼慢速長距離的訓練。小時候不知天高地厚，什麼都是土法鍊鋼。」

波岡也證實他們的訓練很基本。「我們想吃什麼就吃什麼，然後騎車、游泳 ，」他說，「我們只想有進步。藍斯很有紀律，也有強烈的企圖心，比我強得多。如果我想休息，他會拉住我不放。」

新鐵人季，藍斯得到了一輛新單車，這是一輛高檔的萊禮（Raleigh），有最新的空氣動力Roval輪，如刀片一般的車軸。「這是最熱門的新貨，」琳達說，「我才幫他買了車，就在辦公室接到電話，藍斯在急診室，他由普蘭諾騎往李察遜市找死黨時被車撞了。

「我老闆開車送我去醫院，藍斯撞到頭，血流得厲害，那時

沒有安全帽，他攔腰撞上汽車，頭先著地撞上路邊，就在十字路口。要不是因為他游泳上半身肌肉發達，V形的體型讓他著地比較緩和，不然還可能更慘。他頭上縫了幾針，腳趾也因夾在車頭而縫了幾針。

「醫生說：『腿沒斷，但傷得嚴重，你們得去找整型外科，不過現在先用支架 。』 支架由腰一路下去，醫生說：『這隻腳暫時不能用，不能騎車，不能跑步……』

「但藍斯次週就有三項全能大賽要在路易維爾（Lewisville）舉行，他說 ：『媽，我非得參加這個比賽不可。』 我說：『你那隻腿不能跑 。』 『媽，沒關係的。』 於是他把網球鞋割了一個大洞露出腳趾，我朋友蘇則幫他把頭上的線拆掉，於是他上場比賽，表現不錯，那天很冷又下雨。

「為了要讓記者在報上報導藍斯，所以我去電確定他們知道他參賽。後來整形外科醫師寫信給我們說，我絕對不相信他可以參賽。藍斯就像九命貓一樣。」

- -

藍斯打算再度參加總統杯鐵人賽，為了暖身，因此他報名當地兩大賽事：希爾魁斯特-土耳沙（Hillcrest-Tulsa）和瓦柯（Waco）鐵人賽，結果在兩項賽事都以破場地紀錄的成績獲勝。

「藍斯在瓦柯獲勝時，」泰利說，「我坐在場邊向他道賀，

藍斯‧阿姆斯壯

這時有人跑終點線，他大約二十三、四歲，氣喘吁吁大汗淋漓，開心地蹦蹦跳跳喊：『我贏了！我贏了！』但計時人員說：『不，你是第二，那邊那孩子贏了。』這人走過來看著藍斯說：『我沒看到你。我一直向前看，前面什麼人也沒有，你離我們太遠了。』」

另一個對藍斯獲勝大感吃驚的是來自奧斯丁的20歲選手巴特‧奈格斯(Bart Knaggs)，這是他頭一次參加鐵人賽。「我才剛開始要進行賽跑項目，大會就宣布名叫藍斯‧阿姆斯壯的15歲小夥子已經快跑完了。」奈格斯說：「我真不敢相信。我全程都邊跑邊想他怎能在游泳和騎車兩項上領先我30分鐘。」

藍斯領先得實在太遠，因此他看到鄰居波岡在跑道外圈跟著另一組人向他迎面跑來時，還跑到路的那一邊，和波岡擊掌，為他打氣。「這夠酷，他就是這樣的朋友。」波岡說，「他只是想鼓勵我。」

「他是個天才，怪胎，」奈格斯說，「我後來才聽說藍斯比賽時連水都不喝，他把三條口香糖綁在車上，想喝水時就嚼口香糖。」

在藍斯看來，他在瓦柯一面倒的勝利顯示他該轉換領域，參加職業三項全能賽——這樣才能賺得獎金，而非業餘選手的獎品。但未來他有意在游泳或田徑進軍奧運，轉為職業選手可能會影響奧運資格，因此他向德州的UIL(校際聯盟)申請裁示。

「麥柯迪教練認為藍斯有希望進軍奧運泳壇，因此不希望他

轉爲職業選手，」泰利說明：「UIL說，三項全能那時還不是奧運項目，因此他可以參加三項全能賽賺錢，不會影響他業餘選手的身分。但麥柯迪和藍斯相持不下，因爲藍斯想要參加三項全能，麥柯迪卻要他游泳。」藍斯贏了。就像其他人也注意到的，一旦藍斯下定決心，就會勇往直前，拚命向前衝。

艾德說，藍斯教他印象最深的，是他有「難以置信的殺手本能，雖然不見得有太多紀律，但一旦比賽開始，他就會湧出驚人的欲望，要壓倒眾人──不是獲勝，而是壓倒眾人。我有一捲他14歲的帶子，訪問者問他目標是什麼，他說：「我要在五年之內作到舉世第一──而且要遙遙領先，沒有人接近得了。的確如此。」

很少有運動員在這麼小的年紀就誇下這樣的海口。有一個說這種話的(不過在比較私下的場合)，是葛瑞格‧雷蒙德(Greg LeMond)──他是第一個贏得環法大賽的美國選手，就在藍斯首度以職業鐵人選手的身分參加比賽的前一年夏天。不過雷蒙德可沒有向媒體廣播他的雄心，16歲那年，他把自己的目標列在筆記本上，預言(而且成真)自己會在25歲之前贏得世界冠軍和環法自由車賽。

藍斯和雷蒙德都有專家所謂的大引擎(big engine)，其中一個要素是在運動時天生要有攝取大量氧氣的能力，也就是最大攝氧量(maximal oxygen uptake)，或者VO_2max，這個數字是以每分鐘每公斤的體重所能用到的攝氧量來表達，是心臟血管健康和

藍斯・阿姆斯壯

有氧運動能力的最佳指標。一般業餘運動員的平均數字在40和50毫升/公斤/分鐘之間，雷蒙德據稱曾達92.5，差一點就達到目前所知最高的數字94，這是由挪威越野滑雪選手畢揚・戴利（Bjørn Daehlie）所創，這位選手1990年代在冬季奧運共拿了破紀錄的八面金牌。年方15的藍斯卻是在意外的情況下得知他的最大攝氧量有多高。

艾德告訴我整件事的來龍去脈：「達拉斯庫柏醫療中心當年稱作有氧中心，有人發明了一個叫做『酷頸圈』的玩意兒，有點像裝有冰凍冷卻劑的項鍊，應該能降低你的核心溫度（core temperature）。他們要作研究，請我找五個賽跑選手，付費給他們戴著這頸圈跑一小時，我自己是一個，又帶了藍斯，他先前從沒有跑過整整一小時，因此我說：『他可能辦得到。』報酬的一部分就是徹底的體檢，包括心電圖和最大攝氧量測驗。」

在最大攝氧量長達15鐘的測驗中，運動員在斜度朝上的跑步機上跑，速度逐漸增加，直到運動員筋疲力竭為止。這名運動員得不斷地朝密封的面罩吹氣，面罩連上量表，測出他呼出空氣中的氧氣比例，因此得知最大攝氧量——也就是雖然越來越費力，但耗氧量卻保持穩定時測得的結果。

艾德繼續說：「三天後那人打電話問我：『你帶來的那孩子是誰？他的最大攝氧量是我們所測得最高的一個，79.5。』我說：『那很有意思，因為如果你們讓他騎上單車再測，數字還會更高。』我們都是優秀的運動員，但我們的數字全都只在60左

右。噢，至於那個『酷頸圈』？後來就不了了之了。」

　　得知自己優異的最大攝氧量，再加上最近兩次摘冠的紀錄，藍斯於是昂首進軍總統杯，信心滿滿，知道自己一定會交出漂亮的成績。他唯一沒有把握的，是首次和專業運動員同場競技，其中一位就是馬克‧艾倫（Mark Allen），在前一年鐵人三項世界錦標賽奪得第二，即將成為這項運動最偉大的冠軍。

　　「那年賽跑項目是採較短的國際賽距離，場地在達拉斯沃斯堡（Fort Worth）機場附近的拉斯柯里納斯鄉村俱樂部舉行。我們在一個小人工湖裡游泳，我和這些大男生出場。」藍斯回憶說。「加拿大選手安德魯‧麥克諾夫頓（Andrew McNaughton）在單車競速項目贏了我們，我緊跟著艾倫在單車項目拿到第二，接著死命地跑，天氣很熱。」藍斯的母親和艾德一起來加油，艾德說：「我和琳達站在轉換區，藍斯領先艾倫跳下自行車，我們都『哇！』了起來，但那是藍斯的戰略，就是盡可能發揮他的爆發力，因為他知道自己不可能跑贏這些人。而且這是一段崎嶇又陡峭到難以教人置信的路程──全都是住宅區、街道，很殘酷。」

　　藍斯最後跑出第六，教專業選手大吃一驚。艾倫在賽跑項目趕上藍斯，最後超越麥克諾夫頓拿下冠軍，但大家談的卻都是藍斯。「那之後大家一直來打探我是誰，」藍斯說，「艾倫呢？他

藍斯‧阿姆斯壯

似乎很驚訝……」

　　艾倫還記得那一天：「他就是這個年輕人。他們告訴我他的年紀，我大吃一驚。我並不老，大約25，但10歲的年齡差距……我回想自己15歲時在做什麼。那時我是游泳選手，而且離世界級還有很長的距離。

　　「就運動發展潛力而言，我想到，老天，這孩子才只有15歲，卻能跟上舉世最優秀的選手……這孩子表現得真不錯，而且他告訴大家他會表現得很優異。」

　　「那是藍斯的大突破，」艾德說，「許多人來電，因為我有點像他的經紀人，大家總問我有沒有教藍斯，我的答案是：『沒有，沒有人教藍斯。』

　　藍斯只是發揮自己，他的才華是天生的。我從沒有教他什麼，他是渾然天成。」

　　那年夏天，艾德安排藍斯參加了幾次國際鐵人賽，並且親自為藍斯選了一場賽跑，那是全美短跑錦標賽，只有總統杯鐵人賽一半的距離，在佛羅里達波卡波音特（Boca Pointe）舉行。

　　「我去電主辦人說：『我認為藍斯會贏得比賽，』」艾德說，「他說：『是嗎，大家都會來參加，他贏不了。』我說：『我和你打賭比賽一開始他就會領先，而且很有可能會拿下前五名。』他們發獎金給前七名，因此我要這人保證，如果藍斯拿下前七，他就幫我們付旅費。旅館是招待的，機票大約250美元，如果藍斯沒有得名，就損失這些，如果得名，那麼就可拿回500

美元。

「贏家是麥克・皮格(Mike Pigg)，藍斯奪下第五，贏得1500美元。因此淨得1000美元，那是1987年。次年他讓大家跌破眼鏡，贏得第一。」

雖然藍斯身為全美鐵人賽選手的聲譽日隆，但其他對手都稱他「小」，因為他才只有15歲，還在唸高中。他的體型雖像成人——已經5英尺10英寸(175公分)高，150磅(68公斤)重，但內心還是個孩子。德州自由作家馬克・韓瑞克斯(Mark Henricks)在1987年秋為《運動》(Sport)雜誌採訪這位明日之星時，就是這樣的看法。「那次訪問是和藍斯、他母親，和艾德一起，」韓瑞克斯在奧斯丁一個狂風大作的日子和我邊喝咖啡邊聊。「藍斯剛在一項三項全能賽中拿到第三，我想他打敗了一個全美冠軍。大家絕料想不到15歲的孩子能勝過全美冠軍。他對自己的發言很謹慎，他還沒有接受過多少次訪問，很提防，話不多。

「我記得訪談結束離開時心想，他不像能成大器的樣子，不過是個有體能天賦的平凡孩子，但這裡或那裡沒有什麼東西。」韓瑞克斯比了一下心和腦的位置。

「不知為什麼，我問他對嗑藥的看法，」他又說，「他的回答……又是像很典型的15歲少年，很可能喝過啤酒、吸過大麻，

藍斯‧阿姆斯壯

不想當著母親的面回答這個問題。但他說，沒有，他從沒嗑過藥，還偷看了我一眼。說不定他幹盡了每一個達拉斯郊區孩子在15歲時都會幹的事……再加上很多訓練而已。

「最妙的是，我覺得他不會有什麼成就。我實在看走眼了，這是肯定的。」

藍斯的老友威克則為藍斯勾勒了比較活潑、甚至吵鬧的形象。

「我們和一個年紀比我們大得多的鄰居吵過許多次，」威克說，「有一次，藍斯把他的信箱用膠水封死，這是違法的，因此他叫來了警察，我們聽到警察來了，抱頭鼠竄，我躲進他母親的房間，他躲進自己的房間。他的房裡有『阿姆斯壯』的街牌，那是我們由街頭拆來的，當然偷竊道路牌示是非法的，警察很不高興。

「所以他惹事生非？當然。」

接著威克又提到另一件危險活動，藍斯在他的回憶錄《重返豔陽下》（*It's Not About the Bike*）中曾寫到。「我們五、六個人常到他家去玩『火球』，」威克說，那時阿姆斯壯一家已經搬到新的平房，離他們舊的社區三英里。「泰利很少在家，他媽媽又去上班，所以藍斯家是大夥兒聚會的地方。那房子呈C形，有個小小的庭院，於是我們拿著水桶，倒進汽油，然後把網球浸到汽油裡，再把它點燃。

「我們把球朝牆上丟，但球會打中木板，起火燃燒。如果它

落到屋頂上，我們就爬上去把它撲熄，接著我們又把球丟過牆，再跑進院子、穿過車庫，把它撲熄。」

威克說得眉飛色舞：「藍斯在書裡提到過……有一次火球打到牆上彈回來，彈了又彈，最後掉進滿桶汽油裡，冒出大火和濃煙，至少有二十樓高，而那是在屋子的遮雨篷下。大家都大喊：『把它踢翻！把它踢翻！』我們的確把它踢翻了，他爸爸的新桶子也融成一大塊塑膠報銷了。

「這時藍斯和他爸爸正處得很不好，我們不想讓他爸爸知道我們幹的好事，因此得把它埋到兩條街遠的田裡。」

威克還列出其他類似的擾鄰惡作劇，比如點爆竹然後狂奔逃走，對著汽車丟灌水汽球，還有偷車庫。

「這個我們很在行，」威克說明，「因為我們可以由車庫的冰箱裡偷啤酒，沿著小巷逃走，讓車庫敞開在那裡。大家在車庫裡都有冰箱，藍斯稱這個惡作劇為偷車庫。

「這全都要看跑步的工夫。我們跑得都很快，就是地獄開門，我們也都溜得掉——不管是爆竹、偷車庫，還是丟水球。我們只是發揮運動的長才。但一等藍斯對鐵人賽認真起來，一切就改觀了。他很快就改邪歸正。」

藍斯15歲時發生的一件事至今還對他有所影響。

「藍斯告訴我他高二時的一件事，」鮑伯・麥恩斯克（Bob Mionske）說。他是藍斯18歲時結交的第一批奧運車手之一。「他去參加大部分是高三學生的派對，他要用洗手間，但門上了鎖，

藍斯・阿姆斯壯

他越來越不耐煩，開始又敲又踢，一群高三生出來了，把他打倒在地，又踢又打，折磨得很慘。他告訴我這事，因爲我看得出它依舊對他有影響。」

藍斯1987年9月就要過16歲生日，他的父母親想爲他買輛車。「琳達和我都得上班，而藍斯又得很早去上游泳課，所以我們已經爲他買了一輛摩托車，但我知道他會需要車子。」泰利說，「一天我在路上看到這輛紅色的飛雅特Spider敞篷跑車，我就去買下這輛車，並且把摩托車賣掉。」

藍斯急著想考上駕照試試新車。很快地，威克說：「我們就駕著這台紅色小敞篷車到處跑，藍斯本來就是明星，15歲就自己開車上學。」

就像單車對藍斯意味著自由一樣，這輛二手飛雅特也讓他獲得新的獨立。他駕著它到他想去的地方，教同學刮目相看，和女孩子約會，而且他追的女孩子還不少。

「有不少女孩我都滿喜歡的，」琳達說。

「吉娜・迪・路卡就是其中之一，我喜歡那小女孩，到現在我還記得她的模樣。」

「她是普蘭諾人，」黛比說，「義大利裔，綠眼睛，黑頭髮，長得漂亮。」

　　「他喜歡這些女孩。」威克說，「吉娜是第一個，那是七、八年級的事。他的一個前女友在我現在運動的健身房工作，我常常看到她，貝絲‧西摩爾，那大概是九、十年級的事。他用那輛紅敞篷車載她到處逛。我們身邊總有一群女孩。」

　　「藍斯絕對是女孩殺手，」賀伊特說，「他一心想作搖滾明星，這不是秘密。怎麼套住他才是問題。」

第四章

心比天高

> 不論他走到哪裡，都會掀起漣漪，
> 他渾身上下總充滿精力。
> ——馬克·艾倫

　　藍斯總要做最酷最好的——開最快的車，和最漂亮的女孩約會，騎車時總是頭一個衝上山頂，所參加的每一場比賽都要獲勝。他說，在他少年時代，這一切都來得容易。

　　「有人贊助，讓我能見識世面，贏得獎金，教我很興奮。我知道這對我母親也不無小補，因為我們的經濟拮据，而我賺的足夠自己的花用，還有一點剩餘。我並沒有什麼犧牲，在季後，冬天時分，我也和朋友出遊玩樂。」

　　藍斯口中的「好人，有點像教練加經紀人加大哥」的艾德陪他四處出征，參加了二十多場三項全能賽，幫他打理合約，並且

藍斯‧阿姆斯壯

防止他惹事生非。其中兩場賽事在加勒比海舉行，藍斯先參加聖克華(St. Croix)的國際三項全能賽，在聖克華這個美屬維京群島中的島嶼，艾德開始看出這個年輕人的一些特性。

「藍斯愛交際，趾高氣昂，非常瘋狂，」如今五十出頭的艾德說，他有一張圓臉，灰白的短髮，音調雖高但聲音卻粗。「他才16歲，卻自以為是大人，而他的確也和成人同場競技，因此就他的年齡來看是早熟。但他人小鬼大，如果大人開派對，又有酒可喝，他就想溜進去。」

在聖克華，他賽後想溜進酒吧──那地方就像個要塞，再加上戶外涼棚。所有的參賽選手都在裡面參加勝利大派對，我則在外頭看著藍斯。

「他會繞到旁邊想溜進去，然後再試另一邊。最後他想爬牆進去，才爬到一半，警衛就來了，伸出一隻大手拎住他，把他揪下來。我好不容易說服這傢伙不要逮捕藍斯，我說：『別理他，他是和一群男人來的，而他只是想當個男人罷了。』」

不過贏得這場困難比賽的卻是這群男人：馬克‧艾倫和麥克‧皮格這兩位明星選手分居一二，藍斯在這場他所參加最長距離的賽跑中遙遙落後。

「聖克華這比賽對藍斯太難了，」艾德承認，「雖然他游泳和騎車這兩個項目表現都不錯。」他能在海水裡游兩英里並不是難事，因為他隨著高中教練麥柯迪已經練習好幾年，專攻一英里的自由式，教其他對手吃驚的是，藍斯在將近六十英里的賽車項

目上也表現優異，這段路上有個斜坡非常陡峭，選手都稱之為「野獸」。

藍斯在另一場非美國本土的賽事——百慕達國際三項全能賽中，更教人刮目相看，這場比賽獎金達十萬，艾德並沒有同行。

「我沒去，藍斯直接打電話給那裡的旅館，說他要來參賽，想要一個房間，」艾德說明，「而老天！對方竟然答應了，不過他運動衣要別上『百慕達公主大飯店』的字樣，而他的確也為這飯店做了一些宣傳，因為他的游泳和單車項目都領先，和艾倫與戴夫・史考特(Dave Scott)並轡爭先。

這時艾倫已經知道這個來自德州的小子騎車很在行，但不知究竟有多在行。「只有他和我和另一名選手，」艾倫回想，「我們領先，他騎過來靠在我身邊問我：『我們表現不錯嗎？這樣對不對？一切都很順利吧？』而我正在全速前進——氣喘如牛，沒辦法叫他閉嘴。那場比賽藍斯沒有封王……但那是我頭一次明白他騎車多麼有天分。」

艾倫是這場比賽的明星，也是冠軍得主，他也在藍斯身上看出明星特質。「他很盛氣凌人，」艾倫說，「他只說他要做什麼，就做到了。不像很多人光是嘴巴上說，卻辦不到。不論他走到哪裡，都會掀起漣漪，他渾身上下總充滿精力。」

藍斯的高中死黨威克也感覺到他的活力，「他總是開酷車，也開始上電視，他很早就成了明星。」

其他賽事主辦單位也看到了他的明星特質。艾德和藍斯次年

藍斯・阿姆斯壯

春天再回到聖克華參賽時，就有人提供一間大別墅供他們在兩週的賽事時間使用。這回藍斯和一些達拉斯的朋友參加了賽後的慶功宴，預訂第二天離島，但藍斯醉得不省人事。

「我們得很早就到機場，」艾德說，「我從不喝酒，但其他人都喝得爛醉，而大家要一起搭機回家，藍斯根本就昏迷不醒，沒辦法移動他，他那時大約160磅（約72公斤），塊頭很大，我們搖了又搖，最後只好把他抬上車送到機場，他一直到快起飛才醒過來。他一睡就很沉，尤其灌了幾杯黃湯之後。」

＊＊＊＊＊＊＊＊＊＊＊＊＊＊＊＊＊

雖然藍斯想要趕快長大、冒充成人的嘗試未必次次奏效，但他在運動方面卻很快地成熟。「他16歲就參加了百威全美三項全能系列賽五次比賽中的四次，在芝加哥或坦帕等城市舉行，」艾德說，「通常都是第七、八、九名，有一次名列前三，在希爾頓岬的全國錦標賽則拿下第七或第八。和其他對手比起來，他訓練的時間可能只有他們的一半——或許騎車佔七成，游泳和跑步佔兩成。而他卻摘下年度最佳新人的頭銜。」

我頭一次見到藍斯，就是在那場全國錦標賽的頒獎典禮上，他和全美頂尖的三項全能選手一起上台。他面對台下幾百名觀眾，似乎有點害羞而不自在，但對於和其他明星好手並列，他卻自在得很。

　　藍斯在游泳和騎車兩項運動，已經能和三項全能賽的超級巨
星艾倫、皮格，和史考特並駕齊驅，但他還需要改進自己的持久
性，才能發揮天生的飛毛腿，而最好的方法似乎就是接受越野訓
練，因爲這種運動必須在崎嶇的泥土路和草地上跑長遠的距離，
因此比田徑賽更需要紀律。不久藍斯和朋友威克、麥克瑞和波岡
就把越野跑步當作例行訓練。

　　「我給你看一張1988年的有趣照片。」藍斯去書房取來照
片，「左邊那是麥克瑞，他那時是龐克。」他笑看麥克瑞的刺蝟
頭，「他現在還是龐克。中間那是我。」他指著自己，嘲笑當年
自己頂著雞窩頭。「還有右邊的威克和波岡。那是我們高三的時
候。比賽是五公里，是我們在高中跑步的最長距離。」

　　「我們開始越野練習時，」威克回想當年說：「教練是梅斯
（James Mays），他在1985年史蒂夫・克雷姆（Steve Cram）打破一
英里世界紀錄時，擔任他的『兔子』，也就是配速員。梅斯和我
們一起跑，他越跑越快，讓我們也跟著加快。」

　　藍斯說，梅斯讓他們脫胎換骨。「他是出身德州理工的世界
一流800公尺跑步選手。是高大而膚色淡的非裔美人，就像羚羊
一樣。我們覺得他簡直就像國王一樣。他駕著保時捷，大半的錢
都是靠著配速賺來的。我們真不懂他爲什麼要屈就，擔任高中越
野跑步的教練。他的確教我們產生企圖心，他很酷。」

　　梅斯教練的新弟子到高三時，參加德州地區越野團體錦標
賽，結果拿下第一，爲他掙足了面子，這是東普蘭諾高中首次拿

藍斯‧阿姆斯壯

下冠軍寶座，但藍斯和隊友卻沒有得到他們所期待的重視，因此他們反抗了。

「這是敝校頭一次拿到地區冠軍，但第二天學校的報紙卻沒有什麼報導，」威克說，「美足校隊前一晚狂輸五十分，報紙大作特作，但對越野賽跑卻隻字未提，所以我們決定自己來報導一下。那個週末，我們晚上溜出來，在學校附近的一面牆上用漆噴下『東普蘭諾越野要得』。我們並沒有破壞學校財物，而且還刻意找別人來噴，因為如果我們用手寫，字跡一定會被認出來。但週一上午，學校還是廣播『藍斯‧阿姆斯壯和詹‧麥克瑞請到校長室』，他們兩個就是因為常惹麻煩，所以被叫去。」

他們倆也是全校最好的運動員，只是因為他們選的是非主流運動，因此沒有人理睬。藍斯曾寫到，在他高中時，除非是美足隊員或者家裡有錢，才會受到重視，而他既不擅長美足，也沒有錢。不過他依然有「兩群朋友，一群是人緣好的高中生，另一群是我的運動朋友，跑步和三項全能運動選手。」只不過人緣好、有錢，又迷美足的那群人有時還是會避開他，「我參加的是沒人聽過的運動比賽，又穿不起名牌。」

但就如威克所說的：「要不是藍斯和不喜歡美足、棒球等運動的我及麥克瑞交上朋友，他就只是去上大學的普通孩子，永遠不知道自己的潛力。藍斯總和人緣好的那群人在一起，而那群人迷的是美足。如果我們沒做他的朋友，他就永遠**無法**成為賽跑選手，或者自由車手，或者游泳選手，至少在**我們**住的地方不能。

那是德州，那是拍攝『勝利之光』(Friday night lights, 美足球隊電影)的城市，那是美足之都。」

　　藍斯參加三項全能賽時，這項比賽正開始起步，他知道自己要想進步，必須一方面有足夠的訓練，一方面也要採用最新的科技。三項全能運動員用的自行車，就像是環法賽選手用在計時賽的一樣，在空氣動力設計方面務求盡善盡美，才能加快速度，減少騎車的秒數。

　　由於1980年代後期，三項全能大爲風行，因此廠商也競相製造最講究空氣動力的單車和設備。1987年三項創新產品開始生產：三鐵碳纖維休息把(tri-bar)、一般人可以負擔的扁鋼絲專用輪(disc wheel)，以及三鐵專用車。

　　美國人布恩・藍儂(Boone Lennon)創作出看似笨拙但卻很實用的Scott-DH tri-bar，讓車手採前傾坐姿(類似下坡滑雪選手躬身向前以降低風阻的姿態)讓軀幹和路面平行。史蒂夫・海德(Steve Hed)則量產了碳纖碟輪(carbon-fiber disc wheel)，這種輪子轉動起來，比擾流較大的傳統輪輻自行車輪更順暢。Quintana Roo和Kestrel兩家公司則推出了大角度的座管，讓車手得以保持空氣動力最大的位置，因爲它們的外觀笨重，因此公路車手稱之爲「滑稽」車(funny bike)。

藍斯・阿姆斯壯

　　1988年，藍斯由他第一輛三鐵車——義大利製的Basso，換成Kestrel新推出的碳纖車架自行車，他後來則用空氣動力高的Quintana Roo，這種車採用26英寸的車輪，比一般車輪小英寸。

　　自此，三鐵車和一般公路車有了明顯的不同，而車手本身也分爲兩派，傳統派和三鐵派互相對立。當時還是達拉斯地區車手的克瑞格・史代利(Craig Staley)說：「藍斯會騎著那輛Basso滑稽車來參加我們週日的練習，後來他終於有了一輛公路車。好，現在你正常了，我們都參加同一個車隊，叫做『高輪』車隊——這是一家小店，店主只有一人，但組了車隊。藍斯一邊練三鐵，一邊也改練公路車。」

　　藍斯同時也參加賀伊特「李察遜自行車商場」的訓練，商場當時贊助當地的BMX比賽隊伍。賀伊特說：「藍斯起先和團隊一起練習，和鮑伯・勃德(Bob Bird)與麥克斯・史麥利(Max Smiley)一起出發，他們會從頭到尾都領先他100碼，把他氣個半死。他會停到路邊說：『原來你們不喜歡三鐵選手，是吧？』但後來他們成了朋友，因爲他能跟得上他們。不過只要他們一想要『給他個教訓』，就能做得到，因爲他那時還很年輕。」

　　藍斯對這樣的練習印象深刻，「嚇死人了，成千上萬的人，」他說，「還包括非常有才華的車手，我以爲他們是職業車手，不知道他們其實另有工作。我說：『想想看，這些人是靠騎車維生！』」

　　藍斯的好友威克和他一起練騎，好參加團隊練習，有的訓練

長達70英里。「我們住的地方離『朱門恩怨』影集（Dallas）拍攝的現場南叉牧場（Southfork）只有3英里，」他說，「幾乎每一條練車的路都會經過南叉。夏天時，我們則繞著拉方湖騎60英里，只有兩個轉彎：騎20英里，轉彎，再騎20英里，轉彎，然後騎回家。德州的路大半都像這樣，又長又直又平，看不見山坡。但藍斯和麥克瑞依然成為職業車壇的登山賽好手。

「我們在自行車商場團隊的練習是在產業道路上，只有三個小坡，總共45英里的路，只有1/4英里的坡道，但這兩人最後卻成了頂尖的登山好手。」

‧‧‧‧‧‧‧‧‧‧‧‧‧‧‧‧‧‧‧‧‧‧‧‧‧‧

1988年，藍斯終於有機會到加州聖地牙哥附近去作真正的登山爬坡練習。他和波岡那年暑假過後就要升高三，艾德幫他們安排了這個行程。「我有個朋友要去聖地牙哥上醫學院，」艾德說，「因此他們就去他那裡住，睡在他公寓的沙發上。」「那是他除了短期的外宿之外，頭一次長期離家，」琳達說，「我還把我拿手的香蕉麵包配方給送去，還寄了謎語和風箏給他們，怕他們無聊。我真傻。」

藍斯和波岡很快就加入了聖地牙哥三項全能的團體，在整個漫長的夏天裡，這兩個來自普蘭諾的德州青年就和許多頂尖三鐵好手，在刁瑪（Del Mar）的水池裡游泳，在南加州的山上騎

藍斯‧阿姆斯壯

車，沿著太平洋岸跑步，其中包括馬克‧艾倫、史考特‧莫利納（Scott Molina）、戴夫‧史考特，和史考特‧丁利(Scott Tinley)，他們全都準備進軍十月在夏威夷舉行的鐵人世界錦標賽。「他們是神，」藍斯說，「他們是偶像，是四大天王。」

「我在那裡待了大約八週，」波岡說，「藍斯待了整整十二週，我們每天騎車，週三也騎100英里到愛斯康迪多(Escondido)和巴洛馬山(Palomar Mountain)，這是我們頭一次登山經驗。

「我在八週的時間裡共登了三次，我討厭它，登山是世上最糟的事了，非常野蠻，我們先騎20英里到山坡，然後是14英里上坡，藍斯一馬當先，『我們上頭見』，那14英里他可以領先我30分鐘，而且那還是我狀況好的時候！」

艾德認為，這次的加州行對藍斯也是轉捩點，他和自由車選手和三項全能選手一起練習，有機會比較這兩項運動。「我想藍斯明白三項全能固然不錯，但自由車的收益卻更高。」艾德說。

那是部分原因，但藍斯告訴我，他考慮要轉換運動項目真正的原因是奧運。當時正在播1988漢城奧運的新聞，頭幾個項目舉行的日期正是他17歲生日的時候，下一屆巴塞隆納奧運時，他就要21歲了。他想去參賽，只是拿不定主意要以什麼項目參賽。

「三項全能是最合理的奧運參賽項目 ，」他說，「但這項目內卻有各種衝突，還有主管的各種單位。大概要花永恆的時間，才能釐清誰能受國際奧委會認可。等他們終於找到人選時，我早已經投身自由車進軍奧運了。……這就是讓我轉換項目的大

事。

「人生總免不了諸多抉擇，有時是兩條路的叉口，有時卻是五條路叉口，你得決定要走哪一路。你要進體壇，還是在學業上更上一層樓？如果要進體壇，又要選哪一種項目？於是你在迷宮中漫步：游泳、騎車、三項全能，或跑步。從那裡來，又該往何處去？

「許多壓力會讓人選擇主流運動，但若我因同儕壓力而屈服，就會去打棒球和籃球，早就完蛋了。」

除了壓力之外，藍斯也明白自己究竟想要什麼。「我記得藍斯有一天下午在這裡，」賀伊特說，「他說：『我想試試公路賽。』當時他正為我們參加三項全能賽。」

要參加自由車賽，藍斯先向美國自由車聯盟申請了比賽執照。他剛加入，只被分到最低的第四級。他的第一場賽事是封閉場地的繞圈賽，在李察遜鎮的藍尼斯賽車場舉行，正在賀伊特店對面的路上，當地人稱之為「週二晚繞圈賽」。

「我認得報到處的那些人，」藍斯說，「他們說：『你只有第四級執照，但我們讓你和一、二、三級的選手一起騎，只是你不能贏。』不然他們會惹上麻煩。我說：『好，就這樣！』」

賀伊特和他太太朗達一起看比賽，「頭五分鐘，我記得朗達對藍斯說『加油！』他像火箭一樣一飛沖天。」有個第一級的選手凱文・卡麥隆（Kevin Cameron）只能跟在藍斯後面。

藍斯當時還在練三鐵，才剛換了最新的空氣動力手握把──

藍斯‧阿姆斯壯

史考特U形把，讓他的公路車有像計時賽車的騎乘姿勢。這使他脫穎而出，把卡麥隆甩在後面。

「卡麥隆是個好孩子，比藍斯年長6歲，」賀伊特說，「他身材矮壯，擅長高速騎乘，應付德州平坦路面的風，他是賽車手，而不只是騎車。」

雖然卡麥隆有速度和經驗，但他很快就發現剛起步的藍斯有比他更強的力量。「卡麥隆說：『我不衝刺!』」藍斯說，「如果他不衝刺，我就要贏了。我想了大約5秒，後來決定『管它的，我就是要贏。』他們要怎麼懲罰我是他們的事。「最後我贏了，裁判當然發現我是第四級，他起先的反應是『我們要吊銷你的執照。』他們討論了幾週，最後決定把我升到第三級。這是我頭一次真正參加自由車賽。」

因此對自由車戰術和規章毫無概念的三項全能選手藍斯贏了比賽——他的賽車生涯就此正式展開。

藍斯並沒有馬上就放棄三項全能，因為這個運動讓他賺了不少錢，而且他知道母親的婚姻岌岌可危，他能經濟自主對他母親這個關頭非常重要。因為同樣的原因，所以在他想把飛雅特敞篷跑車換成更有力的車時，他就去找賀伊特幫忙。

賀伊特幫他作保，讓他貸款買下雪佛蘭的Camaro，藍斯再

每月分期付款。賀伊特還給了他一台珍珠白的Schwinn Paramount OS車，「非常好的鋼質單車，我那年賣了一百二十五輛」——他還為藍斯的Camaro裝了腳踏車架，好載運這台新單車。像賀伊特這樣的贊助人，讓藍斯能在他所選擇的運動項目中進步，也紓解了他母親的壓力，她當時拚命加班，好在工作上能有表現。藍斯的導師們也給他情感上的支持，讓他度過狂飆的青春期，以及他在泰利和琳達婚姻中所感受到的痛苦。

- -

琳達發現泰利和其他女人約會——這是藍斯自那一次在達拉斯機場揀回泰利情書之後，就一直懷疑的事。琳達鼓起勇氣叫她的第二任丈夫滾蛋，滾出她的生命。她打電話給藍斯告訴他一切，他說他真是「滿心歡喜」。

但琳達很遺憾藍斯見到的虛偽人生讓他不再信仰宗教。「泰利·阿姆斯壯的父親是牧師，而我們經驗的不幸經驗就是虛偽。」她說，「那正是藍斯成長的時期，我想我在那個婚姻中所經驗的痛苦，和藍斯所見到的不忠實，讓他對宗教印象很壞。因此他的信仰歷經一番掙扎。」

在琳達這邊，信仰一直是力量的泉源。「不論如何，我總求助於信仰，而這也讓我度過許多難關。」她擔心藍斯沒有信仰的支持，但她瞭解他這樣的原因。「你得以身作則，尤其是對孩

藍斯‧阿姆斯壯

子。」她說。

泰利也感遺憾。「要是我留在教會中,堅持我的信仰,就不會不忠實。」他聲音顫抖地告訴我。「我後悔嗎?當然,但我後悔我教養藍斯的方式嗎?當然不。」

泰利說他一直都希望給藍斯最好的,而且未來也會如此。「琳達和我要簽離婚書時,她問我:『我們該把房子賣掉嗎?』我說:『當然不要。藍斯要住在那棟房子裡,直到高中畢業,以後要賣再說。』」

────────────────

藍斯看著母親經歷離婚的痛苦,不由得對泰利越來越疏遠,也越來越偏向母親。「他看到她吃苦,這使他想要成功。」藍斯的老友波岡說。那年秋天藍斯去希爾頓頭島(Hilton Head)參加全美三項全能錦標賽時,他和母親間的關係就非常明白,他在運動衫後寫上「我愛我媽」的字樣。

但再沒有比看到藍斯高中畢業上大學更教他母親驕傲的事了──這是她自己因懷孕而未能達成的夢想。在藍斯剛開始高三生涯時,這兩個目標似乎都已經在握,因為像他這樣優異的運動員很少畢不了業,而他的游泳教練麥柯迪還說,他很可能拿到大學的獎學金──甚至以游泳項目進軍下屆奧運。只是藍斯另有打算。

　　當時德州地區的自由車專家都覺得藍斯有能力在全國比賽有所突破，果然證明是對的，藍斯的母親帶他去新墨西哥州蒙瑞亞提（Moriarty）比賽，這場地是全美速度最快的計時賽車道，但海拔6000英尺的賽場一大清晨很涼，所以琳達把她的粉紅外套給藍斯穿著比賽。「媽媽是我最好的朋友，也是最忠心的同盟。」藍斯說，「她是我的籌備員，也是我的激勵者，是我的發電機。」有她在旁邊加油，藍斯以每小時30英里的驚人速度，花了25分03秒跑完全程20公里，以教人咋舌的44秒，刷新全美青少年紀錄。

　　「他還是個孩子，沒有多少公路賽經驗，」曾是藍斯訓練夥伴的史代利說，「但看到他當年初賽車時，教人注意到的是他心中沒有界限。他的對手可能有十年的經驗，表現出色又難纏，但沒有任何事能阻止他。其他的選手都會因恐懼或疲勞或其他任何原因而退縮，但他沒有界限。」

　　奈格斯（Bart Knaggs）也在藍斯身上看到同樣的特性。這位在瓦柯三項全能賽事中頭一次見到藍斯的奧斯丁運動員，如今已經成為德州數一數二的車手。他說：「我們在奧斯丁西方非常崎嶇的路上比賽，藍斯被整個車陣包圍，結果把我們全都帶向終點。他對結果很懊惱，因此在我們都喘息未定之時，他卻穿著小小的短褲，跑了大約一個小時——去作三項全能訓練！他是有這樣的精力。」

　　史代利也同意。「教我很早就注意到藍斯，認為讓他脫穎而出，並且未來能成大器的原因，是那種『沒有界限』的感覺，那

藍斯・阿姆斯壯

種心態。」

　　藍斯不斷地和那種心態賽跑。到1989年春，這樣的心態讓他獲得邀請，到科羅拉多奧運訓練中心參加全美青少年自由車隊選拔，但此行意味著他得在高三下學期請假，東普蘭諾高中的老師警告他這可能會讓他畢不了業——尤其他高二忙著參加三項全能賽事，已經缺席了許多課。雖然如此，藍斯卻依舊去了科羅拉多。

　　「我去參加選拔，因為我覺得一個17歲的少年能去俄國實在太酷了。」藍斯指的是7月間的世界青少年自由車錦標賽，他只要證明自己賽車的能力和計時賽的速度名不虛傳，就能加入青少年國手隊。自由車聯盟的教練很快就看出了這一點，賀伊特說：「他在訓練營時領先全場。」結果藍斯的酬報是進軍1989年在莫斯科舉行的世界錦標賽，他的朋友麥克瑞也獲選同行。但壞消息是，他的高中校方認為這兩個高三學生請假時間太多，無法畢業。

　　「他們被耍了！」同班同學威克說，「因為那時還有另一個高三學生，一個混蛋的游泳選手，一樣也被選入世界賽，她就能去，藍斯和麥克瑞聽到的卻是：『你們不能去，你們會教我們失望。』我想這恐怕是因為他們倆老是惹事，她卻是好學生的緣故。」

　　藍斯被學校的決定氣壞了，但他母親卻保持冷靜，她想盡辦法要找一家在達拉斯公立學校體制之外的學校，讓她兒子畢業。

最後終於找到一家彎橡（Bending Oaks）高中，這學校讓他補修所缺的課，讓他拿到文憑，學費要數千美元。泰利說琳達寫信問他能不能幫忙，「我幫了，我還留著那張已經兌現的支票。」

泰利保有那張支票和他對兒子的回憶，但藍斯母子卻努力忘懷那段人生，擺脫泰利和艾迪——這兩個曾經娶過琳達，作過藍斯父親的人。藍斯母子再也沒見過他們，也很少談到他們，彷彿這樣就能讓他們消失似的。「我母親全心愛我，我也同樣回報，這對我們兩個就夠了。」藍斯曾這樣寫道。但奇怪的是，這兩個他們排斥的男人卻都住在附近。

藍斯的生父艾迪・甘德森——琳達在她的書裡稱他為「艾迪・哈斯凱」（Eddie Haskell），在離開南達拉斯之後，就在德州坎普落腳，離藍斯的外祖父保羅所住的雪松溪湖只有十五分鐘車程。他後來賣房地產為業，再婚三次，又生了兩個孩子。他的生活罕有人知，只有在2008年1月21日有過一點消息。那天傍晚，警察看到他駕車蛇行，在離家二十分鐘車程處朝來車駛去，於是把他攔下，酒測未過，警察搜索他的Cherokee吉普車，發現大量的大麻和含有迷幻藥成分的「魔菇」。

艾迪的吉普車被扣押，他也被關進看守所，他在警局存檔的照片約五十來歲，體格魁梧、棕眼、及肩金髮，無框的大眼鏡，一臉迷茫。他先獲保釋，後來以認罪協商獲得緩刑。

至於藍斯的繼父泰利——琳達書中以「業務員」稱之，則在離婚後十五年重拾基督教信仰，並很快地再娶。泰利目前參加普

藍斯・阿姆斯壯

蘭諾地區浸信會，他去禮拜時，離琳達現在的家只有五分鐘路程。

「我沒有一天不為藍斯祈禱，」泰利告訴我。我們坐在他辦公室裡，牆上掛著藍斯的照片和基督的畫像。「我上次看到他，他17歲——那時我應該已經離開三、四個月。我去那裡送他生日禮物，應該是給了他一百美元，他對我很怨恨，很有敵意，情況使然。那是我最後一次見到他。」

- -

於是，才17歲，藍斯就有了他想要的一切：快車、美女，和在游泳、三項全能、自由車等項目的全國地位。但他搞錯了一件事——這一切得來並不容易。

第五章

勇往直前

> 我的高中死黨全都留在普蘭諾，我卻等不及要離開。
>
> ——藍斯·阿姆斯壯

在鐵幕還緊緊封閉蘇聯之際，藍斯·阿姆斯壯就已經去莫斯科，讓舉世見識他在自由車上的優越能力。他參加1989世界青少年自由車錦標賽時年僅17，這是他頭一次赴歐洲，也是他第一次在國際賽場上競技。他沒有封王，但他的表現卻吸引了比冠軍瑞典選手派崔克·維許(Patrick Vetsch)更多的注意力。

在那場比賽之前，達拉斯以外很少有人聽過藍斯，甚至就在比賽之中，也沒有多少車迷注意到他——因為就在這時，雷蒙德參加環法賽，由落後到以八秒之差逆轉勝，締造了史詩傳奇。

但一些關鍵人物還是注意到藍斯，一位是剛退休的佛羅里達專業自由車手卡麥可(Chris Carmichael)，他說：「那時我剛要轉任教練，先前我就聽說這超強的孩子，大多數人都說：『他是三項全能選手，很蠢，不知道該怎麼騎車。』後來我看了《自由車

藍斯‧阿姆斯壯

新聞》關於青少年世錦賽的報導。

　　另一個注意到藍斯的人，是美國隊在莫斯科時的隊醫安迪‧普瑞特（Andy Pruitt），他是這項運動舉足輕重的人物。普瑞特頭一次看到藍斯騎車就想：「這孩子的確與眾不同，他有三項全能選手的獨行俠心態；我們預先試騎場地時，他的表現很顯然超越一般人。」

　　藍斯在莫斯科的表現也讓隊友迪迪‧狄密特（Dede Demet）印象深刻，她參加青少女組賽事，拿下金牌，後來成了美國頂尖女性車手。她對二十年前藍斯在那趟俄國之行的情況記憶猶新：「他很壯碩，看起來很結實但又瘦。他很自以為是，我記得他才騎一兩公里就開始衝刺，全程都和另一名俄國選手領先，但在最後一公里被趕上，不過在這兩人中，他埋頭苦幹，實在是教人動容的比賽。我猜他先前頂多只參加過五次自由車賽，而這更教人印象深刻。」

　　當時狄密特也為另一件事動容。「藍斯還在練三項全能，」她說，「他練習很認真，那時有個大比賽（USAT短跑錦標賽），他前一年才拿了冠軍，那年夏末也準備參賽。我記得在比賽前幾天看到他和麥克瑞跑步10英里，實在吃了一驚。」

　　專業車手不這麼做：他們的信條是：能走就不跑，能坐就不站，能躺就不坐。藍斯和麥克瑞的長跑正好和這格言相反，美國隊的一位教練，1984年奧運金牌選手康妮‧卡本特（Connie Carpenter）對此可不高興。

「康妮對此嚴詞批評，想教他們不要再這麼做。」狄密特說，「她喜歡掌控大局，因此雖然她不是男子隊的教練，但她依舊要他們按車手的規矩準備賽事。只是沒有用，他們我行我素，這本來就是藍斯的個性。」

莫斯科的比賽就在1980年奧運同一個雲霄飛車般的場地舉行。「我和康妮事先騎過，」狄密特說，「她告訴我在哪一圈的哪一點開始衝刺，之前則要待在整個團隊之中。我按她指示的做了，果然獲勝。我很幸運有像康妮這樣的人提供建議，教我怎麼比賽。我想男子教練鮑勃・比爾斯(Bob Bills)並沒有給他這樣的指導。」

但在藍斯自由車生涯初期的這段時日，他根本不聽任何人的勸。他唯一的計畫就是橫衝直撞領先群雄，然後保持到終點。「我太心急了，」藍斯如今承認，「我沒吃東西，莫斯科那個賽道又很古怪，雖然很棘手，但沒有那麼困難，只是有些地方要衝。」

藍斯領先兩個多小時之後，卻在最後關頭被緊追的大群車手趕過，他後仰衝過終點線時名列73，比優勝者落後4分鐘多。「比賽到最後我什麼痛都來了，」他說，「我站起身來伸展身軀，好消除背痛，很可能是因騎車姿勢不良造成的。」

「比完之後我們又笑又哭，」普瑞特說，「藍斯搞不懂他怎麼會輸，他知道自己是比賽中最強的選手，但大家就是贏了他。他有點惱羞成怒，尤其迪迪又贏了冠軍，焦點轉到女子組，我們

藍斯・阿姆斯壯

在飯店裡為迪迪舉行盛大的慶功宴。他是個很驕傲的年輕人，但在這次嘗試之後，他的未來不可限量已經毋庸置疑。」

在近二十年之後，藍斯依舊記得那「娃娃臉，看起來鈍鈍的」俄國選手，他在莫斯科賽道上緊跟著他，一圈又一圈，繞了半天卻毫無結果。「那是辛利克・特朗海勒（Heinrich Trumheller），」藍斯展現他對人和名字的過人記憶力，「他只是想要交換運動衫。我叫他快走開，我很火大。他有俄-德雙重國籍，也以職業車手身分為德國電信（Telekom）車隊比賽。他作職業車手表現並不好，就像許多好的青少年運動員一樣，二十出頭就無疾而終了，有太多事讓他們分心……女孩、酒精……」

藍斯在莫斯科落敗，除了團隊戰術往往重於個人實力這個屢試不爽的原因之外，普瑞特還有另一個理論。「有的人一生氣就有好表現，」他說，「拳王洛基（Rocky Balboa）談過『虎之眼』，每個人的虎眼都在不同的地方。我想藍斯成長時期很憤怒，因此他向世界展現他想要表達的一切，但在莫斯科，他並沒有對任何人憤怒。

「如果他真的專注自己的精力，就沒有多少人能擋他的路，他的虎眼就在於他的憤怒。」

李察遜自行車店主賀伊特也看出那種憤怒。「他由莫斯科回來之後，和隊友就處不太來。」賀伊特說，「有一次週二晚練車，他的隊友史麥利領先，藍斯去擠他，想搶在他前面。史麥利跳下車來，像牛仔一樣撲到藍斯身上，把他撲倒在地。藍斯像黃

蜂一樣怒氣沖沖，他要我評理，最後我把他的自行車拿了回來，那是我給他的那台Schwinn Paramount——也是他去參加青少年世錦賽的那台車。」

藍斯沒了自行車，十分氣憤，但賀伊特已經受夠了他的惡行。那年稍早，藍斯和朋友由賀伊特店裡借了一台機車去做機車配速訓練，但他們撞了車，藍斯沒有告訴賀伊特，就把車放回倉庫。「這簡直混蛋。」賀伊特說。後來藍斯由科羅拉多訓練營回來，賀伊特他裝在汽車上要價五百美元的自行車架也不翼而飛，「他和我說某某人需要它，」賀伊特說，「我們為此吵了半天，後來我就算了。」

但另一件事賀伊特可不能那麼輕易就算了。

那是午夜過後，這輛超速的白色跑車飆過達拉斯北部州際75號和635號公路的交口，幾秒之內，警笛就響了，警車亮燈追上去，擠在那輛雪佛蘭Camaro IROC Z28車裡的四個少年剛才在達拉斯鬧區東邊的迪普埃倫區（Deep Ellum）夜總會開完派對。

一聽到警笛，其中一個少年就嚷道：「我們得停車！我們得停車！」但駕駛藍斯卻猛踩油門，加快這部車5公升190馬力的引擎，以時速130英里全速前進。「那車太快了。」那晚坐在車裡的威克說，「而且我們喝了酒。」

藍斯‧阿姆斯壯

　　或許藍斯以為他可以跑得過警察。一分鐘之內，他就衝出達拉斯市界，進入李察遜市，由賀伊特的車店呼嘯而過。或許在那當下，藍斯腦海裡閃過賀伊特幫他買了那部車的念頭。（「我和他共同簽了那部車的文件，」賀伊特說，「但我不知道那車是在我名下。」）

　　但藍斯飛馳過李察遜市時，注意力集中在如何以他從未開過的速度，掌控這塊重達兩噸全速前進的金屬。即使在那深夜時分，75號公路上沒有多少車，但因正在施工，因此還是只有兩線道可走。「真的很窄，」威克一邊回想，一邊模仿跑車引擎由水泥牆反彈回來的隆隆聲。

　　藍斯和三個死黨很快就衝出了李察遜市，但他們進普蘭諾時，第三輛警車正等在那裡。由於離家只3英里，熟門熟路的藍斯知道該由哪裡下公路，也知道那晚他朋友正在離柯林溪購物商場不遠的地方開派對，而他們正會經過那裡。

　　「我們在公園大道前的出口棄車而逃，」威克說，「那時那邊只有幾棟房子，其他什麼也沒有。藍斯和我溜了，因為我們沒有醉，我們用跑的，躲到田裡，伏下身體。另外兩個傢伙則被抓到，一個沒有爬出車來，而路易斯則在轉角的麥當勞被逮。」

　　另一個死黨波岡則記得：「我在那個高中派對，藍斯來了，我想他是徒步來的。」

　　「要不是他有腳力，」泰利說，「恐怕已經被關進牢房去了。」

　　藍斯在派對中鬼混之際，警方正在找被棄那輛車的車主。「大約半夜三點半，李察遜市警察拿槍對著我把我拉出家門，」賀伊特回憶說，「藍斯和他那輛IROC跑得比他們快，所以警方扣了那輛車，發現是在我名下。我可火大了。」

　　賀伊特那晚並沒有被押進警局，但事情還沒結束。「一週後，」他說，「我到市區和警察局長與總探長談自行車安全問題，我打算領回被扣的車子開回家，但兩位長官前腳才走，後面又來了另一個警官，我被他們逮捕了！他們說我有罰單沒付。藍斯超速吃罰單是出了名的，而且我也不知道這車也是用我的保險，難怪我的車險費那麼高……我和藍斯的母親琳達談，告訴她除非藍斯來找我，想辦法解決，否則藍斯別想拿回車子。」

　　這事過了好一陣子才解決。威克說，藍斯棄車而逃之後，消失了好幾週，接下來的事是麥恩斯克（Bob Mionske）告訴我的，他是藍斯在國家隊結交的朋友。

　　「我簡短地告訴你藍斯告訴我關於這部車的事，」麥恩斯克說。「藍斯說他從沒道歉，幾週後他在沃斯堡的史托克亞茲（Stockyards）參賽，那是繞圈賽，而他那時才高二。賽前，賀伊特在藍斯聽力範圍內說：『誰第一個贏藍斯，就有一百美元獎賞。』其他參賽小孩的反應都是：『你在開玩笑吧？』但藍斯聽在耳裡，結果比賽時領先了兩圈。他站上獎台領獎時，一副『我要把勝利獻給吉姆・賀伊特』的樣子，藍斯直盯著賀伊特瞧，而賀伊特也看回來，因為這是藍斯開始的。」

藍斯・阿姆斯壯

　　藍斯和賀伊特大約近十年沒有再說話,賀伊特留著那輛被扣的雪佛蘭七個月,然後試開了一下,「我在街上繞的時候,它太強了,」他說,「所以我把它賣掉了。」

- -

　　藍斯邁向18歲,人生也開始轉變。高中已經結束,大學卻不在他的計畫之內。他還參加三項全能比賽,而且表現不錯。「那年秋天,他在佛羅里達范突拉(Ventura)全美短跑錦標賽把大家打得落花流水。」曾是他成人導師的艾德說,那時藍斯已經超越他了。「但他也開始努力練車。」

　　他不只努力練習,而且幾乎每場比賽都贏。藍斯明白自己的未來在自由車,如果一切如他所願,能夠說服母親他要選擇的生涯,那麼他在還未轉為職業車手之前,就能進軍1992年奧運。

　　自藍斯在莫斯科世錦賽驚人的表現之後,藍斯該如何在運動生涯有所突破的建言,就由四面八方湧來。那時還沒有手機和電子郵件,大家還是由老式的電話、傳真、郵件溝通。當時我是美國自由車賽主流雜誌《自由車新聞》的主編,藍斯的兩個車手朋友由達拉斯發了傳真給我,問我能不能幫藍斯找一個歐洲車隊,讓他學習如何在這項運動的老家學習如何賽車。我寫信給瑞士自由車權威保羅・庫柯利(Paul Köchli),當年就是他指導雷蒙德拿下他第一個環法賽冠軍的,我問庫柯利:「你能不能幫忙這個德

州年輕人？他的體格不像雷蒙德，但他很有可能成為美國的下一個環法賽冠軍。你能幫幫他嗎？」

　　我接到保羅的傳真，他當時是瑞士職業車隊赫爾維西亞(Helvetia)的運動總監。他說他可以讓藍斯進法國的US Creteil-Lejeune車隊，這是他用來培養職業車手進入他職業隊的隊伍。這應是很不錯的開始，但藍斯的人生卻朝不同的方向前進。

　　他的潛力很快地傳遍了美國車壇，其中一位德高望重的艾迪・B(Eddie Borysewicz)，B是波利塞維奇的簡稱，他是移民，1967年抵達美國，成為美國自由車聯盟第一位全職全美教練，並且指導美國隊參加1984年奧運，拿下七十年來在自由車項目的第一面奧運金牌。他在三年後離開聯盟，加入職業車壇，並於1989年在金融界名人——舊金山的蒙哥馬利證券公司老闆湯瑪・魏瑟(Thom Weisel，也是業餘車手)支助下，成立了一個車隊。他們獲得日本速霸陸汽車公司的贊助，當時速霸陸正在拓展美國市場。艾迪・B和魏瑟的目標，是要把速霸陸-蒙哥馬利打造成有實力參加環法賽的車隊，但一開始預算不多，因此正要尋覓經驗豐富的車手和初露頭角的業餘好手。

　　他們接到的一個電話是自由車聯盟幹部麥可・佛萊西(Mike Fraysse)打來的，他十幾年前曾幫艾迪・B在美國立足。艾迪・B以口音很重的短促英文說：「麥可告訴我，『艾迪，你不是一直在找人才。德州有隻動物』——他真的是這樣措辭的，『你要不要去打聽一下？』」他把藍斯的電話號碼給了我。

藍斯·阿姆斯壯

「於是我致電藍斯，告訴他我會去奧斯丁參加一場比賽。我們在賽後談了，我的一個問題是關於他的健康：『你生過病嗎？』他說：「沒有，從來沒有。」他從不生病，好，那你感冒過嗎？沒有。頭痛過嗎？沒有。於是我就說：『老天，這不可能。』他媽媽也來了，媽媽說：『他從沒生過病。』牙齒呢？『我的牙完美得很。』於是我和他媽媽聊了一下。我自我介紹，說我一直在找年輕好手準備培養。我向他說，和你媽談談，和你朋友聊聊，如果你想加入我們，就撥個電話來。」

艾迪·B如今六十來歲，擔任顧問並兼職教練，他住在南加州鄉間，靠近愛斯康迪多。他繼續說自己和藍斯打交道的過程。「他在一週之內就把驗血和VO$_2$（耗氧量）測試結果送來。我收到後就告訴他：「來愛斯康迪多吧，我們有會所，你可以和麥克·麥卡錫（Mike McCarthy，曾參加1988年奧運）切磋。」

他現身了，我告訴他：『我們給你一萬兩千美元的酬勞』。他很誠實說：『我沒有那個身價』。我說：『你只管下決定，不要管身價不身價。』

「我說：『就這樣吧，你只管練習，不要擔心錢的事。』因為他那時是個窮小子，因此一定要給他經費，讓他無後顧之憂，專心賽車。我們開始合作，他很受教，很好，很坦率。我從頭到尾對他的印象都很好。」

印象是雙方面的，因此藍斯加入了速霸陸-蒙哥馬利車隊。除了津貼之外，隊上還供應服裝、配備，旅費則實報實銷。琳達

知道她兒子需要信用卡，但沒有真正工作又沒資產的青少年想要申請信用卡，幾乎是不可能。

「我對藍斯說：『何不寫信給我的美國運通公司，問他們可不可以由我擔保，幫你申請卡片，我也會送一份你的合約給他們。』結果看看，他們真的寄來一張信用卡，上面有藍斯・阿姆斯壯的名字。而且那是大部分人都還沒有信用卡的時候。」琳達說：「如今他拿的是美國運通的黑卡(年費2500美元，專給名流富豪之用)，而我依舊是拿一般卡。這張黑卡可非等閒──如果你想要，連月亮也買得到。」

摘月亮正是小藍斯的信條。「他到愛斯康迪多和艾迪・B談了之後，回來和我說：『媽，我可能要去加州了。』當然我沒料到他就要離家，更沒想到他要搬去加州，那太遠了。」

藍斯深受南加州的氣候、山坡和海洋吸引，但他不知道自己做的對不對──最後他決定放棄。他只知道自己不想再待在家鄉，在迅速發展的達拉斯北郊。

「我的高中死黨全都留在普蘭諾，我卻等不及要離開那裡。」他即將見到助他離開的人。

- -

約翰・湯瑪斯・尼爾(John Thomas Neal)是藍斯生命中最重要的推手，也是藍斯所見過最古怪、最聰明、最愛交際的人，大

藍斯‧阿姆斯壯

家都稱呼他J.T.。他身材短小，生氣蓬勃，精神飽滿，走路快，說話快，好像一邊微笑一邊說話一樣，藍斯稱他「世界級的人物」。

J.T.是德州大學法學院畢業，先擔任律師，後來在奧斯丁作房地產。他與妻子和子女住在城市的上流社區，而他的財富也讓他能做他所愛的事：為奧斯丁的游泳、三鐵、和自由車手按摩，照顧他們。

「我在1990年的環德州賽認識J.T.，我來看比賽，」藍斯說，「J.T.是速霸陸-蒙哥馬利車隊的按摩治療師，後來我又在州際錦標賽碰到他。他說：『聽著，我有個地方可以讓你租，六月開始。』我說：『我會來。』」

藍斯的阿姨記得他搬去奧斯丁時，藍斯母親的反應。奧斯丁是德州首府，在普蘭諾南方220英里。「他離開時，我感受到琳達的難受，因為他不在而產生的失落感。」黛比說，「但他得向前走，這很重要。

「我想她並不知道他會不會有成就，但他一直都相信自己做得對，而且他又一副趾高氣昂的樣子——教大家都受不了，連我父親也不例外。他搬出去，到奧斯丁去了，可教人難過！琳達大受打擊。」

琳達承認：「它在我心裡留了個洞，倒不是我這麼依賴他，而是因為我們一起做的有趣的事。我從沒有獨自一人住，而我又沒有任何嗜好，沒有任何真正的消遣，因為我的晚上和週末都留

給藍斯，白天我要上班。」

藍斯卻說，他不知道琳達會因他搬走而難過。

「那對我母親是很難受的一天，她心煩意亂，我沒想到會那樣。」

「不過，」琳達說，「我明白這對我們倆都是很好的踏腳石。雖然我難過，但也為藍斯高興。第一，我知道J.T.會好好照顧他，他是個好人，他在奧斯丁的頭兩年，要不是J.T.在，恐怕不會有那麼好的結果。因此J.T.該居功，他是藍斯在奧斯丁那裡的『媽媽』。」

藍斯覺得和J.T.很投緣，比他和繼父泰利或早期的導師艾德，或自行車店主賀伊特都合得來。「J.T.很有趣，他什麼都要囉嗦，但是採用親切的方式。」藍斯接著模仿起J.T.說話的口吻和高音的阿肯色口音：「『藍斯你喝太多了，我知道你喝太多了。現在是冬天，你和你的死黨出去了，喝了那些啤酒。』……『混球，你看起來胖了，藍斯。』接著他又要講到女孩子：『藍斯，你女朋友太多了，你得認真一點了。』……或者我要去驗尿，『看看這個，可惡，你水喝得不夠，尿太黃了，藍斯，你得多喝水。』在我，不論如何，他都是個很好很好的人。」

除了照顧藍斯，幫他按摩之外，J.T.也協助他在新的故鄉安定下來。「J.T.就是樂於助人，」藍斯說，「他不需要金錢上的酬報。他太太就像我母親一樣，我剛搬來時，一天到晚都待在他

藍斯‧阿姆斯壯

那裡。」

「那時奧斯丁很安靜，有機食品零售商全食（Whole Foods）超市最先就在這裡開張，在拉馬區一棟矮矮的建築裡。我常由我的住處走過去，J.T.和我總在那附近的餐廳一起吃午飯。」

奧斯丁也是奈格斯的老家，他和藍斯一起參加過幾次賽車，終於在當地週二晚上比賽之後騎車回家時來看他，他比藍斯大五歲，已經大學畢業，開始工作。他的智慧和成熟，使兩人維持良好的關係，而且奈格斯也認得在德克薩斯坡郡練習的最好路徑，這比藍斯原先在普蘭諾騎的平路是很大的進步。兩人越常一起騎車，就越親近。

「自由車手最難的一件事，就是找到可以一起練習的夥伴，」奈格斯說，「因為練習要花很多時間，每天肩並肩騎四、五小時，每週五天、六天，或七天，如果你們可以談話且互相容忍就很好……我們相處得非常好。」

奈格斯歸結他所認識的藍斯是「非常堅毅，從不推託，不相信上帝，不需要這個那個，不需要父親，不需要和父親和解，而且非常成熟。他十八、九歲就已經是個成人了。」

「而且，」奈格斯又說，「藍斯那時不知道自己聰明，因為大家都說他笨，但如果你和他談什麼事，他總能一針見血，直指核心。他總說：『管它的，為什麼這樣，那又怎樣，那傢伙是誰，為什麼你不這樣做，那後來怎樣？』他問題多得很。

「你就是明白這個人一定會達到他想要達到的目標。他從不

覺得自己是理想的車手，只是正好合適。他對自己在乎的事永不滿足，而那時他在乎的也只有三件單純的目標：女孩、商業，和騎車。我們騎車時，他不想談騎車，因爲那是我們所做的事。不，他想知道的是，像全食最近有什麼消息？股價如何？他並不是腦袋裡只有自由車。」

琳達還是不確定她兒子該不該去奧斯丁。「它適合藍斯的生活型態，我只能這樣說，」琳達說，「J.T.很照顧他，就像我在這裡時一樣。……但失去藍斯並不好受，我想我很沮喪。那時我唯一快樂的時光，就是我們倆在一起的時候。」

不過琳達很快就明白藍斯離去的一大好處：J.T.尼爾。「我真心認爲，要不是他，藍斯永遠找不到他的方向。」她輕聲說，想起這生性樂觀，卻英年早逝的人。「知道有J.T.在那裡照顧他，讓我安心，我們後來也熟了。我愛他，我愛他。」

「若說藍斯生命故事中恆常不變的線縷，那就是琳達，」黛比說，「但J.T.也扮演了很重要的角色。」

第六章
———

王者風範

體能上，你已經有了能力，

但除非你瞭解車賽錯綜複雜的幕後運作，

否則你就拿不到世界冠軍。

——克里斯‧卡麥可

　　藍斯初次見克里斯‧卡麥可(Chris Carmichael)時怒氣沖沖，那天是1990年6月11日，地點：芝加哥歐海爾國際機場。他們方向正好相反，卡麥可剛由英國指導美國國手隊一軍參加環英賽回來，而藍斯正要出國，參加國手隊二軍環瑞典賽事。兩人都還在試探新的生涯：卡麥可是國手隊教練，藍斯則是業餘的自由車手。

　　「藍斯對我很火大，因為他被編入二軍，而鮑比‧朱利克(Bobby Julich)卻是一軍，他們兩人又同齡，兩個初級組的組員

藍斯‧阿姆斯壯

都升上高級，他覺得是我把他編入二軍的。」卡麥可說，「我向他解釋：『嘿，聽著，我是在人選已經確定之後才來當教練的，因此我只是跟隨這樣的決定而已。而且我不管有沒有人偏心朱利克，因為現在我是教練，如果你要進一軍，就證明自己的實力給我看。』

「藍斯說：『我要讓你後悔，克里斯‧卡麥可，因為我要證明我是最好的車手。』我說：『我正期望看到這種表現。』他以為我會對他生氣，但我沒有，我只說：『做給我看。』」

這是藍斯抗拒不了的誘惑。「我被編進二軍，氣得要命，」他回想道，「我一心一意要證明別人錯了，那就是我去參加環瑞典賽的原因。」

但由賽程2小時的初級比賽增為4小時的高級業餘比賽，通常需要好幾年的時間調整。藍斯在第一年非但適應了較長的距離，而且還被送去參加職業-業餘賽事，和實力堅強的職業車手同台競技。環瑞典賽就是這樣的賽事，長達一週的分段賽，就在他和卡麥可於機場交談之後幾天展開。有幾支隊伍甚至用這場比賽作為環法自由車賽的準備。

「我們的對手包括如尚-法杭索瓦‧伯納德（Jean- François Bernard），」藍斯在瑞典賽事結束後不久和我說，他指的是1987年在環法賽贏得第三的法國明星車手，他也在傳奇的馮杜山（Mont Ventoux，環法最高峰，為關鍵賽段)奪得分站冠軍。「在那場比賽中，我真的愛上這個運動，」藍斯掩不住興奮地說，

「我愛整個歐洲的『搖滾』賽事，這可是大場面，我想參與。」

藍斯最後果然在歐洲車壇脫穎而出，在歐洲，自由車冠軍被當成搖滾明星一般。藍斯很快就明白他的新運動在大西洋彼岸的魅力和神秘，就如棒球和美足在美國一樣，但他也看到在車賽的光彩背後，是頑強的、體力勞動的認真堅持。「我所經歷最困難的專業或高階經驗，就是在那一次的環瑞典賽事，」藍斯說，「我晚上倒在床上，筋疲力竭……」他搖搖頭，沒把話說完。「我被整得死去活來，我的身體一直在抗拒，不想第二天繼續騎車，那可是靈魂出竅般的體驗。」

對18歲的孩子而言，那是非常艱難的比賽，他能完成，就已經教人刮目相看。在藍斯這段早期的國際賽事生涯中，好成績並不那麼必要。更重要的是，他得要學習如何在這些高級賽事中，像歐洲選手一樣比賽。身為三項全能選手，他會自始至終都全力拚搏，但他現在卻得由平穩地高度消耗精力，到在車團（全世界的車壇都稱之為peloton）的庇蔭之下保留體力，直到最後衝刺為止。藍斯要吃盡苦頭，才會學到那必要的一課。

朗・派提強（Len Pettyjohn）就很敏銳地觀察到藍斯的天真。他原是丹佛大學的教授，後來成了美國頂尖車隊的自由車教練。1990年，他指導的庫爾斯啤酒（Coors Light）職業車隊參加美國的各大賽事，幾乎都會碰到艾迪・B的速霸陸-蒙哥馬利車隊。

「我對藍斯的第一印象是，又一個不知天高地厚、缺乏經驗的國手。」坐在科羅拉多州波爾德（Boulder）新維多利亞式風格

藍斯‧阿姆斯壯

家門廊上的派提強告訴我。「我們常取笑這樣的孩子——『又來了個小馬頭』，因為他們總是跑到車團的前面，只會擋路。他有點不一樣的是，他在前面還是猛衝，你可以看到他衝勁十足，但毫無節制，沒有真正去想自己在做什麼。有一次賽完後，有人問藍斯為什麼在那時候發動攻勢——因為他早早就一馬當先，但最後被趕上而落後。藍斯的答案是：「因為我爽。」我們隊上有人聽到了，趁他走開接了一句：『是呀，那時大家都爽。』

「重點是，你不能在大家都爽的時候發動攻勢。我們對此是有點想看好戲，他卻繼續這樣做，一場又一場的比賽。但你可以看得出他會是國家隊中最強的隊員。」

派提強加入國家隊——他很快就升到一軍，讓有些較有經驗的老隊員難以接受，比如派提強隊上的業餘車手約翰‧李斯文（John Lieswyn）就是如此。

「李斯文自認為和其他國手不相上下，甚至更優秀，他不明白為什麼卡麥可和我們突然都期待藍斯會成為隊上最優秀的好手。」

誠心接受藍斯領導地位的一位車手是鮑伯‧麥恩斯克（Bob Mionske），他當時是美國業餘冠軍車手，在1988年奧運公路賽名列第四，成績亮眼。「我隊友是舉世最強的車手，我一點也不介

意，但對朱利克、麥克瑞和其他人可不然，他們有點嫉妒，不像我安於自己的表現。因此我比較容易和藍斯交談。」

　　如今擔任律師的麥恩斯克並非典型的奧運選手，他比藍斯大九歲，先拿了心理學位，才成爲全職的車手。他的才智和開朗的心胸，對年輕人很有吸引力。

　　「麥恩斯克和我約在舊金山的咖啡店，他穿著牛仔褲，一件褪色的世界和平運動衫，戴著墨鏡。」他回想起兩人初次見面的情況。

　　「我們開車，以時速八、九十英里的速度沿著州際公路騎往奧斯丁的訓練營，」麥恩斯克說，他的中西部口音很重，「藍斯開他新款的BMW，我們各自聊起自己，想探探對方的底 。我們背景很像，兩個人的母親都很年輕，都被爸爸拋棄，我們都愛作領頭羊，不向任何人低頭。他在自由車上的體能比我好，但我在其他方面的體能強。

　　「我母親在伊利諾作服務生，把我交給別人照顧，最後我和表兄弟住，等我終於回到母親身邊，她已經又嫁給一個打過警察的罪犯，因此我的生活很刺激。他很好鬥，但我學會和他對抗。此後學校裡的同學從不敢打我，因爲我從不害怕，只要不怕，就沒有什麼能讓你煩惱的了。我畢生都奉行這個想法……我想藍斯也是。

　　「因此藍斯和我就沿著公路向前開，我們超速，對面車道的一個警察開了警車燈，調頭來追我們。我說：『快走，快走！』

藍斯・阿姆斯壯

我們由第一個出口下去，順著鄉間小路呼嘯而過，結果是死路，衝到一個男生夏令營的停車場，我們死命煞車，大家都瞪著我們看。我們甩掉了警察，但還是在那裡坐了半小時，確定沒事。」

這個事件讓他們建立了交情，此後爲巴塞隆納奧運作準備的兩年，兩人友誼更加深厚。麥恩斯克說，藍斯證明了他的支持，一次是在車賽，另一次則是個人的危機。「我得由達拉斯趕到聖荷西，」他先說個人危機，「已經分手的女友答應重新接納我，藍斯答應載我一程，由我住的地方送我去機場。但我等來等去，他都沒出現，我不由得驚慌起來 。等我最後跑進屋裡打電話叫計程車時，他開著他的BMW衝進轉角。

「我們把我的行李塞進後座，他在達拉斯的時髦社區高地公園裡疾馳，根本不理街口的停車標誌。我們很快就駛上州際公路，最後和另一條公路匯集在一起。

一眼望去全都是停著不動的車。他因爲來晚了感到愧疚，而他和我一樣——只管去做。於是他拐上路肩，猛踩油門，就沿著車陣旁疾馳。一路上是三線一動也不動的車陣，而我們卻以七十五英里的時速呼嘯而過！塵土飛揚，掀起一陣塵霧。回頭一望，連車都看不到，只有灰塵。我想到：『這可能會有問題』，但我們還是繼續向前開。我急著要趕上飛機，全憑腎上腺素直奔機場。我最後見到了女友……而且我們結婚了。這都是拜藍斯之賜。」

接著他講到藍斯在季初一個稱爲Primavera的車賽爲朋友所

做的事。麥恩斯克說他狀態不錯，雖然因為吃壞肚子有點虛弱，但還是希望能讓他們車隊的新贊助商代表能有好印象。那是一連幾天賽事的最後一站，藍斯需要花點時間擺脫兩個國家隊的老將肯特‧波斯蒂克(Kent Bostick)和約翰‧佛瑞(John Frey)。麥恩斯克擬了計畫：一早就發動攻擊，好利用前晚暴雨之後橫吹的風勢。

「我告訴藍斯：『讓我們一桿進洞。』」麥恩斯克說，「他穿過車陣爭先時，我看到他真的快辦到了，於是我趕上前，緊追在他輪後。他只領先我一英寸，接著我們騎了兩、三英里。我轉彎時，看到我們後面有好長一段路，整個國手隊和其他隊伍都被我們遠遠拋在後面。唯一跟上我們的只有波斯蒂克，而他還會一直跟下去。

「就連下坡藍斯也還是猛踩踏板，我緊追在他後面，幾乎要碰到他的輪子，但我感覺不到前車的氣流，因此相信煞車一定有在摩擦。等我們在下坡路上擺脫了波斯蒂克之後，我才明白我的煞車沒問題。藍斯只是超快前進，因此只剩藍斯和我。

「我因為腹瀉，開始體力不濟，我告訴藍斯：『這場比賽我非贏不可，因為贊助商在這裡。』他說：『好，就這樣。』我畢生從沒求過任何一場比賽，而且那時我也沒真正求他，但他瞭解。我們離終點線只有400公尺──他飛快地向前騎！但他坐直轉身，對我擺出燦爛的笑容。其實他可以不理我就向前衝，但他讓我獲勝……雖然我還是得拚命衝刺才拿下勝利。」

藍斯・阿姆斯壯

雖然麥恩斯克接納藍斯成為國手隊的領導人物，但其他人卻對這個德州牛仔敬謝不敏。「年紀較長的隊員非常抗拒，」卡麥可說，「他們不喜歡他，而且不喜歡的理由很多。首先，他們怕他，因為他非常非常強，而且他又很好鬥，老是說：『我要踢你的屁股。』他只是剛來的年輕小子，而他的穿著打扮又和他們不同，他們之間有代溝。」

卡麥可後來成了藍斯的私人教練，最後又創立卡麥可訓練系統中心。他在自己位於科羅拉多泉的總部和我談話。這辦公室是由穀倉改建。他可能是全美最不裝模作樣的執行長了，總是穿著牛仔褲、休閒襯衫、戴著棒球帽。他的年紀雖然坐四望五，但光滑的額頭上一波金髮，讓他看起來很孩子氣。

「1989年我成為國家隊教練時，自己還是運動員，」他回想道：「我知道大家很希望保住舊有的團隊，但我採取的是像艾迪・B剛接觸美國自由車壇的策略：專注在最年輕的人才身上。因此我決定不要花太多時間管老將，而協助年輕一點的團隊，由藍斯、麥克瑞，和朱利克領導。」

國手隊在賽季中的高潮賽事，就是世界業餘公路錦標賽，1990年是在日本宇都宮市(Utsunomiya)舉行。前一年，美國隊在100公里計時賽名列第四，比賽中每隊的四個隊員間隔3分鐘出發

競速，賽程60餘英里，時間最短的獲勝。

「我們在賽前辦了個團體計時營，」卡麥可說，「藍斯是練習時最強的一個，因此我一直讓大家輪流，兩人一組計時，讓他挑戰年紀較長的車手，而藍斯也總是領先。等要做四人計時賽時，他們希望能保持原本的隊友不動，不想讓藍斯參加，於是我說：「抱歉，我們得讓藍斯加入，他的表現一直是最好的，這就是團隊。」唯有約翰・佛瑞能夠接受。於是藍斯參加了團體計時練習，把大家打得落花流水，大家紛紛求饒。

「藍斯當然該去日本。一旦他確立了自己的身分，就很有團隊精神。當年才18歲的他是頭一年擔任業餘車手，大家都擔心：他能兩個比賽都參加嗎？團體計時賽接著公路賽？許多教練都認為要一個少年這樣做，未免要求太嚴苛了。的確是如此。但有兩個隊友在熱身賽時摔斷鎖骨，因此藍斯兩場比賽都參加了，至少他可以獲得一點經驗。」

這是自由車世界錦標賽頭一回在亞洲舉辦，也顯示這原本在歐洲流行的運動終於傳播到世界的其他地方。到1990年代，隨著衛星電視和網路的普及，使這個過程更加快進行。這項原本有諸多傳統的運動快速改變，正需要一個可以吸引全球觀眾的人物——像藍斯這樣的人物。

其實他已經讓關係較密切的人印象深刻，其中一位就是狄密特，她和藍斯一樣已經由赴莫斯科參賽的青少年組，晉級到赴日參賽的高級組。她談到卡麥可所說，並不是每一個人都很歡迎藍

藍斯・阿姆斯壯

斯加入的情況。

「赴日比賽期間，大家都稱他國王，這有點開玩笑性質，因為他每次都大聲張揚他的意見，而且音量很高。」許多老將都嘲笑他，因為他們覺得藍斯自以為是國王，但我覺得藍斯還有點喜歡那封號。」

老將在賽前或許嘲笑他，但那週賽事結束時，他卻贏得了他們的敬重。

第一項賽事是團體計時賽，難度很高，四個選手輪番上陣接力，以每小時逾30英里的速度連騎2小時。藍斯說這依然是他最愛的項目，部分是因為它的艱難，部分則是因為在這個團隊合作的比賽中，每個選手都得完全信任其他三名隊友才行。

團體計時賽需要近似軍隊的作法，這也是為什麼1980年代和1990年代初，蘇聯集團總是橫掃千軍的原因，這回他們恐怕也會在日本大獲全勝。

但這並沒有讓藍斯退縮，雖然他是年紀最輕的選手。隊友都比他年長8至10歲，但他卻是美國四人組的領導人，由他來決定他們的速度。兩名隊友吉姆・柯普蘭（Jim Copeland）和奈特・李斯（Nate Reiss）也和藍斯一樣，是艾迪・B速霸陸-蒙哥馬利車隊的成員，另一名隊友則是奈森・雪佛（Nathan Sheafor）。

「藍斯在團體計時賽很強，全隊騎得很棒。」卡麥可說。其實到半程時，這四個美國選手已經遙遙領先蘇聯和東德的選手，看來就要拿到美國在業餘車賽史上最好的成績，但後來兩次機械

故障花了幾分鐘，最後他們拿到第七。在拚盡全力之後，藍斯只有兩天時間休息，就要參加主賽——長115英里的公路賽。賽前，卡麥可和他談話。「我告訴他說：『我們的目標是賽完全程，而不是只有一半，不要只把這當作經驗，我希望你抱著要成為世界冠軍的心態。』他說：『我會這樣做。』我覺得他喜歡聽我這樣說。」

在藍斯看來，「沒有界限」這樣的心態就意味著早早確立自己的能力——就像一年前他在莫斯科青少年世錦賽一樣。在這九英里賽場上有個險坡，他們得拚鬥十二次，他想早早領先必為上策。

「藍斯本該贏得比賽，」狄密特說，「他很明顯是最強的車手，只是又犯了亂騎的毛病，太早就發動攻勢。他很早就領先，但最後還是拿下第十一。這是多年來美國選手在世錦賽拿下最好的成績，但他很受打擊。我還記得卡麥可以他為榮，因為他展現了獲勝的實力。賽後我們全都去喝啤酒，卡麥可對藍斯的表現很高興。他告訴藍斯：『你得多練習技巧，學學戰術，有朝一日你一定能贏得世錦賽冠軍。』」

卡麥可承認有這段談話，他說他告訴藍斯：「你表現得很好，但你得改改騎車的方式；將來不能再這樣騎。現在人人都知道你是誰，所以你得提升自己，要瞭解它的心理層面。體能上，你沒問題，因此我們要下工夫的就是這個層面。但除非你瞭解自由車賽的奧妙，否則絕不可能在世錦賽或奧運獲勝。」

藍斯・阿姆斯壯

　　而美國車手要領略「自由車賽的奧妙」，唯一的辦法就是去歐洲參賽。傳統上，英語系國家的車手都去比利時或荷蘭，因爲那裡只要是春夏，幾乎每天都有賽事，卡麥可1981年還是年輕車手時就是去那裡，還獲勝九次。但他對藍斯另有打算。「赴歐洲是藍斯生涯的轉捩點，」卡麥可說，「我在他19歲時，讓他加入國手隊去義大利。很多人都認爲他該去比利時，因爲那裡比較適合像他這樣身強體壯的好手，但他要學的是策略。他在德州普蘭諾長大，那裡一片平坦，風勢強勁。而赴義大利才教你如何真正做個專業車手，他得克服險坡，學會瞭解自己在車團的位置。在那裡，他可以真正進步，而在比利時則是另一種比賽方式，鵝卵石的路面，狹窄的道路，多風又多雨。」

　　藍斯也同意：「我得學著聰明點，而我在卡麥可的指導下，開始學習這點。」

　　1991年4月，美國國手隊在義大利的重點賽事是一項長達數日的分站賽，稱爲貝加莫斯卡(Settimana Bergamasca)大賽，這果然是藍斯業餘生涯的里程碑，教他如何依卡麥可的方式運用技巧比賽，也讓他見識了這項運動的忠誠、秘密交易和政治。

　　除了要對抗義大利頂尖的業餘車手——包括一個名叫馬可・潘提尼(Marco Pantani)的新秀之外，美國國家隊還得和幾支職業

隊伍競爭。這正是自由車蛻變的時候，業餘和職業車手涇渭分明，唯有在官方批准的職業-業餘賽事中，比如在義大利北部貝加莫（Bergamo）省舉行的這場賽事，才能同台競技。

這樣的情況有時會造成利益衝突的問題——就如藍斯在這場賽事一樣。他是業餘的美國國手隊，卻又是速霸陸-蒙哥馬利隊的車手，教練艾迪·B培養了藍斯的才華，以智慧教導他，而且每個月付他1000美元薪水。隊員名單上還有李斯，就是前一年和藍斯一起參加日本團體計時賽的李斯。因此義大利這場比賽的情況一觸即發——對藍斯、艾迪·B，和卡麥可。

「我16歲開始賽車時，名列全美少年組，」卡麥可說，「教練就是艾迪·B，我是他旗下年紀比較小的選手，其他還有雷蒙德、朗·凱佛（Ron Kiefel），以及戴維斯·費尼（Davis Phinney）。如今我30歲，成了國手隊教練，而艾迪則是藍斯在速霸陸的教練，這使得我們之間有一些角力，尤其在貝加莫那場比賽。」

速霸陸和其他職業隊都住在高級旅館中，而卡麥可領導的國家隊卻因預算有限，經濟拮据。幾個車手生了病，教練找來了附近的年輕醫生馬西莫·泰斯塔（Massimo Testa）。在卡麥可參加7-Eleven隊時，泰斯塔曾擔任隊醫，私底下其實也是訓練顧問。

「我下班後開車去看他們，大約晚上九點半到，」泰斯塔說，「他們全都擠在一間房裡，六名車手在同一間，擠在雙層床上，藍斯、麥克瑞、佛瑞德·羅德里奎茲（Fred Rodriguez）、史

藍斯・阿姆斯壯

蒂夫・拉森(Steve Larsen)，還有另兩名選手。房間下面是披薩店，吵得很。他們中有三、四個都不舒服，我只好去藥房買抗生素。」

雖然他們住得簡陋，但這些美國隊的年輕國手卻能在十天的比賽中保持競爭力。五站的賽事之後，義大利的馬利安諾・皮考利(Mariano Piccoli)已經確定居於領先群。「下面這一段賽程天氣很糟，雨中夾著雪，」卡麥可說，「我們做足了準備，藍斯總成績名列第二，僅次於李斯。李斯取得紅-黃衫(相當於環法賽的黃衫)，因為他是那一站的第三。而皮考利在寒冷的天候下表現不佳，落後好幾分鐘。

「第二天，艾迪・B叫藍斯協助速霸陸-蒙哥馬利隊友李斯，藍斯到隨隊的車上找我，」卡麥可說，「我說：『不行，你不能讓，你是來代表美國隊的。』」

藍斯也證實了這段談話，「我就算沒工作也沒有關係。」他說，「我告訴艾迪：『我不會和他作對，但也不會犧牲自己讓他獲勝。』」

我向艾迪問起這事，他的說法卻有一點不同。他記得他的速霸陸隊在接下來幾站都合作對抗義大利隊，保住李斯的領先，但卻沒提到要藍斯協助的事。但卡麥可卻堅持說：「在某一站過後，艾迪來找我算帳。他說：『藍斯是我的人，他為我的隊效命，我付他薪水。』我說：『艾迪，這是國家隊，他不是為你效命，是為這裡的美國隊效命。』場面非常火爆。

「艾迪和藍斯關係很親近，他覺得自己被出賣了。我們談過之後，有一段很困難的登山路程，藍斯說：『李斯絕不可能在這站獲勝，我根本不必對他發動攻擊。』 我說：『就我個人立場，我覺得你得發動攻擊，才能贏得比賽。』 他說：『我會。』」

在那一段關鍵的賽程，李斯一直保持領先的機會，只是照艾迪的說法，後來他倒楣「車胎沒氣了，」艾迪用短促的波蘭腔說，「我們只好停下來換胎，讓義大利職業隊趕上爭先。」

義大利隊迎頭趕上，使比賽更激烈，李斯很難只靠自己追上領先者，他需要協助，因此艾迪驅車到前面主車群和他旗下的其他車手談──那時還沒有無線電傳播。等他最後趕上車團之後，便叫他全隊選手──藍斯除外，等李斯趕上。

藍斯對此有不同的看法，「李斯和我原本就沒有什麼交情，」藍斯說，「他穿著領先者的紅黃衫，但卻落後了，他們卻要我等他。」

「終點是繞圈賽，在全場拚命猛追之後，我的隊員讓李斯回到車團之中。」

「李斯最後趕上我們，」藍斯也說，「但競爭相當激烈。義大利選手踢了一名速霸陸選手的車身，害他摔倒，其他速霸陸車

藍斯‧阿姆斯壯

手則還以顏色。」

「那是最後一圈，上坡衝刺到終點，」艾迪接著說，「李斯因為苦追已經很疲憊。他落後分站冠軍40秒，而藍斯因為當天是以第二的成績出發，因此成了領先者。」

「那站我拿下領先者紅黃衫之後，」藍斯說，「艾迪大發脾氣說：『我們不付你薪水，要踢你出隊。』」

艾迪說：「當然，藍斯並沒有幫我隊員的忙，這沒關係，因為他是總成績第二。問題是，他究竟要參加我的隊，還是只管國家隊？而且因為他領先，就不想合作。因此我說，好，這沒關係。」

藍斯總成績雖領先，但離緊追在後的義大利老將法比歐‧波多那利（Fabio Bordonali）只有幾秒，而且因為美國業餘車手那時都已經很累，藍斯恐怕得需要他隊的協助，才能抵擋攻勢猛烈的義大利選手。

分站賽中，碰到這樣的情況，教練往往會去找其他隊協助——可能是反正已經沒指望的隊伍，或者是理論上應該友好的隊伍，就像速霸陸。艾迪說現在就是這樣的情況。

「起先卡麥可和俄國隊協議，但俄國隊不肯，接下來他和捷克談，捷克隊也一樣。」

卡麥可最後帶著藍斯來找我們，請我們幫忙。有些隊員很生氣。我向他們解釋，說他年輕，缺乏經驗，但他是我們的隊員，人人都會犯錯，最後我說：「你們照辦就是。」……結果大家做

得很好。」

　　但即使在比賽最後一天之前，藍斯和艾迪爭吵的消息，就已經傳到舊金山速霸陸隊的老闆魏瑟耳裡。藍斯說速霸陸隊的一名隊員退出比賽，所以已經先回加州去，他把幕後新聞告訴隊上的資深隊員特羅·羅傑斯(Thurlow Rogers)。「所以整件事的來龍去脈都傳了回去，而魏瑟、全隊和艾迪「都聽得進特羅的話。特羅打電話給魏瑟說：『這簡直豈有此理。』那段時間我很吃不消，怕得要命。隊上威脅要把我踢出去，我不由得想：『他們不會再付我薪水了，我該怎麼活下去？比賽最後三個晚上我輾轉反側，非常不舒服。

　　那時沒有手機，我也不知道由義大利該怎麼打電話回家，最後我在我們所住的地方用公共電話打電話給我媽，她說：『做你該做的。』」

　　接下來是比賽最後一天，共有兩站，早上是一段長距離公路賽，下午是艱難的上坡計時賽。

　　比賽前一晚，泰斯塔醫師來檢視他的新病人，「病最重的是藍斯，」他說，「起先我勸他別參加第二天的比賽，因為天氣預報又說天氣很糟——又冷，下雨，又下雪。但他總成績領先，他說：『別想。給我最強的抗生素。』」

　　在93英里的公路賽中，藍斯依舊保住了他些微的領先——不管有沒有速霸陸的協助都一樣。接著他得面對終場的計時賽，這和他幾年前在全美青少年賽事創紀錄的平坦場地完全不同，這回

藍斯‧阿姆斯壯

賽道雖然只有7英里長，但卻沿著狹窄的山路曲折爬坡，直攻高盧山(Colle Gallo)頂峰。

參加計時賽的車手各自間隔一分鐘出發，藍斯排在波多那利後面一分鐘出發，這位義大利老將在這回賽事最困難的兩站分獲第一、第二，兩次都領先藍斯。此外，藍斯因為練三鐵，身軀壯碩，爬坡路段就處於劣勢，尤其和身材纖細體重較輕的車手一比更為明顯。藍斯的另一個問題是抗生素的藥性。他只能咬緊牙關，用他天生的體力和衝勁撐完這段計時賽，希望能拿下總冠軍。

泰斯塔那時在高盧山上，協助卡麥可讓選手分隔出發，並且回報藍斯和波多那利的競爭情況。泰斯塔知道藍斯的病況，他說：「這19歲小子的毅力讓我感動，他和義大利的頂尖車手並轡爭先，在這場登山計時賽中使勁全力，到終點時已近虛脫，但依然保住冠軍衫獲勝。」

波多那利出發時猛往前衝，但近山頂時卻後繼無力，總成績落後藍斯35秒，而李斯落後兩分半鐘，總成績第四。從沒有美國選手在貝加莫斯卡大賽(Settimana Bergamasca)摘金過，這對美國業餘車壇是一大突破，對藍斯也是重大的里程碑。但艾迪的看法不同，「藍斯贏了比賽，很好，」他說，「但他下了獎台，從沒說句『謝謝大家幫忙。』這樣的話，我的車手很氣，……問題就在這裡，他們和藍斯不合。」

「藍斯覺得他被出賣了，」卡麥可解釋，「他覺得艾迪處理

這場比賽的方式不好，這拉進了我們的關係，那年夏天我們常在一起，他談起他的童年等等，我們在義大利建立了情誼。沒錯，我協助他騎車，但他是個想要創造自己身分認同、並且在成長過程中努力和他遭遇的一切奮鬥的年輕人。」

那時狄密特也從旁觀察藍斯，她說：「藍斯顯然很有才華，但老實說，我認為他能出人頭地，是因為他有很強的意志，並且有十足的自信。而且他也能非常努力。這些特色在他很年輕時就已經顯現出來，它們從未消失，也從未改變，他從不讓任何事擋路。」

第七章
————

巴塞隆納之路

> 他看你讓場地、距離，和其他車手逐漸軟化，
>
> 而你為自己保留了完美的那一刻，發動攻勢。
>
> ——克里斯・卡麥可

　　藍斯和艾迪・B在義大利的嫌隙，讓這位教頭放棄了培養他成為奧運明日之星的計畫，但卻讓藍斯馬上成為美國車壇最炙手可熱的車手。那時除了艾迪・B的速霸陸-蒙哥馬利隊之外，只有兩支美國車隊有能力贊助如藍斯這樣雄心勃勃的運動員，其中一個是派提強的庫爾斯啤酒隊，這支隊伍有1984年奧運獎牌選手艾利西・葛瑞渥（Alexi Grewal）和費尼之助，縱橫美國國內車壇，另一支則是由人稱「奧查」（Och）的吉姆・奧查威茲（Jim Ochowicz）所指導的摩托羅拉（Motorola）隊，他於十年前，在7-Eleven贊助之下成立此隊。奧查和派提強都想要爭取藍斯。

藍斯‧阿姆斯壯

「我告訴我的贊助商：『這是我所見過最好的年輕車手，』」派提強說，「我是看著雷蒙德長大，看著他功成名就的，我說這孩子會像雷蒙德一樣優秀，只是方式不同。因此我請求他們：『你一定要想辦法提供贊助，因為這孩子不會待在艾迪‧B的車隊。』但他們不肯，說現有的陣容就已經很好了。」

相較之下，奧查的預算多得多，而且他很樂意接受任何由國家教練卡麥可所推薦的人才，卡麥可和奧查有很深的淵源，他大部分的職業生涯都一直在奧查旗下。因此在義大利車賽之後不到一個月，在1991年藍斯和奧查就在杜邦大賽（Tour DuPont）初段賽程見了面。這場賽事是當時全美最盛大的多日比賽，在中大西洋各州（泛指達拉瓦、馬里蘭、新澤西、紐約、賓州、華府、維吉尼亞和西維吉尼亞等州）舉行。

「我對他的第一印象非常強烈，」奧查說，「他說他的目標是要做職業車手，參加環法自由車賽，要揚名車壇。我們馬上就知道能相互信任、意氣相投，我很確定自己想要他加入。三個月後，藍斯加盟摩托羅拉，合約載明他在1992年奧運之前，將保持業餘身分，接受隊上津貼，奧運之後再以全薪加盟車隊，成為職業車手。

奧查和車隊成員在1991年杜邦大賽中首度看到藍斯的表現，西恩‧葉慈（Sean Yates）應該最有心得，因為在維吉尼亞州李奇蒙市的一項夜間繞圈賽事中，他和藍斯等三人領先群雄，觀眾熱情為這些有望進軍奧運的選手大喊「美─國，美─國」。

　　「我不是話很多的人，」葉慈說，他可算是職業車壇最腳踏實地的車手了，「但我在那次比賽休息時間，的確和藍斯聊了一下。奧查說這就是那個體格壯碩的選手，明年會加入我們隊。」

　　這名英國老將說，他最先的印象是，在那個溫暖的維吉尼亞夜裡，藍斯願意努力向前騎，並且協助美國隊的隊友雪佛拿下分站冠軍。可能因為他們都有這些好的團隊特性，因此藍斯和葉慈惺惺相惜，在未來的歲月中也結為好友。二十年後，他們倆依然很親近，兩人都加盟阿斯塔納車隊（Astana），藍斯在此展開他的2009東山再起，而葉慈則擔任車隊總監。比葉慈小十歲的藍斯說，葉慈是他一直都想要的大哥。

　　一個溫暖的夏日，我們坐在阿爾卑斯山上葉慈車隊的裝備卡車外，聽他談他的小兄弟。這位身材很高的英國人如今年齡雖已坐四望五，卻依舊擁有車手的纖細雙腿。他操著平直的鄉下口音，因為他的嬉皮父母帶他在亞士頓森林（Ashdown Forest）長大，這是英國東南部長滿蕨類的陡坡，只有狹窄的僻徑。

　　「我們似乎一拍即合，」葉慈說起他於1992年1月在加州聖塔羅莎（Santa Rosa）摩托羅拉訓練營和藍斯頭一次開會時的印象，「最後我們常常一起騎車，就只有我和他。一天，在六小時的訓練之後，我們倆正一起騎，他對路人開了一個玩笑，就開始哈哈大笑。我轉過身去對他說：『等你做職業車手，就不會像這樣笑了。』此後他老是提起這事，每一次我去看他都會提。」葉慈是警告羽翼漸豐的藍斯，接下來的生活會困難得多。職業賽

藍斯・阿姆斯壯

車的車手不管在體能上佔有多強的優勢,依舊得要學習並磨練無數的技巧。其中很重要的一課,是如何以高達70英里的時速,駕馭自行車,衝下坡道。大家公認葉慈是最優秀的滑降選手,在加州訓練營,他也開始指導藍斯這些技巧。

「我們正在試驗特製車胎,」葉慈回憶說,「它們下坡時非常不好用,尤其地上如果潮濕就更糟。因此他問我該怎麼下坡,他跟著我,我指紋路給他看,教他放輕鬆。他很有自信,如果他能看我在前面下坡,就會想『嗯,如果葉慈能,為什麼我不能?』所以他學會不要膽怯。不久你就會對整個場地有所瞭解,知道你能達到什麼樣的極限,其實沒有那麼困難。」

藍斯一邊由新隊友教他職業自由車賽的技巧,一邊也向國家隊教練卡麥可學習。「整個冬天我們談了很多,」卡麥可說,「我開始真正對他展開訓練,在那之前,他最長只有騎過4小時,我讓他騎5、6個小時,一部分原因是要他瘦下來。『你得再瘦一點,』我告訴他,『你得像公路車手那樣訓練,看起來得更像公路車手,而不是去做其他三鐵選手做的運動,如跑步和游泳。』

「他很壯碩,計時賽表現很好,而以他這樣的身材,爬坡的成績也不錯,我要他加強的是衝刺,這在三項全能賽並不重要,

但在自由車卻是必要的技巧，因為許多比賽都是靠最後衝刺決勝。他的衝刺逐漸加強，而他也很高興，因為他明白戰術怎麼發揮作用。他看你讓場地、距離，和其他車手逐漸軟化，而你為自己保留了完美的那一刻，發動攻勢。

「你的手槍裡只有兩顆子彈，不是六顆，而是只有兩顆。其中一顆是用來攻擊，或準備攻擊，另一顆就是用在最後衝刺獲勝之時。他是個聰明人，因此在他瞭解這點之後，他開始明白場地和距離會使人軟弱，因此在比賽進行4小時後才發動攻勢，會比2小時就發動攻勢更有效。」

卡麥可、葉慈，和藍斯在摩托羅拉的隊友不斷給他建議，但他並不是每次都聽。這是摩托羅拉隊長韓普斯登（Andy Hampsten）的觀察。韓普斯登是1988年頭一位在環義大賽（Giro d'italia）摘金的美國選手，在環法賽也兩次都名列前四。「他對實驗和學習都非常積極，雖然態度傲慢，」韓普斯登說，「他不會為傲慢而傲慢，只是因為不懂，不願承認和提問。而且他會自己去找答案，自己學習。

「我不想說這是最好的學習方式，但藍斯就是要用這個方式學習。其他的人會問，會看，會讀書，他們會看車手的影帶，學到同樣的東西，或者和隊友廝混，請他們講解。但藍斯卻擺出一副目中無人的態度。」

我向藍斯問起他這段時間無人不知無人不曉的傲慢態度，他的回答很迅速，但並沒有找藉口：「我不覺得自己傲慢或自以為

藍斯・阿姆斯壯

是，只覺得自己很有自信。我不知道這是憤怒或好鬥，還是什麼，只是一心想證明別人錯了。」

藍斯的一些對手就是因為覺得藍斯傲慢，而沒看出這個德州選手驚人的潛力，葛瑞渥就是一例，他是贏得奧運男子公路賽唯一一位美國選手，時年1984，他在1992年加入派提強的庫爾斯啤酒隊。「我對他的第一印象是：這傢伙怎麼可能有什麼成績？他很粗壯，有年輕的運動體魄，而且非常強，但他踩踏板時很糟。」葛瑞渥說，「不過在我看過他比賽，並且和他同台競技之後，這個觀點慢慢轉變了。只是我從沒料到他會有後來的表現，一千年也想像不到。」

葛瑞渥的教練派提強則在科羅拉多一個分站賽中，看到「藍斯個性中顯著的另一面」。藍斯那時是他隊上的死對頭。「其中一站是在維爾(Vail)的繞圈賽，快到最後一圈時，藍斯和我的兩個選手費尼和大衛・法莫(David Farmer)領先，我示意該擺脫他了」，派提強指的是車隊在爭先時，佔有二對一優勢時常見的戰術。「大家都知道像藍斯這樣的危險人物，不能讓他跟到終點，因此費尼和法莫就開始攻擊他，不論是誰攻擊，藍斯都馬上還以顏色，直到下一波攻擊為止。他一定反擊，而且去追對方。

「這樣兩三次之後，費尼騎上前去問藍斯：『你在做什麼？我們在攻擊你，直到我們之中有人落後為止，你只要坐穩就好。』接著法莫向前衝，藍斯再度去追，然後轉頭向費尼說：『滾你的！』接著費尼進攻，但他們甩不掉藍斯，他的態度是

『我才不管這比賽傳統的作法怎樣，滾你的！』那就是藍斯，他從頭開始就是那盛氣凌人、目中無人、我才不管你怎樣的小子。」

　　在藍斯準備巴塞隆納奧運期間，他只為卡麥可的國家隊騎車——春天在歐洲，初夏則參加美國境內的各項賽事，直到最後才在西班牙練習。這樣安排的用意是逐步加強，好面對8月2日的奧運公路賽，讓藍斯能在先前的賽事中保留體力。但卡麥可很難駕馭藍斯，這個莽撞的小子雖然並沒有試圖在義大利貝加莫斯卡大賽衛冕，但卻依然在其中一站努力打敗了兩名俄國強將，拿下分站冠軍。

　　兩週後，藍斯由亞特蘭大大獎賽回家，他是以業餘身分和以庫爾斯啤酒隊為首的美國職業車隊對抗，賽前最被看好的庫爾斯隊費尼說，卡麥可的國家隊剛拿到摩托羅拉製造的無線電系統，讓教練能夠在比賽進行中和選手談話。「他們是頭一個有那種通訊系統的隊伍，」費尼說，「結果讓他們贏得比賽。」

　　「藍斯和我們隊上的葛瑞格・奧拉維茲（Greg Oravetz）遙遙領先，奧拉維茲幾年前曾在全美職業錦標賽（USPRO Championship）封王。比賽只有他們倆爭先，奧拉維茲和藍斯有點像，體格壯碩，體力強健，又信心滿滿，他自認為會獲勝。卡

藍斯‧阿姆斯壯

麥可則在後面補給車上，用無線電指揮藍斯。卡麥可看出奧拉維茲何時要開始衝刺，藍斯也在同時衝刺——最後藍斯搶先得勝。」

在亞特蘭大比賽之後不久，藍斯和他所屬的美國隊又參加杜邦大賽，這回他平穩配速，名列12。總冠軍是雷蒙德；另一位環法賽冠軍法國選手羅蘭‧費格農(Laurent Fignon)名列第8；而當時的世界冠軍義大利車手吉安尼‧巴格諾(Gianni Bugno)則名列11，只領先藍斯一名。

那場賽事的最後一個賽程，是在華府石溪公園的計時賽，藍斯和葛瑞渥正好在旅館搭上同一部電梯，這該是這名奧運新人請教前輩在洛杉磯奧運拿下金牌經歷的好機會，但據生在科羅拉多的葛瑞渥說，藍斯想聽的卻是要他解釋另一件藍斯百思不解的事：葛瑞渥前一天在李奇蒙市表現精彩，當天在計時賽卻名列倒數第一。「我搞不懂，」藍斯向葛瑞渥說，「你前一天獲勝，第二天卻死得難看，怎麼回事？」

「小子，」葛瑞渥回答，「累了，這就是我死得難看的原因。但至少我昨天贏了。」

十六年後回想起那段對話的葛瑞渥說，藍斯似乎很難理解他為什麼會累成那樣。

　　經過了杜邦大賽11天的艱難賽程，讓藍斯以極佳狀況參加了次週末在匹茲堡的職業-業餘對抗賽，美國國家業餘隊和頂尖的職業車隊一決高下。由史威夫特藥店贊助，賽程長達115英里的史威夫特藥店經典賽(Thrift Drug Classic)是全美最困難的單日賽事，賽程包括長達8英里的街道，險峭的螺旋式上坡，在6/10英里(960公尺)的長度中要攀上350英尺(108.5公尺)高，登上華盛頓山頂。那年的比賽因天氣濕冷，難度更高，許多選手早早就棄賽。

　　藍斯在奧運的表現越來越受看好，成為眾所矚目的焦點，庫爾斯啤酒的派提強證實說：「在那場比賽前，我們隊上開會，我向車手說：『你們不能讓藍斯領先，』」他希望隊上兩名最優秀的選手史蒂芬・史瓦特(Stephen Swart)和史考特・莫寧傑(Scott Moninger)拿出表現來。

　　「因此藍斯在坡道上進攻，我們追過去超前，但他很快又追上來，我們又搶先，他第三次追上來，這回他直衝向前，其他人都完全沒指望。起先場上有80名選手爭先，後來只剩20，現在只剩3人，接著他獨自領先。

　　「我坐著補給車趕上史瓦特對他說：『你們是怎麼回事？你們不能讓他像這樣領先。』史瓦特瞪著我說：『你自己來追！』我看到他已經兩眼發直，我發火說：『如果他領先，你就不要回來。他領先了。』我們竟一籌莫展。」

　　那天派提強成績最佳的選手是莫寧傑，足足落後藍斯4分多

藍斯・阿姆斯壯

鐘。

「很明顯藍斯體力較強，尤其是上坡時，」派提強說，「最精彩的是他能這麼快就由耗盡力氣的情況下恢復過來，一次又一次。就好像藍斯一次又一次地做無氧能力測驗一樣（Wingate test，無氧能力是指身體透過無氧性代謝路徑，從事激烈運動的能力，通常是指短而劇烈運動的能力或能量）。這個測試是在實驗室裡測量你的最大能力，以及看你能多快恢復的能力，是任何人在自行車上所作**最困難**的30秒測驗 。」

任何做過這個測驗的運動員，都能證明這測驗的疼痛。藍斯的高中同學威克說他的教練——奧運獎牌選手艾倫・哈特威爾（Erin Hartwell）就做過這個測驗，「你得盡量製造最多的乳酸，」而且拿下驚人的高分。「他做完這個測試，差點就不支倒地。」威克說，「有一個半小時，他都保持胎兒姿勢不動，他這樣逼他自己！」隨著藍斯運動生涯的發展，他比其他運動員更能忍受疼痛的能力也有進步，而很快地，他能一再重複發揮最大力量的能力，顯然比他有較大的肺或心臟更重要。

派提強的車隊在一個月之後的朗斯何經典賽（Longsjo Classic）再度和藍斯與美國隊相逢，這場比賽在麻州費區堡舉行，為期4天。在兩個賽程——一個計時賽，一個繞圈賽之後，藍斯領先庫爾斯隊的史瓦特4秒，而要拿下冠軍，藍斯必須和隊友在爬坡的90英里公路賽中壓住史瓦特，衝上2000英尺（620公尺）高的終點瓦契塞特（Wachusett）山。

　　在賽程的一半，藍斯在一小群車手中，落後六人領先群5分鐘，領先者包括藍斯的隊友達倫‧貝克(Darren Baker)和史瓦特的隊友——在環法自由車賽拿下兩站冠軍的費尼。

　　費尼說，國家隊再度使用無線電通訊，他描述了領先群那時的情況。「我看到國家隊的貝克聽耳機，然後騎到我們這群的後面。我們後面有車按喇叭，接著有車手騎上前來直衝而過，每小時比我們快5英里——是藍斯！他在上坡時趕上我們，這個坡雖沒那麼陡，但卻很困難。貝克接著由我們身後衝刺，和藍斯並轡爭先，彷彿他們倆參加的是另一場比賽，最後他們領先我們5分鐘抵達終點。

　　「這站賽事之後，回到旅館，我打電話給藍斯，到他那裡去聊聊。我在車團是前輩，而他是年輕的龐克，自以為是，自信滿滿。那時他的重心放在巴塞隆納奧運，他說：『我真希望今天就是奧運。』」

- - - - - - - - - - - - - - - - - - - -

　　奧運在巴塞隆納揭幕的當天，藍斯在第一場自由車賽事100公里團隊計時賽之前，靜靜坐在卡塔倫亞(Catalunya)摩托車賽道的休息區。他留著小山羊鬍子，年輕的臉龐流露出悶悶不樂的表情，似乎因為當天沒有代表美國隊出賽而懊惱。家人和朋友來看他，固然教他欣喜——他的外祖父保羅，媽媽和新婚夫婿

藍斯‧阿姆斯壯

約翰‧瓦林(John Walling)，以及高中死黨波岡，但他依舊露出無聊的神色，用腳跟踢著水泥擋土牆，看著四名隊友準備競賽。20歲的他可能是全美最強的團隊計時賽成員，但卡麥可教練要藍斯養精蓄銳，準備下週末的公路賽——他在這個項目最有希望奪牌。

藍斯熱愛比賽，參與團體計時賽的練習與實際比賽很可能提振他的精神，加強他的體力，但他那幾天每天都只有在巴塞隆納西方的酒鄉佩尼德斯(Penedès)作一點練習。美國隊住在這裡的旅館，是因為奧運村交通太繁忙，騎車不夠安全。愛刺激和活動的藍斯說他寧可和成千的奧運選手同住在選手村，而不要住在偏遠的旅館，只是如果這樣能讓他做更好的準備，摘下奧運金牌，那麼他勉強可以忍受一點無聊。奧運金牌是他自兩年前放棄三鐵改練自由車以來最大的心願。

藍斯在桑沙德尼丹東尼亞(Sant Sadurni d'Anoia)成了媒體的焦點，這是西班牙氣泡酒cava的重鎮，是個多沙的小城，人口只有一萬。只是在那一望無際加特隆尼亞起伏的葡萄園中，雖然天氣炎熱，美國隊還是不能痛飲香檳。

美國隊似乎一開始運氣就很背。因為比賽規則，與賽的61個國家各只能派出3名車手，藍斯希望實力最強的兩名隊友貝克和麥恩斯克陪他出賽，好協助他，麥恩斯克雖在場，但美國奧委會規定3名車手中有一名要由奧運選拔賽自動產生，結果另一名車手就由毫無國際賽事經驗的提姆‧佩迪(Timm Peddie)出線，卡

麥可說，「我想提姆心裡明白自己還沒做好這樣的準備。」另一個不利的因素是場地：10英里的賽道上只有兩個短坡，整個賽事要繞場12圈，毫無挑戰可言。藍斯要靠強力爬坡才能顯出他的真本事，而這個場地卻是讓奧妙謀略家發揮的場地。

　　最後義大利人最老謀深算，在麥恩斯克發動攻勢領先時，由1991年世界業餘冠軍莫科・高迪（Mirko Gualdi）跟上，接著義大利車手再由法比歐・卡薩爾泰利（Fabio Casartelli）反攻，他和另兩人在最後一圈領先，最後由他摘金。半分鐘後，德國的艾利克・查波（Erik Zabel）率68人軍團衝刺，藍斯名列12，佩迪37，而疲憊不堪的麥恩斯克名列74。麥恩斯克中了暑，佩迪說他「越來越惡化。」藍斯則坦承：「我沒有拿出最好的表現。我騎在前面激勵自己，但我的腿顯然不聽使喚。」

　　在終點，麥恩斯克說：「我們失敗了，賽後我們坐在隊上的帳篷裡，藍斯垂頭喪氣，什麼話也不說，因此我告訴他：『如果你今天狀況好，早就領先這些人了。你比他們強得多。』要不是我那天生病，我想我能輕易就跟上他們，甚至能獲勝，但因為我正好體力不濟，我也知道他們騎得不好——甚至如艾瑞克・戴克（Erik Dekker）的好手也不行。比起藍斯來，我只是30cc的機器腳踏車，那些選手是50cc的小綿羊，藍斯是500cc的重型機車。」

　　藍斯知道自己有這樣的力量，他原本希望能夠以金牌來結束自己的業餘自由車手生涯，但金牌由卡薩爾泰利摘走，這位潛力

藍斯‧阿姆斯壯

很高的義大利車手幾年後也加入摩托羅拉隊，成為藍斯的隊友。
至於藍斯這位德州選手，則由巴塞隆納直奔西班牙的巴斯克自治
區，參加他第一場職業身分的賽事。這可不是一般的賽事而是隸
屬世界杯的重要比賽，長達145英里的聖薩巴斯坦經典賽（Clásica
San Sebastián），對來自普蘭諾的新人而言，是進入職業車壇的
艱難起點。

第八章

一鳴驚人

> 我對他的第一印象和別人的一樣：
> 這傢伙有張大嘴，態度有點傲慢。
> 但你絕對可以看出他有些特殊之處。
>
> ——約翰‧布魯尼爾(John Bruyneel)

巴斯克地方下的雨幾乎比西班牙任何地方都來得多，而在1992年8月8日，藍斯沿著耶斯奇波(Jaizkibel)險峭的山勢迂迴而上，這是聖薩巴斯坦經典賽中重要的爬坡路段，這時雷聲大作，大雨傾盆。「這是我歷來比賽最糟的天氣。」身經百戰的墨西哥老將羅爾‧阿卡拉(Raúl Alcalá)說，那時他已經和領先群登上這座高1460英尺雲霧繚繞的山頂。

不佳的天候讓207名參賽選手吃盡苦頭，在最後一段爬坡路段上，濕滑的路面造成摔車，20名車手摔成一團，包括兩週前才

藍斯‧阿姆斯壯

二獲環法賽冠軍的西班牙選手英杜蘭（Miguel Induráin）。另一名曾獲環法賽冠軍的愛爾蘭選手史蒂芬‧羅許（Stephen Roche）則在危險的下坡失控，撞上石頭，臉上縫了好幾針。

車手太害怕、疲憊，而且士氣低落，因此無法繼續前進，共有96人退出比賽，但獨自一人遠遠落後的藍斯卻在刺人的雨水中奮力前進。或許他想到了母親的話：「兒子，你不能輕言放棄。」也或許他想到了隊上助理經理海尼‧古皮耶（Hnnie Kuiper）剛剛才告訴他的話。藍斯和車團失聯之後，古皮耶開著補給車來到他身邊，搖下窗戶說：「加把勁，藍斯！你現在的努力對你的未來有好處。」

古皮耶是職業車壇最有智慧的老將之一，他或許是這項運動最堅強的車手。他既是世界冠軍，也是奧運金牌選手，這位律己甚嚴的荷蘭人曾獲得最困難的單日經典賽冠軍，也兩度在環法賽名列第二。堅忍不拔是他最強的特點，而這也是藍斯在風雨中展現的特性。

藍斯還在苦苦掙扎之際，他的摩托羅拉隊友已經賽完回到旅館避雨，其中一名隊友安迪‧韓普斯登說：「我們正在擔心，不知道他在哪裡。」那時還沒有行動電話，而隊上的無線電範圍有限，因此根本無從知道藍斯身在何處。藍斯後來承認：「要是我獨自一人，就會棄賽。」但他並不孤單，第二輛摩托羅拉隊車被派來跟著這名新手，以防他需要協助。古皮耶在終點線等他，其實在阿卡拉領走冠軍獎杯之後，終點線已杳無一人。「我等了半

小時，」古皮耶說，「有人問我在做什麼，我說我在等人，接著
警車來了……天已經全黑了，……這時才看到藍斯，最後一個
。但他還是努力在騎。」

韓普斯登說：「我認為他能在其他任何選手都會退賽的情況
下，完成他的第一個職業賽事，實在很可佳。這是很長的比賽，
6小時甚或更久。我記得藍斯因為它的艱難而印象很深，他也有
點害怕，但這對他是很好的洗禮。」

這也是很嚴苛的洗禮。「我那天真想放棄騎車。」藍斯說。

「到晚上，吃了一頓大餐後，他才恢復精神。」韓普斯登
說：「他等著要參加下一場比賽。」

藍斯不肯在聖薩巴斯坦經典賽退出，結果名列倒數第一，這
件事清楚地說明了他的性格——這是他早年的贊助商賀伊特的看
法。他一直遠遠觀察藍斯的進展。「在心理上，讓藍斯成為驚人
冠軍選手的一個特質就是他對失敗的恐懼，」賀伊特說，「看看
他頭一場職業車賽……尊重失敗，能夠接納失敗，非常非常重
要。」

在這樣艱苦的情況下騎完全程145英里，是他到當時為止所
騎最長的距離，讓藍斯能夠做好準備，展開下一場賽事——加利
西亞大賽(Tour of Galicia)，挽回自尊。這第二場職業賽事同樣
在西班牙北部的崎嶇海岸舉行，時間是在兩天之後。這場比賽讓
藍斯有5天不那麼激烈的賽程，讓他能在職業車團中找到自己的
位置，也讓他站上舞台，達到媒體先前對他所做的誇張報導。

藍斯‧阿姆斯壯

「人人都讀到藍斯的消息，因為他才剛參加完奧運，」布魯尼爾說。當時28歲的他是西班牙頂尖車隊O.N.C.E.車隊的車手。「我對他的第一印象和別人的一樣：這傢伙有張大嘴，態度有點傲慢。但你絕對可以看出他有些特殊之處。」

多年後，布魯尼爾成了藍斯的車隊總監，也是他的知己。巧合的是，他們在1992年那場加利西亞大賽有一些數字的關聯：在最後排名上，布魯尼爾名列13，藍斯則名列14，只落後他3秒。

這對藍斯頭一個職業分站賽是很好的成績，此外，他的表現每天都更好一點。在第四賽段，由葡萄牙邊界的城市杜伊(Tuy)到大西洋岸的漁港坎加斯(Cangas)，藍斯拿下他身為職業車手的頭一個冠軍。他的加拿大隊友史提夫‧鮑爾(Steve Bauer)助了他一臂之力。鮑爾先前已經教藍斯在第二站如何在大家一起衝刺時獲勝，他也指導藍斯騎完在坎加斯的最後一段賽程，並運用卡麥可先前教他的衝刺技巧。藍斯很輕鬆就打敗了事先誇下海口的英國車手麥肯‧艾略特(Malcolm Elliott)，後者名列第二。接著在次日由坎加斯往龐提維德拉(Pontevedra)的賽程他說，藍斯在另一次衝刺中，成績僅次於剛在環法賽拿到分站冠軍的彼德‧狄‧克勒克(Peter De Clercq)。

藍斯這個職業車壇的新秀恢復了信心，也重新培養了更強的雄心壯志，他離開西班牙，前往義大利，接著赴瑞士參加更大的賽事，其中一場讓法國體育大報《團隊報》(L'Équipe)以頭題報導「阿姆斯壯升空」。

　　藍斯轉為職業車手的時間很幸運，那年摩托羅拉隊有三位大英國協最有才華且最成功的職業車手：澳洲的費爾・安德森（Phil Anderson）、加拿大安大略省的鮑爾，和英國的葉慈。這三人都30來歲，已經接近運動生涯尾聲，而他們合起來的職業自由車經驗不只三十年。「他們是藍斯的優秀導師，」車隊總管奧查說：「因為他們樂於分享他們的知識。同樣重要的是，他們可以用英文和藍斯溝通。要是藍斯加入的是歐洲頂尖車隊，那麼三位同樣資歷的老將可能要用法文、義大利文或西班牙文來傳承經驗──這些是藍斯聽不懂的語言。

　　外向合群的安德森來自墨爾本郊區，他是真正的先驅：頭一位在環法賽披黃衫（總成績領先）的澳洲車手，也是頭一個贏得單日經典賽（相當於奧運或世界錦標公路賽，通常是多年來每年舉辦由一站到另一站的賽事）的澳洲車手。安德森是藍斯的典範，因為他擁有同樣的體能天賦，可以在任何一種賽事都表現優異。

　　鮑爾在芬威克村結冰的池塘上打冰球長大，但到少年時期改攻自由車，在1984年奧運拿下銀牌，接著轉入職業，曾在環法賽拿下第四。鮑爾沉穩的性情、天生的誠實，和絕不動搖的決心，全都是藍斯敬重的特質。接著還有葉慈這位可靠的隊友，他總是全力以赴達到要求，從不質疑。

藍斯・阿姆斯壯

　　除了隊員有共同的語言之外，摩托羅拉隊也比歐洲車隊都自由。傳統上，歐洲車隊的體育總監發號施令，隊員只管服從，沒有討論的餘地，但摩托羅拉隊卻不同。「我們隊上壓力不大，」葉慈說，「奧查也不是會對著耳機大喊的人。但我們還是常勝軍，我很樂意為他人助騎，而藍斯加入再好不過。

　　「我們一開始就同寢室。我是個不說廢話的人，藍斯和我很像，可能正因此，讓我們處得很好。我們總是一起笑，他睡前總要我講故事，關於賽車的故事，比如引出某人衝刺等等。」

　　葉慈、鮑爾和安德森全都和藍斯一起在摩托羅拉隊上騎了幾年，直到他們退休為止，在那段期間，庫爾斯啤酒隊的派提強敏銳地觀察他們互動的情況。「我認為葉慈是最主要的人物，藍斯信任他，」派提強說，「他帶領藍斯在車團的表現。

　　「藍斯需要的是他能敬重且真正有能力的人，因此他不覺得葉慈是競爭對手，而認為他能由葉慈那裡學到東西，而且葉慈也能把這些東西傳達給他。我想這非常關鍵，因為藍斯那時所聽的人不多——我猜他一向都不太聽別人的。因此我認為藍斯一生中最重要的人物，以競爭對手而言，是葉慈。

　　「我看著他們一起比賽，葉慈會騎到藍斯身邊，你可以看到他靠過去說了些話。這些年在場上，藍斯犯的錯誤越來越少，葉慈給他的忠告越多，我們就越難擺脫藍斯，而且可能正因為葉慈傳達的是正確的訊息，因此藍斯總能拿捏恰好的時機發動攻擊，我們永遠追不上他。」

　　「對藍斯，最重要的永遠是把他拉回來。」奧查指的是這位新秀總是在長程比賽中太早衝刺的毛病，不過安德森、鮑爾，和葉慈的建言逐漸有了效果，在藍斯第二場世界杯賽事，也就是藍斯在聖薩巴斯坦經典賽名列倒數第一之後兩週舉行的蘇黎士錦標賽，顯現出來。

　　奇怪的是，在藍斯與人合寫的自傳《重返艷陽下》中，曾提到這場比賽。藍斯寫道：「比賽一開始我就展開攻勢，而且一直持續到底。當時我不明白這場比賽該採用什麼樣的戰術——只是埋頭苦騎，拚命向前。」但事實正好相反。

　　在八月份一個陰沉下雨的週日，藍斯在瑞士北部的這個城市繞行25英里的賽道共5圈，他非但沒有由一開始就發動攻擊，而且整場比賽都夾在車團之中。接著他聽從了三年前贏得此賽冠軍的隊友鮑爾建議，等到最後一圈才加入7人一起發動的攻勢，接著在名字恰到好處的雷根斯堡（Regensberg，雨山之意），藍斯和俄國的維奇斯拉夫・艾奇莫夫（Viatcheslav Ekimov）與比利時的詹・尼文斯（Jan Nevens）領先衝出繚繞的霧氣，後兩者都是曾在環法賽拿下分站冠軍、身經百戰的老將，早就習慣長程騎車，但藍斯竟能與他們並駕齊驅。

　　當時駕著摩托羅拉隊車跟在三位選手身後的奧查回憶說：「在雷根斯堡後，有很多下坡路段，要走小路。我們一直到最後10公里才趕上他們，接著我出了車禍，車頭撞毀了，那時我正要用無線電，我不知道能不能撐完全場。

藍斯·阿姆斯壯

「溫度升到警戒線，接著無線電失靈，我本來正要把車開到前面，告訴藍斯要跟住艾奇莫夫，而不要管尼文斯，因為艾奇莫夫比較狡獪。但正當我搖下車窗，藍斯回頭朝我而來，我一個字都來不及說，就聽到車子『噗噗』作響，停了下來。沒有無線電，藍斯只好靠自己，接下來發生的一如我預料到的，另兩名選手輪流攻擊藍斯，最後，在還剩2公里處，艾奇莫夫領先了一段距離，決定了勝負。藍斯名列第二。」

這對20歲的美國選手而言，依舊是驚人的表現，使得1992年8月25日的《團隊報》以長達半頁的篇幅報導這個人物：「雷蒙德的表現依舊不見起色，但他年輕的德州同胞有望成為他的接班人。他在蘇黎士名列第二，表現不俗，一鳴驚人！」

一週後，藍斯在義大利威尼斯附近的馬洛斯提卡（Marostica）拿下第二個職業賽冠軍，這是競爭激烈的賽事，車手──包括藍斯在內，都藉此賽爭取參加世錦賽國家隊的資格。而光是這樣的競爭對藍斯就是靈丹妙藥，他和另十位選手保持領先，而且信心十足要打敗他們，因此在隊車來到身旁時，藍斯只是向他的摩托羅拉車隊總管說：「奧查，你放心吧。」

「他就盯著我，」奧查說，「說了這句話。我告訴他要攻擊，結果──碰！他就攻擊他們，而他們卻束手無策。那天他很強。」

有人期待藍斯在五天後於西班牙班尼多姆（Benidorm）舉行他首次參加的世界職業公路賽錦標賽中能有精彩表現，但他撞了

車，只好退出賽事。這次的傷勢也影響了他在緊接下來的阿維尼爾車賽(Tour de l'Avenir)中的表現，這是針對年輕車手長達11天類似環法自由車賽的賽事，在法國西部的不列塔尼山路上舉行，不過藍斯依舊在幾站中名列前三，有六站都披上表現最穩定選手的綠衫，最後還披上紅白圓點衫，被封為此賽最佳的爬坡王。

　　藍斯忙碌的這一年包括整整兩個月成為職業車手，到10月初他在加拿大蒙特婁世界杯賽事告終，他在此賽中名列17。

　　　　　　　　　　　　　　　　

　　很少有城市像藍斯生長的普蘭諾與他後來成為職業車手所住的歐洲居所——美麗的柯摩湖(Lake Como)那般不同。在藍斯成長的過程中，普蘭諾由只有2萬人口的小城成長為共有26萬人的現代社區，美國人口普查局稱這裡是美國最富裕的城市。相較之下，柯摩湖的人口數量穩定，8萬居民不是在絲織工廠工作，就是從事觀光業。普蘭諾就像它的西班牙文字義一樣平淡無奇，而美得教人屏息的柯摩湖則有如喬治·克隆尼(George Clooney)、瑪丹娜(Madonna)，和史汀(Sting)等在湖邊擁有別墅的名流。

　　柯摩這地方出了十幾名義大利職業車手，1980年代中，奧查決定以此地作為7-Eleven車隊的根據地，因為此地氣候溫和宜人，也因為這是泰斯塔醫師的故鄉。泰斯塔是這支職業車隊的

藍斯‧阿姆斯壯

第一位隊醫,也是訓練顧問。而在1991年貝加莫斯卡(Settimana Bergamasca)賽事中,這位醫師治療過藍斯,到1993年初則成為藍斯的訓練顧問。

在柯摩,藍斯結交了兩名新隊友,一個是底特律年長藍斯5歲的法蘭基‧安德魯(Frankie Andreu),另一個則是沉默寡言的挪威新秀畢揚‧史泰納森(Bjorn Stenersen)。「這三人同住一間公寓,」奧查說,「地方並沒有很好,但他們才剛起步,只能住得起這樣的地方。」

藍斯開始與同住的隊友及其他住在當地的另六名摩托羅拉隊友一起消磨時光──訓練、比賽,或者只是閒晃。

「藍斯在群體中總是表現很好,他的態度好極了。」泰斯塔說,「或許他少一點社交活動,因為在柯摩湖沒有什麼地方可去,那裡的人有點安靜。第一批搬到這裡來的美國車手──像韓普斯登、費尼,和凱佛和義大利人交上朋友,藍斯這群人卻總是結伴而行,他們覺得語言是障礙。這些第二代美國車手不像韓普斯登他們樂於學習語言,而且這個時候網路已經風行,因此他們有很多時間都花在電腦上。

「就某個程度來看,比起義大利年輕人,藍斯可以說毫無和不同人群結交的社交技巧,但就自信和獨立判斷而言,他已經很成熟。他沒有成規,我欣賞這點。他完全不同。有他在很好,他很有活力。」

至於藍斯身為運動員的進展,泰斯塔告訴我:「我們還在初

期階段，」他說，「而且在訓練方面，我對他要求並沒有很嚴格。我並不想把他累出毛病來，我們非常非常保守，而我希望他能感激這點。這些年很重要……我們保留他的實力，讓他蓄勢待發。」

摩托羅拉隊長韓普斯登——唯一曾獲得環義大賽冠軍的美國車手，住在離柯摩湖5英里處，就在對面瑞士邊界那裡。「和藍斯共處很有趣，」韓普斯登回憶說，「他來吃晚飯，我們為住在這裡的隊友一起辦小型烤肉會，接著我們一起做點訓練。他和我都由泰斯塔訓練。

「第一年春天，我記得藍斯對泰斯塔說：『我在衝刺時失利了，我想要學習如何衝刺！我該做什麼樣的訓練？』接著他去做了訓練——結果由此開始他贏了所有該贏的衝刺。他能真正集中體能，做他想做的事，達到他的目標。」

奧查對萊古利亞杯(Laigueglia Trophy)賽事不勝懷念，這是在二月中旬於地中海岸展開的賽事，也是義大利自由車的開季賽。「這是我們在歐洲首度摘金的比賽，車手是凱佛。」奧查坐在他位於加州帕洛阿圖(Palo Alto)家中的後陽台上說，他想起手上的7-Eleven隊在1985年首度登上職業車壇的經過。「我們每年在賽前都去同一家咖啡館，大家開車進去，一起喝咖啡，選手

藍斯‧阿姆斯壯

們把肌肉舒緩藥膏抹在腿上，非常有歐洲的感覺。如今大家不再這樣做了，因為各隊都有巴士。我們那時有更多的精力和氣氛感覺。藍斯很喜歡那個場面。」

到1993年初，藍斯想要讓車壇明白他不只是另一個有勇無謀的美國車手，他希望能當隊長，贏得車壇最受敬重的單日賽，也就是所謂的經典賽。萊古利亞杯不是經典賽，但優勝者往往在當季的第一個經典賽米蘭-聖雷莫(San Remo)備受看好。藍斯參加萊古利亞杯，顯示他希望在即將到來的經典賽有所表現，而且他比賽時滿懷信心，表現優異，在這100英里的賽事中，有兩個上坡彎道，他在第二個彎道躋身領先群。和他並駕齊驅的是摩托羅拉的隊友安迪‧畢夏普(Andy Bishop)、兩名比利時選手，一名委內瑞拉選手，但三名義大利選手──包括義大利經典賽明星好手馬瑞洛‧阿爾建廷(Moreno Argentin)。

阿爾建廷以他典型的積極作風，在最後的主爬坡路段超前領先車團，和另兩名選手領先半分鐘。奧查和泰斯塔在摩托羅拉隊車上觀察動態。「奧查叫藍斯不要追阿爾建廷，」泰斯塔回憶說，「他說：『除非有人和你一起。』藍斯卻說：『我想要去。』他兩度呼叫隊車說：『拜託，奧查，我想要去。』奧查說不行。等藍斯不顧一切去追了，奧查只說：『唷，這小子沒經驗，他慘了。』接著比賽廣播說：『摩托羅拉一名車手接近阿爾建廷……阿爾建廷等著……摩托羅拉這車手攻擊阿爾建廷。』」

　　義大利體育大報《義大利運動報》（*La Gazzetta dello Sport*）的記者皮耶・波岡齊(Pier Bergonzi)對那場賽事的後半階段有很生動的描述。「阿爾建廷刻意惹火藍斯，」他說，「因為我們義大利人所知的摩托羅拉車手不多，畢夏普是少數幾位之一，阿爾建廷就對藍斯說：『加油畢夏普！加油畢夏普！』藍斯回嘴說：『加油奇亞布奇！加油奇亞布奇！』克勞地歐・奇亞布奇(Claudio Chiappucci)是個勁敵，這一來把阿爾建廷給氣壞了。」

　　兩人唇槍舌劍火氣十足，接著和另兩名車手下坡來到海岸，往終點線衝。「阿爾建廷開始衝刺，」波岡齊說，「但他發現藍斯太強，他不是對手，於是他就停了下來。結果名列第四。他不想在禁藥中心碰到藍斯──只有前三名要受檢。」

　　打敗了舉世數一數二的單日賽車手阿爾建廷之後，藍斯等於警告了義大利車團，他已經做好米蘭-聖雷莫賽事的準備，這場比賽共有185英里，是最長的經典賽，但因大部分賽道地勢平坦，因此也是速度最快的比賽之一。比較積極的車手可以在兩個難度適中的爬坡路段攻擊：一個是離聖雷莫20英里的西普瑞沙(Cipressa)山區，另一個是終點線3英里前的波吉歐(Poggio)，但通常車團大隊往往會整團抵達聖雷莫，其中衝刺最快的車手就能獲勝。

藍斯・阿姆斯壯

　　藍斯想要逆勢而行，或許也想模仿車神埃迪・墨克斯(Eddy Merckx)，這位比利時的車手是車壇戰果最豐碩的選手，也是少數幾位頭一次參加米蘭-聖雷莫賽事就奪冠的車手。墨克斯是在1966年20歲時創下這個佳績，後來在十一年內七次封王，創比賽紀錄。他多次在比賽摘冠的關鍵，就是在波吉歐之字形下坡路段單獨發動攻擊，只以一點距離領先衝刺。

　　墨克斯在退休之後，自創了自行車公司，到1990年代初期，他的公司供應幾家職業車隊的車架，其中也包括摩托羅拉。身為贊助商，墨克斯會出現在訓練營，也會來看比賽，而他透過車隊經理奧查，很快地和藍斯建立了情誼。墨克斯很高興能把他對車子的知識和經驗教給這年輕的德州人，而如何快速衝下坡道正是他建議藍斯一定要學會的技巧。

　　藍斯在1992年加州訓練營，已經向葉慈學了一些下坡的技巧。在米蘭-聖雷莫的熱身賽——賽程長達一週的巴黎-尼斯自由車賽，他在蔚藍海岸練習時，還會再向隊友安德森討教。摩托羅拉隊長韓普斯登記得巴黎-尼斯大賽中一個特別的下坡路段，由普羅旺斯的山城塔內隆(Tanneron)陡降直下地中海岸。

　　「我記得安德森指導藍斯如何在下坡時控制龍頭，」韓普斯登說，「他們在練習時的速度，遠比我在真正比賽時還快得多。藍斯才下決心說：『好，現在我要專心學下坡。』之後沒幾天，他就學會下坡的技巧，我對他動作之快，印象深刻。他不是很會操縱車子，但安德森真的把一身絕學都教給他，藍斯也真的都

聽進去了。這個頭一次和我們一起騎車時，還不怎麼會控車的小子，在一年之內，已經熟悉了下坡和衝刺的技巧。」

藍斯在巴黎-尼斯大賽第六站，就在塔內隆那個下坡路段，展現了他的進步。「他一上山頂就開始加快，衝過每一個人，」韓普斯登說，「他一路大喊滑下那駭人的下坡，地面雖然是乾的，但急轉之處卻因車胎和機油而滑溜溜的。練習時，安德森和藍斯領先我15秒，但在實際比賽時，藍斯領先**群雄**30秒。這對只有3英里長的下坡，是很長的距離。」

藍斯在這一站名列第二，而由此所得的自信對次週的米蘭-聖雷莫很有幫助。他知道自己不可能在集體衝刺中爭先，只有一些衝刺專家能辦得到。藍斯得採用他的新顧問墨克斯那種比較大膽的作風。

摩托羅拉隊決定在聖雷莫採取雙重策略：藍斯在最後兩個上坡(或下坡)中之一採取單人攻擊，而他的義大利隊友麥克斯・史基安瑞(Max Sciandri)則設法跟住其他領先車手，在最後那段直線跑道發揮他天生的速度。

比賽一開始，前6個小時4名隊友協助藍斯和史基安瑞配速，讓他們免受風阻，保持體力，在往西普瑞沙(Cipressa)的上坡跟上攻擊者。接著，在數百萬現場轉播的電視觀眾眼前，藍斯在下坡之際一馬當先，他用由葉慈和安德森那裡學來的技巧，在每一個陡峭的急轉彎都爭得一兩秒時間，獨自率先抵達平坦的海岸路面。

藍斯‧阿姆斯壯

　　但在那個三月天，藍斯的大膽作法並沒有奏效，他在波吉歐山的最後坡道上，被約30名車手追逐趕上。不過這位職業賽的新人依舊有實力能夠與領先群並駕齊驅，在這場7小時半的經典賽中名列22，而隊友史基安瑞則表現優異，搶得第三。

　　自藍斯第一個職業賽事聖薩巴斯坦經典賽以來，藍斯已經有很大的進步，這一路上有許多人扶持，其中一位就是古皮耶，他在巴斯克的暴雨之中喊出了藍斯畢生難忘的忠告：「加把勁，藍斯！你現在的努力對你的未來有好處。」

第九章

突破

要是我今年成功不了，我就回家去上大學。

——藍斯·阿姆斯壯

　　藍斯一向受不了失敗，勝利才能使他興奮，刺激他努力。「我一路成長和車手生涯早期的態度是『第一才有意義，』」他說，「第二就沒用。」因此1993年春季他的表現持續走下坡時，教他很難受。這段低潮的最低點是在4月4日，他初次參加比利時環法蘭德斯單日賽(Tour of Flanders)之時發生。

　　在自由車壇中，只有少數單日賽是真正的里程碑：春季的四大經典賽，夏末的世錦賽，以及秋天再一個經典賽。就像高爾夫的四大賽事一樣，自由車的經典賽講求的就是要獲勝。

　　比利時的環法蘭德斯車賽是春季經典賽中最困難的一個賽事，穿過法蘭德斯內陸，攀爬最險峭的坡道和高低起伏的鵝卵石

藍斯・阿姆斯壯

子路。藍斯喜愛挑戰，但對這挑戰卻不勝負荷。

在那個陽光燦爛的四月天，他在石子路的坡道上落後，和其他車手分開，最後成了78名未賽完選手中的一人。

「他對這場比賽原本雄心勃勃，不明白自己最後為什麼會像這樣落後，」隊友葉慈說，「我告訴他，大部分車手都曾經嘗試數年，光是想完成那他媽的賽程。」但藍斯還是為自己的表現感到煩惱。「要是我今年成功不了，」他告訴葉慈，「我就回家去上大學。」

藍斯對在歐洲參加他所謂「狗屎的比賽」心生退意，這並不是最後一次，他回奧斯丁時，還是常和老友波岡閒晃，羨慕他的大學生活。或許只有像葉慈這樣堅強的人物，才有勇氣面對艱難的車賽。這個隨和的英國人自然地接受了在歐洲賽車這樣刻苦的游牧生活，甚至沉醉其間，而藍斯則需要常常和故鄉聯繫。

「他老是在網路上，」葉慈談起他的室友藍斯，「可能是在做什麼投資，而且他老是在看CNN，我卻完全不同。我沒有電腦──連開機都不會，沒有股票什麼的，我完全反科技。」

不過他們倆卻在騎車之外，還有共同之處，兩人都熱愛速度：葉慈喜歡牽著他的重機上賽場，藍斯則愛飆車，而且他們倆都很能忍受痛苦，藍斯對痛苦是欣然接受，而葉慈則是被動地接納。

「我生病時就忍受，」葉慈說，「或者如果我在環法賽時背痛──那種『老天爺，又來了』這樣的事，我也忍受。很快就

過去，也很快就忘記了。一旦那天過去，你就不再記得疼痛的事。而且回顧起來，一天騎車幾小時比起工作來可是無比的奢侈，比如每天挖洞挖十小時，或是天天剪樹籬，日復一日。」

這兩個經驗葉慈都有：在自由車賽程休息的時間，他就做修剪樹籬和挖洞的工作；由車壇退休之後，他也做了好幾年的園丁，最後才有人請他管理車隊。但藍斯從沒做過體力的勞動，而這是有原因的。

據1992年為美國自由車聯盟設立醫藥計畫的普瑞特說：「藍斯很早就抱怨他背痛，他看了好幾位整脊按摩師，背痛依舊無法緩解。我們發現他有脊椎前移的現象，是脊椎底部先天性的破裂所造成。」

普瑞特是以先進騎車技巧治療騎車相關傷勢的專家，也是少數幾位對藍斯背部問題有所悉的人。「他的L5脊骨裂成兩三塊，就像大塊碎片一樣，因此脊骨的主體會向前移而脫位。」普瑞特說明，「因此他的脊骨走位時，整脊師會加以調整，讓它暫時歸位。我想出一個減輕他疼痛的計畫。」

不過藍斯說：「1990至96年，長期背痛使我很困擾。我們得檢查我的運動鞋、調整自行車的位置、椅座的高度、由前到後的座位修正，和手把的高度。因此在我整個自由車生涯中，我都握著龍頭上面而非下面，就是為了緩解疼痛。」

平地比賽車速達到每小時35至40英里時，一般車手都握著龍頭下面，盡量保持流線型，但藍斯卻因背痛，不得不手握龍頭高

藍斯・阿姆斯壯

位，即使這需要更多的力氣，也需要對疼痛更強的承受度。不過能以這樣略高的角度騎出這樣的高速，意味著他的胸部比較不會受限，使他每次呼吸都能吸進更多的空氣，這在長達6、7小時的賽事中是個優勢，只是光這樣的優勢還不足以讓藍斯由春天的低潮恢復過來，光是要賽完經典賽，還不提要爭取勝利，對他就已經很不容易。他在前一年較次要的蘇黎士錦標賽名列第二時，原以為這是探囊取物。如今回顧那場比賽，他說：「我被搶了，自己卻茫然無知。電視觀眾都看到兩名老將『修理了這小子』。但我得第二就已經很高興，沒看出當時的情況。」

- -

藍斯逐漸明白他在經典賽會繼續「被修理」，因為戰術和知道每個比賽場地的陷阱，就和體能與保持良好狀況一樣重要。即使在生涯高潮的歐洲車手都很難贏得經典賽。藍斯明白自己可能要許多年才能獲得一次經典賽冠軍——如果他真的能封王，於是他決定培養自己多日賽的技巧。1991年他還是業餘車手時，在貝加莫斯卡大賽拿下勝利，證明他有潛力能在長程分站賽中摘冠，而且在1993年春季經典賽事教人懊喪的表現之前，他在所參加第一個長達一週的重大賽事巴黎-尼斯比賽中，表現也極為亮眼，差點在單站封王，總成績名列第九。因此藍斯看不出那一年他為什麼不該在賽程最長、規模最盛大的傳奇自由車賽環法賽初次亮

相。不過他的老闆奧查可沒那麼有把握。「我們談都沒談到環法賽，」奧查告訴我，「其實，我們是**故意不去談**。其他車手不希望藍斯參賽，因為他們覺得他太年輕，才22歲。我那年起先也是這樣想。」

　　新人很少會嘗試環法賽。二次大戰後兩名資質最高的車手，數次在環法賽摘冠的墨克斯和雷蒙德，都是在轉為職業車手約4年後，才開始參加環法賽，但藍斯才轉為職業車手10個月，就覺得自己可以勝任。

　　如果他想要在1993年環法賽有點勝算，那麼在接下來兩個月至少要再比賽幾千英里，而且還要拿下一些勝利，才夠資格。幸運的是，他的下一個賽事是杜邦大賽，是他業餘時曾兩度參加在美國東岸的比賽，因此有些經驗。如今身為職業選手，藍斯覺得自己有能力拿下總冠軍，雖然這不是環法自由車賽，但畢竟是美國最大的賽事。

　　藍斯在這場挑戰中表現出色，從頭到尾都和阿卡拉並轡爭先，他也就是藍斯九個月前轉入職業第一場賽事聖薩巴斯坦經典賽的冠軍車手。德州小子藍斯在藍嶺山（Blue Ridge Mountains）的分站賽奪下第一，這是他三個月來頭一次獲勝，也是職業生涯的第二個冠軍，只落後阿卡拉19秒，接著是最後一站，在北卡羅萊納葛林斯堡的個人計時賽。

　　藍斯在少年組比賽時曾在12英里半的賽程創下全國紀錄，一鳴驚人，但杜邦計時賽的距離是那時的三倍，藍斯的背不好，很

藍斯‧阿姆斯壯

難長久保持計時賽的低位姿態,何況他還得和天生的計時賽好手阿卡拉競爭,阿卡拉三年前才贏得環法賽中的一段計時賽,領先後來五度在環法賽封王的西班牙好手英杜蘭90秒。

阿卡拉在葛林斯堡領先藍斯兩分鐘獲勝,車壇對這個結果並不意外,但藍斯卻非常失望。不過藍斯還是保持總成績第二的位置,向摩托羅拉隊友證明他是領袖人物。

「藍斯雄心勃勃,而且他的確很有天賦。」葉慈說,「這對我是完美的組合。自我在1982年轉為職業選手以來,我總積極地協助隊友,隊上很需要充滿雄心壯志,想要奪冠的領袖人物,而藍斯就是這樣的人。他讓我做我最愛做的事,那就是在前面助攻。」

在即將到來的環法賽被指定為隊長的韓普斯登也發現藍斯很快就掌握贏家的戰術技巧。「有鮑爾、葉慈,和安德森之助,他學到了領先的技巧。」韓普斯登說,「他很擅長預見其他人的動作,也對人的個性很有興趣——人對比賽的期待,怎麼運用心理戰壓倒其他人,而且他也能在很困難的情況下領先,並解讀比賽中的鉤心鬥角。」

在接下來的幾週,藍斯會用上這所有的技巧,他最先面對的就是三場比賽,對他是頗有啟發性的挑戰。

　　這挑戰名為「史威夫特藥店三冠王」（Thrift Drug Triple Crown），包括三項賽事：匹茲堡的史威夫特藥店經典賽、西維吉尼亞的凱瑪特山區經典賽（Kmart Mountain Classic），和核心財務錦標賽（CoreStates USPRO Championship），能囊括這三項冠軍的選手，就能獲得百萬美元的獎金。這將是自由車運動最高的獎金，因為就是環法賽的冠軍獎金也只有這獎金的五分之一而已。只是想拿下三冠王，機會實在太小，因此倫敦的駿懋（Lloyds）銀行為賽事保險，提供這百萬獎金。

　　如果藍斯還需要更多的激勵，這就是誘因了。他母親聽說了獎金，不禁問他：「你勝算有多大？」「很大，」他答道：「我要贏。」「好！」她說，她知道兒子抱這種態度去面對挑戰時，往往會有頂尖的表現。

　　不過藍斯明白要贏得三場如此困難而多樣的比賽並不容易，最容易的一場是第一場，在匹茲堡的史威夫特藥店經典賽。他前一年還是業餘選手時，在比賽場地華盛頓山陡峭的坡道重複發動攻擊，拿下冠軍。「那山勢很險，上面還有一點大石頭，」藍斯說，「那是當時美國最難的比賽。」

　　這一次他的表現比以往更好。「我們在匹茲堡看到這人表現很特別，」對手庫爾斯啤酒隊的教練派提強說，「他攻擊時，真的一馬當先，我們束手無策。我們雖可以追逐，但他已經騎遠了。」

　　接下來是西維吉尼亞的凱瑪特賽事，是共計6天的分站賽，

藍斯·阿姆斯壯

包括阿帕拉契山區裡困難的爬坡路段。「我們隊上的莫寧傑前一年曾在此摘冠，」派提強說，「我們也覺得有堅強的陣容面對這場賽事。這比賽很難，但我們隊上另一名爬坡好手麥克·英格曼（Mike Engleman）正是巔峰狀態。」

這場賽事一開始是一個很短的計時賽，只有1英里半，稱為序幕賽。藍斯勢如破竹，領先另一名奧運場地賽金牌選手史蒂夫·海格（Steve Hegg），他覺得次日也很有把握能贏。擬定摩托羅拉戰術的公路賽隊長安德森回想藍斯那時雄心勃勃準備面對那最困難一站的情況。「他一心一意就想攻擊，」安德森說，「他會騎到我身邊問：『我可以衝了嗎？』我說不行，過不久他又來問：『我可以衝了嗎？』『不，還不行。』接著我們來到險坡的谷底，他又來了：『我可以衝了嗎？』我說好，他眼睛一亮，全身活力十足，比我所見過的任何人都快衝上山坡。」

藍斯加速衝到先前的領先群中，衝散了領先群的選手，然後一路勢如破竹。「我覺得自己好像可以衝破磚牆一樣。」藍斯說，「我記得在西維吉尼亞自己好像騎著機車領先群雄一樣。」只有一名選手可以跟住他：庫爾斯的英格曼。那天英格曼的狀況很好，但藍斯比他更好，一路領先，以2分鐘之差摘冠。這名德州選手正處在絕佳狀態，在歷經4天4站的比賽後，他大幅領先英格曼，拿下凱瑪特比賽的冠軍。現在他已經攻下三冠王賽事的兩冠，只差最後一冠。

最後這一個賽事在費城舉行，還有一週的時間，因此藍斯

回到奧斯丁，專心休養，準備以最佳狀態出賽，並不參加其他賽事。他跟在尼爾的機車後面作配速練習，並且在德州的山坡地區(Hill Country)練騎五小時。這是很明智的決定：他利用這週靜靜地訓練，而避開了媒體在東岸為他可能因摘下三冠王而獲得如中彩般鉅額獎金的報導。藍斯在比賽前夕飛回賽場，參加記者會，他在會中說出的名言很快就無人不知。記者問他是否「下一個雷蒙德」他說：「我很榮幸有這封號，但我是藍斯‧阿姆斯壯。」

若說有誰夠格評估藍斯是否能跟隨雷蒙德的腳步，拿下多次世錦賽和環法賽的冠軍，那麼此人非派提強莫屬。這名科羅拉多教練曾協助雷蒙德在1989年環法賽反敗為勝，而且他也在兩名選手還在自由車生涯起步的階段近距離觀察過他們。「我當時對藍斯的看法是，他在體力、堅忍和要做最好選手的決心上，和雷蒙德不相上下，」派提強說，「他有非常自負的個性，你知道如果你要打敗他，他寧可死在車上。

「藍斯當時很有爆發力，在比賽非常激烈時，能夠在短時間內發光發熱的能力，這點比我在雷蒙德身上看到的強。此外，他一年到頭訓練，因此比雷蒙德更有紀律，雷蒙德在賽季過後就毫無紀律可言。」

對藍斯而言，終年的訓練再自然不過，他在青春期和接下來練三項運動時都一直是這樣。前一季結束後，他也在柯摩湖由泰斯塔指導訓練。「我教他划船，」泰斯塔說，「我讓我的選手在

藍斯・阿姆斯壯

柯摩湖上划船，由10月划到12月。這是很好的交叉培訓。」

藍斯在三冠王最後一段賽程比賽前一天試騎費城賽道時，看到賓州各大學划船隊在斯庫基爾湖(Schuylkill)波瀾起伏的水面上練習，可能會想起那時的訓練。這場比賽要在費蒙特公園凱利公園長14.4英里的車道上共要繞10圈，還要穿過附近的瑪納揚克(Manayunk)藍領社區，其中有一個很難應付的山坡，大家都稱爲「大牆」，而這就是他拿下三冠王——以及百萬美元獎金的場地。

1993年6月6日上午9點核心財務錦標自由車賽開賽前，已經有成千上萬的觀眾湧到費城的富蘭克林大道兩旁，比賽將由此開始並結束。來自北地的沁涼微風吹動這四線大道兩旁的各國國旗欸欸作響，在125名選手群聚的場地上，美國選手把右手放在胸前，聆聽一名小學二年級生唱起美國國歌。這場賽事不但是國際級的比賽，也是美國職業公路錦標賽，第一個騎完153英里全程的美國選手，將會披上星條騎衫。

那天早上藍斯一大早就起床，吃了麵食和蛋作早餐，才準備出發。在集結待命的地區，藍斯綻開充滿信心的笑容，說他對眼前6小時的比賽一點也不緊張，接著他向我談到他計劃的戰術，他明白這還算平坦的賽道比較適合大家集體衝刺取勝，但他又

說，在前一天他試騎賽道之後，他覺得依舊有可能獨立衝刺，擺脫眾人。這名新秀用手指出風由北方吹來。「這風讓落單的騎士很難逆河而上，」他說，「但在最後一圈由大牆起擺脫群雄，那麼你的背上就有順風吹襲，直到終點。」

他說得很有道理，但對百分之九十九的選手而言，這樣的作法勝算都不大。有史以來，這項賽事到最後關頭都是小群或是整個車團一起衝過終點線，但單獨衝刺贏得勝利，才是啓發藍斯的真正挑戰。

槍聲一響，比賽開始，的確也如預期地，在一開始的攻擊之後分出先後，但到倒數50英里處，整個車團又擠在一起。4個多小時以來，藍斯很輕鬆地跟著隊友的車子，接著他的澳洲導師安德森在瑪納揚克的鵝卵石街上強力衝刺，和車團分開──只剩40英里。靠著安德森之助，藍斯死命衝向長達半里的「大牆」，場邊數千觀眾歡聲雷動爲他加油。

「那天根本沒人擋得住藍斯，」葉慈說，「我在坡上跟不住他，那個坡對我而言非常吃力。他的騎法根本是另一個層級，是超快的渦輪。」

只有五個人能跟上藍斯直衝坡頂，包括庫爾斯啤酒隊的義大利衝刺選手羅勃托‧蓋吉歐利(Roberto Gaggioli)。這六名車手

藍斯‧阿姆斯壯

——三名美國人、三名義大利人,第十度也是最後一度衝向瑪納揚克社區,這回已經領先由摩托羅拉隊帶頭的主車團。

派提強敘述接下來的情況。「那是最後一圈,我們沿著河向前,蓋吉歐利騎到我車旁看著我說:『我希望藍斯不要再攻擊,』他說:『我跟不上他。』藍斯騎走時,其他選手只能面面相覷,兩眼發直,藍斯單獨領先。」

藍斯在西維吉尼亞這場賽事的上坡路段發動關鍵的攻擊,心知自己在接下來最後的17英里不會有任何幫助,只能單打獨鬥。而且正如他所預測的,風勢由後方朝終點線吹,他很快就會越過費城藝術館,而那正是洛基(Rocky Balboa)隨著「展翅飛翔」(Gonna Fly Now)的勝利主題曲,拾級而上,接受獎牌的地點:「努力再努力……不再耗日曠時,展翅飛翔,飛翔飛翔。」

在比賽中的一個交叉點,藍斯可以看到他的追逐者。他的老友麥恩斯克由對面方向騎來,對著他豎起大拇指。「他後來告訴我,他覺得我的舉動夠酷。」麥恩斯克說。

藍斯的母親也飛來觀賽,她站在終點線旁,她兒子順著富蘭克林大道而來,高舉雙臂慶祝。她和藍斯一起站在受獎台上,看著他接下全美冠軍的運動衫,以及一張巨大的百萬美元大支票。

當時有人說有幾隊有暗盤交易,讓藍斯能贏得百萬美元獎

金，但沒有獲得證實。不過十五年後，葛瑞渥告訴我，那次比賽後，他收到一個密封的信封，有簇新的百元美鈔鈔票，總數為2000美元。他解釋說這筆交易——他和其他的庫爾斯隊友都各自分得大獎的一部分獎金，是在西維吉尼亞的凱瑪特經典賽後，也就是藍斯贏得三冠王前兩站後不久提出的。

　　兩站之後藍斯大幅領先，因此他的摩托羅拉隊友面對了一個大難題，那就是接下來4天得拚命騎在前面開道，阻止任何可能會影響藍斯的攻擊，讓他隨時能夠反擊。整天配速前進對參加環法賽的9人團隊都很困難，對團隊只有6個人的這個美國賽事，也是一樣艱鉅。

　　摩托羅拉的車手在這4天中的頭一天結束時，已經筋疲力竭，因為他們有6個多小時領著整個車團行過高低起伏的137英里路程。接下來三天，他們可不想再重蹈覆轍，因此得找人幫忙。在分站賽中，如果兩隊都能互蒙其利，那麼一起合作的事也並非不常見，只是很少有人會拿出來談而已。協助他人的隊伍未來也有受協助的機會，或者是可以分到獎金。在西維吉尼亞賽程的第三天，有人就開始運作。摩托羅拉的一名隊員去找庫爾斯的隊員，向他提議兩隊合作分攤凱瑪特賽剩餘的賽程，如果兩隊合作，那麼就可保證藍斯和庫爾斯隊的英格曼必能在此賽分居一、二。庫爾斯的隊員明白他們的領先車手絕不可能想出辦法應付難纏的藍斯，因此達成交易，藍斯果然也贏得三冠王的第二站冠軍。

藍斯‧阿姆斯壯

在費城最後一天比賽的早上，庫爾斯的車手開會討論當天的戰術，並且決定是否要繼續先前在西維吉尼亞的作法，讓藍斯獲得三冠王。「在賽前會議上，我並沒有反對這個作法，」葛瑞渥說，「因為不管怎樣，藍斯都會贏。」

會議上只有一人持反對意見，那就是兩年前拿下USPRO冠軍的費尼。「我聽說有什麼交易，我不想聽也不想看，到現在我還不知道細節。」費尼說，「所以在會議室中，我也說出有名的話：『我來這裡是參賽，我會盡一切可能爭取勝利，希望你們支持我贏得這場比賽。』接著我就走了出來。」

比賽是否事先安排好的？不盡然。不論是棒球、籃球或足球，因為只牽扯到兩隊，因此事先安排勝負總是比較容易。但在職業自由車賽，可能有二十隊參賽，每隊各有八名車手，因此很難操縱賽事，而且一旦獎金平分為一百六十份，恐怕也很難成為爭勝的誘因。

在那場費城車賽中，庫爾斯隊車手根本無從保證藍斯一定會贏，但他們可以提高他獲勝的機率幾個百分點。因此如果藍斯得勝，每一個參與交易者的酬金才只有2000美元。而且有十隊爭勝，包括五名專為此賽事飛來的歐洲車隊，因此藍斯得勝的可能真是有很大的疑問。

「我才剛加入自由車壇，」藍斯說，「就算奧查去作了什麼交易，我也完全不知情。在自由車，你每天都得合縱連橫，但重點是，像費城這場盛大規模的賽事，很難事先安排。」

費尼一再強調，不論有沒有交易，藍斯都一定會贏得三冠王。「我認為這不可能對比賽有什麼影響，」他說，「或許有些人不勞而獲，……藍斯接近瑪納揚克大牆時，我就在他旁邊，那時跟在他身邊的有艾略特、我和其他一兩名選手，我們全都在前面，但他就是騎到我們前面，回過身來，給了我們一個他的招牌表情。

「我記得那時想：『該死！未來就在那裡，我卻無能參與其間！』他就像火箭一樣一飛沖天。看來並沒有任何選手刻意保留實力，我們就是追不上。他很公平公正地贏得了比賽，藍斯總是有那額外的精力，能做百分之九十九點九的人辦不到的事。」

三冠王的獎金後來分給全摩托羅拉隊18名隊員和12名員工，藍斯的隊友安德森說，他最後分到的三冠王獎金是15,000美元，因為獎金是以現金方式頒發，而非分為二十年逐年給付，因此100萬縮減為只有60萬美元，接著還得扣給美國職業自由車聯盟和國稅局。但藍斯領走更多的獎品：如今他身為三冠王，不但滿懷信心，而且身披星條旗衫，在下個月頭一次參加的環法自由車賽中，就要以這樣亮眼的色彩亮相。「在杜邦賽事期間，藍斯開始拚命纏著我，要我讓他參加環法賽，」奧查說，「到費城賽事，他已經贏得所有的比賽，因此我不能不給他機會，但有個條件：在我們到山區之後，我就要把他換下來。」

藍斯・阿姆斯壯

　　韓普斯登兩度在環法賽名列第四，1988年，他在名望僅次於環法賽的環義大利賽事成為第一位封王的美國選手之後，更把此賽視為他最重要的目標。1993年，這名金髮而挺直的科羅拉多男子是摩托羅拉環法賽當仁不讓的隊長，而新加入的哥倫比亞選手艾瓦多・梅西亞（Alvaro Mejia）則是他的左右手。藍斯參賽只是增加一點經驗，盡力幫忙韓普斯登，頂多試試自己能不能拿到分站冠軍。

　　在費城封王之後，藍斯又參加環瑞典賽事，三年前他曾以業餘身分參賽，那時他簡直撐不下去。這回他贏得了一個分站冠軍，總成績名列第三，落後冠軍——他的澳洲隊友安德森1分鐘。隊友史基安瑞、安德魯，和葉慈全都名列前十，使得全隊士氣大振，面對即將到來的環法賽。

　　摩托羅拉全隊九名車手在諾曼地參加短暫的訓練營，測試空氣動力車身，探查環法賽團隊計時賽的場地之後，全隊開拔到法國中部的彼杜富（Puy du Fou）。藍斯參加環法賽的夢想終獲實現，而他也發現環法賽正如他想像的那般精彩。身為比賽最年輕的選手，在夜裡，面對中世紀城堡的湖上，他聆聽主辦單位介紹參賽的二十支隊伍，心裡震撼不已；在序幕賽賽道上，他看到就像賓州賽事「大牆」一般的場地，教他備受感動；而序幕賽當天現身，為每隔一分鐘出發參與個人計時賽的180名選手加油的15萬名車迷，更教他驚訝不已。

　　藍斯明白自己狀況不錯，一心希望能成為序幕賽的主角，但就像太熱切的新手一樣，他太早衝得太快，在半里長的爬坡路上又碰上逆風，只能以龜速前進。結果他非但沒有精彩的成績，反而讓80人領先他，教他懊惱不已。領先的衛冕冠軍英杜蘭在這場只有4英里的賽事中，足足領先他47秒。

　　4天後賽程50英里的團隊計時賽，又讓藍斯重新興奮起來，他助摩托羅拉名列第三，這是有史以來美國車隊在環法賽中最佳的成績。藍斯協助隊友攀上長坡抵達阿夫朗什（Avranches）的終點之後說：「我覺得還好，但腹部中間那裡拉傷了，我還不能在平地上發揮1小時60公里的速度。」這並不足為奇，就連韓普斯登都很難跟上隊上發電機安德森、鮑爾和葉慈的每小時近40英里配速。韓普斯登說：「到最後我真是吃不消。」

　　韓普斯登對環法賽第二個週末記憶猶新，那是在法國北部，人人都在談摩托羅拉隊。在週六的山區分站賽，3名隊友躋身獲勝的7人團：安德森、史基安瑞，和梅西亞。

　　「7人領先群中有3名隊友，那麼拿下分站冠軍應不是難事。」奧查說。「但其實並不容易，因為我們要讓梅西亞拿到更好的總成績，這意味著安德森和史基安瑞得比領先時的表現更努力。」而不能保留實力，只等衝刺爭先。

　　最後史基安瑞意外敗給丹麥車手畢揚‧李斯（Bjarne Riis）。史基安瑞為自己未能獲勝感到很難為情，安德森則大罵不止。

　　藍斯也一樣，「我不相信像李斯這樣的驢子怎能打敗像史基

藍斯‧阿姆斯壯

安瑞這樣的良駒。」他說。

「藍斯騎過終點，對著他們搖頭。」奧查說。

「藍斯一直不喜歡李斯，從一開始就不喜歡。」葉慈說，「我們有3名選手在領先群，卻讓李斯打敗史基安瑞，真是把他氣壞了。他的態度是：讓我親自來告訴他們該怎麼做！他說他第二天就要這樣做。」

- -

第二天，北約組織的指揮官查爾斯‧波伊德(Charles Boyd)和奧查同乘摩托羅拉隊車前來。奧查說：「國務員通知我說將軍想觀賞一場環法分站賽。這位四星上將就在隊上集會之前開著兩部裝甲車前來，他想瞭解我們所有的戰術，而他挑選這一站是因為這站的終點在瓦爾登(Verdun)。」

1916年的瓦爾登戰役是史上傷亡最慘重的戰役，共有25萬法軍和德軍被殺，40萬人受傷，為了對犧牲者表示敬意，因此環法賽主辦單位禁止喧鬧的宣傳車隊經過戰場。不過對車手而言，點綴在萋萋芳草山坡上成千上萬的白色十字架，則是激烈競爭的背景。

環法賽幾位有望奪魁的菁英選手——西班牙的英杜蘭、瑞士的東尼‧羅明傑(Tony Rominger)和亞利士‧祖爾(Alex Zülle)，以及義大利的克勞地歐‧奇亞布奇在攀往戰場最高山脊的險峭坡

道上，都迅速攻擊還擊，而藍斯則和他們並駕齊驅，一整天，隊友都一直協助他，為的就是這一刻的表現。

在高達1200英尺的頂峰，祖爾摔車，打亂了陣容。藍斯勉力和英杜蘭、羅明傑及奇亞布奇一起留在約30人的領先群中，接著藍斯拚命爭先，看到前面3個清楚的身影。「可惡，我得趕上去。」他告訴自己。他是趕上去了，但又帶了兩個人：他在杜邦大賽的對手阿卡拉，以及法國選手羅南‧龐賽克（Ronan Pensec）。這6名領先者不久就齊心協力朝向終點瓦爾登進發，和追兵相差15秒。

藍斯緊跟著其他5名選手，雖然他們分別嘗試衝刺想爭取冠軍，但一直到瓦爾登的街道上，大家還是擠在一起。「我在領先群的後方靠右，」藍斯說，「龐賽克在我前面，也向右移，朝向擋住觀眾的金屬障礙物。」大家以40英里時速並轡爭先，藍斯爭勝唯一的機會就是擠進龐賽克和金屬屏障之間，因為他們離終點只剩200公尺不到，如果龐賽克擋住藍斯，就會因為干擾而失去資格。「所以我開始對他喊叫，」藍斯說，「我想，『他不能再往右移。』而他果然也不再右移。」

藍斯站在踏板上，使勁扭動雙腿，把車子由一邊扭向另一邊，擠進龐賽克和金屬屏障之中，他知道自己快要贏了，於是放下龍頭，舉起雙手，挺起胸膛，最後得意地揚起雙臂，他領先由另一頭衝線的阿卡拉2英尺，越過終點線。

藍斯‧阿姆斯壯

　　此時在德國一間房屋的起居室內，一名觀看賽事現場轉播的美國運動員突然由沙發上一躍而起，雙臂上伸，以最大的音量大喊出聲──教一旁的德國家庭吃驚不已！這名運動員是馬克‧艾倫（Mark Allen），三項運動的超級巨星，也是鐵人賽的世界冠軍，六年前藍斯以運動神童之姿初露頭角時，他曾和藍斯同台競技。

　　「我看完整站賽事的轉播，知道要勝利有多麼困難。」當時去德國參加鐵人賽的艾倫說，「他並不是到最後才衝刺贏過所有的人，而是一個攻擊接著一個攻擊再接著另一個攻擊。這是美國有環法賽實況轉播之前，而我正好在歐洲，因此比較瞭解詳情。

　　「藍斯參與了每一次的攻擊，一直到分站的最後，攻擊群一一倒地，人越來越少，突然地，藍斯成了最後一個留下來的人，他領先這法國選手，贏得分站賽。我由沙發上跳起來大喊『藍斯！』真是教人感動，在那樣的年齡能贏得環法賽分站冠軍，這是他真正的起點。」

　　有人說21歲的藍斯是環法賽歷來最年輕的分站冠軍，其實最年輕的是法國選手亨利‧柯奈（Henri Cornet），他在1904年以19

之齡在土魯斯拿下分站冠軍。不過比藍斯的年齡更重要的，是他在全世界觀眾眼前有所突破。

「那天對藍斯而言是個大日子，」奧查說，「那真的是他將成為什麼人，將往哪裡去的起點。他在費城、萊古利亞，和其他地方都獲勝，這些也算……但環法賽真正的分站冠軍卻是更了不得的大事。」

藍斯身披美國冠軍星條旗在環法賽拿下分站冠軍造成了舉世的矚目，也讓深具影響力的波伊德將軍有極佳的反應，這兩個因素都讓摩托羅拉繼續對車隊的每年300萬美元贊助；此外，奧查也把藍斯下一年的薪水提升到50萬美元，這的確讓這個大專年紀的年輕人感到暈陶陶，但並沒有因此妨礙他在山區賽事的表現，他會發現山區分站賽教人不得不屈服。

他的訓練顧問泰斯塔對藍斯的表現記得很清楚。「我們到阿爾卑斯山後，藍斯說：『我希望至少要有一天能參加山區賽事，我一點也不累。』我們告訴他：『我們不要你在領先群或是第二群選手中，你只要待在大部分選手都在的第三群就好。只要跟著葉慈。』」

在阿爾卑斯山區分站賽的第一天，藍斯整整6個小時跟著葉慈，穿過三個山口——包括傳奇的加利比耶山口（Galibier Pass），這山口在22英里之中垂直攀升6890英尺。他們倆在第二群表現優異，終點時領先主車群12分鐘，落後領先群21分鐘。

「藍斯在這場分站賽成績不俗，紮紮實實躋身第二群車手之

藍斯・阿姆斯壯

中，」泰斯塔說，「他對我說：『我想再試一站，看看我晚上能恢復多少體力。』」

下一站是更困難的127英里賽事，共有四大爬坡路段，藍斯在最後10英里攀往滑雪勝地Isola 2000雪場的坡道上苦苦掙扎，在隊友安德森掩護之下騎完最後的曲折路段，最後交出落後領先者近29分鐘的成績。越過終點線後，藍斯直接回到車隊所住的旅館。

「賽後我正在找他，因為他最後真的拚得厲害，非常疲憊。」泰斯塔說，「我想看看他情況如何，他躲在像第11000號房裡，我終於找到他的房間，等我開了門，裡面空蕩蕩的，沒動過，百葉窗簾也放了下來。我想這裡沒人，因此我走進去再看一次，簡直是宿舍一樣，有三個小房間，都有雙層床。

「我在一個房間裡看到毯子下有東西在動，天已經黑了。我走過去掀開毯子，是藍斯。外面熱得不得了，但藍斯卻在床上，身上穿了兩三件毛衣，還戴著羊毛帽子。他蓋著毛毯還在發抖，那是失水時的現象。因此我說：『嘿，藍斯，你覺得如何？』他說：『很不錯，明天我還要再試一站。』」

- -

雖然藍斯落後分站領先者近半小時，但他還是領先54名車手完成比賽，另外還有20人在阿爾卑斯山吃了兩天的苦頭之後退賽

了。這個德州年輕人證明了自己是真正的環法賽車手。泰斯塔說，「他正好和那些愛抱怨的人相反，對他而言，小問題不是問題，大問題則讓他更有衝勁更加努力。這是身心獨特的組合。」

藍斯已經完成環法賽21站中的12站，原本還可能繼續參賽，但他在奧斯丁的朋友J.T.尼爾已經抵達賽場，第二天要按照原訂計畫載他回柯摩，讓他在柯摩準備另一個挑戰：世錦賽。他要回到勝利之路上，而那也是他想要達到的目的地。

第十章

彩虹與金牌

那是個很簡樸的地方，只有個空蕩蕩的房間，

加上他的自行車和可以睡覺的位置。

——皮耶·波岡齊

在藍斯頭一次參加環法賽之後，摩托羅拉的隊經理奧查和訓練顧問泰斯塔開始擔心隊上這名明星新秀的下一個目標。「泰斯塔很焦慮，我也在擔心萬一藍斯贏得世錦賽該怎麼辦，」奧查說，「21歲就拿下世界冠軍，很難應付隨著這頭銜而來的讚譽。接下來該有什麼期望？這會不會就是他生涯的終點？」

這兩人在擔心的是藍斯拿下世界職業冠軍頭銜之後的名利，這名號在歐洲家喻戶曉，通常是已經很有威望的車壇明星取得，在諸多精彩的成績中再納一冠。奧查和泰斯塔擔心的是，太早拿到自由車運動的最高榮譽會阻礙藍斯的發展，甚至讓他志得意滿

藍斯·阿姆斯壯

不再求上進。他們倆都看過太早拿到太多冠軍的車手,這些人不肯再接受累人的訓練,而這樣的訓練卻是繼續成功的要素。

　　然而,在1993年夏,挪威奧斯陸世錦賽之前,奧查和泰斯塔決定「百分之百支持藍斯」。

- -

　　在自由車壇,再沒有比世錦賽更精彩的賽事,這場比賽僅耗時一天,產生一名贏家。究竟鹿死誰手,往往要到最後幾秒,最強的倖存者衝向終點,才能知曉。有時也有幸運的勝利者——可能是因為場地不夠困難,或者是因比賽最後成了大批選手競逐,最願意冒險的人就贏。但通常這場比賽的贏家都是最強、最有進取心的車手,他往往已經贏了許多大賽,或者還會繼續贏得許多大賽,是舉世真正的第一高手:是像車神墨克斯、雷蒙德,或者是像今年剛連續第三度摘得環法賽冠軍的選手英杜蘭。

　　世錦賽冠軍可獲頒金牌和一件白色的賽車衫,在胸前有藍、紅、黑、黃,和綠色的彩虹條紋,代表五大洲。冠軍在接下來這一年的每一場比賽都身披彩虹衫,不但十分搶眼,也讓他承受不少必須達到新名望的壓力。

- -

在藍斯準備1993年世錦賽時，他也回顧自己先前嘗試成為這個比賽或奧運冠軍賽的努力。1989年他參加初級組世錦賽，和次年高級組世錦賽，他犯了太早就用盡體力的錯誤。1992年奧運，他正好運氣不好，狀況不佳，他頭一次參加世錦賽表現一塌糊塗。一年之後，他已經明白兩件事：在6小時以上的比賽最後，依舊要維持競爭力，這是他必須要專注的訓練，還有他得要在真正的場地做準備，包括訓練在內。

藍斯的隊友還在參加環法賽時，他卻單獨在柯摩受訓，泰斯塔給他非正式的練習日程。「幾乎每天早上，他都會到我位於柯摩舊城伏塔廣場的住所來看我，」泰斯塔說，「他會到隔壁的卡布奇諾店，如果下雨，我就把頭探出窗戶，告訴他：『好，今天4小時，到這裡爬坡，或者到那裡努力。』所有的路我都很清楚。」

環法賽結束之後——摩托羅拉的梅西亞名列第4，韓普斯登第8，藍斯就有伴一同練騎。「有幾次，」泰斯塔說，「我騎機車和梅西亞和韓普斯登一起作上坡機車配速。我像足球教練一吹哨，他們就得努力攀上山坡，第一個衝上來，接著第二個、第三個。藍斯一派輕鬆，自環法賽後，他已經減瘦，爬坡也快得多，他加速也很快。」

這樣的訓練頗有收穫，在那年八月一系列的世界杯賽事，藍斯的表現都很優異，在這些長達6小時的比賽中，他總是最有攻擊力的車手。在西班牙的聖薩巴斯坦經典賽他名列35（在名列倒

藍斯·阿姆斯壯

數第一的次年），在英國的溫坎頓（Wincanton）經典賽名列第5，瑞士的蘇黎士錦標賽名列14，這是他在世錦賽前的最後一場賽事。

「他在蘇黎士原本還可以有更好的表現，」奧查說，「但他又犯了老毛病，等不及要攻擊。」藍斯次日上午與奧查討論了這個戰術問題，當時兩人在傾盆大雨中一起練騎，這場練習差點出事。

「我們正由坡道上飛馳而下要回蘇黎士，來到一個轉彎時，我看到前面有鐵軌。」奧查說，「我沒看到鐵軌沿著街道舖設，等看到時已經來不及了，我撞了上去，輪子陷入鐵軌中，摔得不輕。撞擊力把我的手錶都撞飛了。藍斯看到我衝下來，因此他騎到安全島左側，到對方來車的車道。」

萬一出了意外，就可能毀了藍斯在下週末世錦賽冠軍的希望，但他急轉避開了危險，最後才停了下來。千鈞一髮逃過一劫的他不但展現了他的機智，也顯示他控車的技巧有了進步。

藍斯的母親由德州來看他在奧斯陸的比賽。「我在那裡待了一週，」琳達說，「看得出他變得比較沉默，培養某種心理狀況，就像贏家一樣。」

拜好天氣之賜，藍斯能按照計畫作賽前訓練。有時他和奧查

同騎短程的距離，有時他和導師安德森一起作長程練習，安德森這一次是以澳洲的4人代表隊成員身分參賽，理論上藍斯和他應是對手，但後來藍斯說：「安德森一直都照顧我，雖然他披澳洲隊衫，但依舊是摩托羅拉車手，他支持我──實在太好了！」

此時，美國和澳洲的職業自由車聯盟還沒有多少有照的車手，也沒經費撥給參加世錦賽的選手。奧查說他甚至得為美國隊付那一週的旅館費用。相較之下，歐洲隊伍經費充足，可以支付摘冠選手高額獎金。

義大利隊最有冠軍相，這支隊伍有三位前世界冠軍車手：阿爾建廷、巴格諾，和馬瑞奇歐・豐瑞斯特（Maurizio Fondriest），另外也有剛贏得聖薩巴斯坦經典賽的奇亞布奇。至於西班牙隊，則有三獲環法賽冠軍的英杜蘭，正渴望把世錦賽的彩虹衫與環法賽的黃衫一起納入收藏之中。

此賽最年輕的選手藍斯，在賽前被視為只有5%的勝算──不過比賽當天，普照一週的陽光換成了毛毛細雨，讓他的勝率略為增加了一點。「藍斯不喜歡在雨中比賽，但那並不妨礙他，」奧查說，「何況他知道下雨時已經完成了一半的賽程……我們和他協議的戰術是，不要採取行動，一直到最後兩圈，這是你拉開距離最早的攻擊點。」

這場賽事最有經驗的隊友是韓普斯登，「我們對全力保護的藍斯很有信心，」韓普斯登說，「他狀況很好，而我們知道這是一場消耗戰。我身為隊長，負責運籌帷幄。」

藍斯・阿姆斯壯

全場171名選手排隊準備這場共計16圈長達160英里的錦標賽時，他們的臉上顯現著焦慮。在五彩繽紛的各國隊服外，他們都罩上塑膠雨衣，心知當天會下雨，他們也都明白道路艱險，尤其是漆著白和黃色的街道。「我不相信場地有那麼容易。」藍斯一邊等著比賽槍響，一邊半誇張半含蓄地說。

車賽一開始，大家都撞成一團，這不只是消耗戰，而且是生存戰。「路很滑，許多人撞車，很難瞭解究竟賽事情況如何。」奧查說。

「我們不知道會那麼滑，」韓普斯登說，「情況真的很混亂，所有的車手都恐懼緊張，我記得看到義大利選手表現反常——巴格諾停在他的修理站裡喃喃自語：『我完了，我完了』，因為轉彎路滑，他的技師幫他把輪胎的氣放掉，再把他推回比賽。

「因為天氣不佳，我們說：『我們只要遠遠看著藍斯就好。』我們不能引導他衝到前面，也沒辦法一直迎風前騎保護他，何況他又告訴我們他不想要我們護送。因此我們只是在車團中，跟在他後面一段距離，萬一他撞車，我們至少不會置身其中。

「他的確撞了車——好幾次，但我們並沒有驚慌失措，也不

急著馬上讓他回到車團之中。現在我們已經明白在哪裡要賣力騎，在哪種路面我們可以騎快一點，我記得聽到人家說：『藍斯又摔車了！』大家回來協助他，但並不大聲宣揚，只有兩三名車手由平地路面折回來協助他到我們希望他到的地方。」

越來越多車手撞車或退賽，藍斯則靜靜地置身車團之中，記著奧查要他等待的勸告。「我努力保持耐心，控制自己，」他說，「我知道如果要衝刺拉開距離，一定是在最後一圈。」

最後關頭其實是在倒數第二圈，英杜蘭回應奇亞布奇加速時開始，藍斯很快逼近他們倆，後面是十餘位車手，接著當地自由車英雄戴格・歐圖・勞瑞森（Dag-Otto Lauritzen）和荷蘭的法蘭斯・麥森（Frans Maassen）展開反擊，他們領先12名追逐者4秒，開始最後一圈賽程。贏家就在這14人之中，他們分屬十個不同的國家，藍斯是唯一非歐洲的選手。

領先者全都不願冒險太早衝刺，因此他們都在等待，但當勞瑞森在比賽兩個坡道中較長的那一個領先麥森，身影逐漸消失時，藍斯把握了機會。「車團的行進有點消極，我知道我得開始衝刺。」他說，「所以我就衝刺了。」

在只剩9英里時，藍斯加速上坡，麥森緊跟在後，兩人在山脊頂峰追上勞瑞森，眼前是很難應付的下坡路，他說：「接著是最後一段短暫爬坡，然後是較長的下坡和快速平坦的衝刺，抵達終點。」

「藍斯在第一段下坡就衝了出去，」韓普斯登說，「他控車

藍斯‧阿姆斯壯

精彩，安全完成略微偏左的轉彎，那裡共發生過40次摔車。那段下坡非常關鍵，讓他獲得動力和力量，能夠保持速度衝向最後一段坡道，並且直衝過山頂，非常了不起！」

英杜蘭車團窮追不捨，在最後的一個山頂趕上了勞瑞森和麥森，現在拚命追趕藍斯——藍斯在大雨中消失，他沿著平直的路越過高原，最後迂迴下坡迅速衝向奧斯陸峽灣的灰色水域。

在終點線觀賽的人包括美國隊的隊醫普瑞特，那一週他還在治療藍斯的背部問題。他記得自己那時在想：「這孩子的背不行，卻攻擊自由車高手，握著龍頭高位騎車，卻能直衝向前，實在是驚人！我們都跌破眼鏡。」

英杜蘭和其他明星車手繼續追逐，但藍斯在下坡時卻把領先的優勢由10秒拉長到20秒。他一降到海平面，完成最後一個危險的轉彎，就回頭一望。「我回身看車團在不在，但沒有看到。」他說。

接著他衝下最後僅剩的700公尺，再度回頭一望，依舊看不到人。他知道已經獲勝。藍斯一路衝向終點，為自己出人意表的勝利大感歡喜：他揮手、大喊、飛吻，並且向撐著雨傘的觀眾躬身。來自全歐洲的車迷和一些美國人，包括藍斯的母親，都歡呼喝采，以響亮的掌聲回應這位新冠軍，而他則高舉雙臂過頭，兩手食指指向天際。

「大家總覺得我自大，因為我勝利時總情緒激動，」藍斯後來說，「他們覺得：『他以為自己是誰？他是刻意侮辱其他選手

嗎？』其實不是，是我難以控制自己。我得運用自己的情感，不然就贏不了。」

自由車史上的偉大人物之一英杜蘭則率其他追逐者趕上，名列第二。這名西班牙車手說：「到最後時我覺得比較好過一點，而且我衝刺時很有力。但我只做到這樣，而要贏得冠軍則是另一回事。」

瘋狂的記者和電視台工作人員追逐衝過終點線的藍斯，但他的訓練顧問泰斯塔第一個跑到他身旁。他們激動地擁抱，「藍斯說的頭一句話就是，他能打敗這些大人物，自己也吃了一驚。」

接下來，泰斯塔說主辦單位「想讓藍斯去覲見挪威國王，但他們不讓藍斯的母親隨同。奧查和我從中斡旋，藍斯說：『泰斯塔，我根本不想見國王，是國王想見世界冠軍，不是嗎？如果他想見我，我就要母親陪同，不然他們就別想見我們中的任何一個。』

「所以他的母親就陪他一起去覲見國王。……如果是我21歲，他們告訴我說，你不能帶母親去見國王，我就會視之為當然，但藍斯不然。」

要是藍斯知道自己有挪威血統，也許見國王的心會比較熱切一點。藍斯父親的曾祖父馬丁和瑪瑞·甘德森生在奧斯陸，到十九世紀末離開挪威，移民德州。

但藍斯在這意義重大的一天，唯一感受到的親人關係是他的母親，她說兒子贏得世錦賽冠軍，是她和他共享最快樂的一

藍斯·阿姆斯壯

刻。「那真是美妙的時光，」琳達說，「他多麼熱切地期待這一刻。」

21歲的藍斯成了自由車史上舉世第三年輕的世界冠軍，而就像所有新的世界冠軍一樣，他也將獲得各種各樣的掌聲。

雨勢依舊，藍斯站上優勝者獎台，粗脖子上掛著金牌，寬闊的胸膛上罩著彩虹衫，樂隊奏起美國國歌，讓他回想起自己走到這一步的來時路。「我想到自己的成長，想到自己看奧運轉播，」他說，「那是我的夢想，站上獎台，聽到國歌。在數千名外國人面前聽到美國國歌是十分特別的感覺，足以彌補奧運的失利。」巴塞隆納奧運爲藍斯帶來極度的失望，因此對他和琳達而言，奧斯陸是突破的一刻。「我後來把世錦賽勝利者運動衫和金牌都裝裱起來，」琳達說，「再在兩邊放上照片，爲藍斯打造一個小小的神龕。」

藍斯整夜在奧斯陸和美國隊友狂歡，只睡了兩小時，就搭包機回法國西部參加邀請賽。身爲世界冠軍的他成了眾所矚目的焦點，成千上萬的車迷在夏多林（Châteaulin）迎接他，他也獲得可觀的出場費，比他在兩季以前全年的薪酬還多。

藍斯回到柯摩時，被當成英雄。鄰居裝飾了整棟公寓，掛起標語牌，迎接nostro campione（我們的冠軍）。歐洲媒體蜂擁而

至，採訪這位了不起的年輕美國選手。藍斯去作短程訓練時，全市的居民都跟在後面，爭相要他簽名留念。

「我的人生永遠地改變了，」藍斯說，「我喜歡不喜歡這樣的改變已經無關緊要，因爲我現在成了世界冠軍。」

來柯摩採訪藍斯的媒體中也包括波岡齊，他是義大利體育大報《義大利運動報》記者。他和攝影記者跟了藍斯一整天，拍攝他在城裡各處的相片，並在他兩個房間的公寓採訪他，「那是個很簡樸的地方，只有個空蕩蕩的房間，加上他的自行車和可以睡覺的位置。」波岡齊說。當天他們在柯摩湖種滿棕櫚樹的岸邊優雅的富樂麗別墅(Villa Flori)飯店用晚餐，藍斯和這位記者應奧查和住在這四星飯店的摩托羅拉高層人物之邀作客。

在晚餐桌上，人人都爲藍斯感到興奮，他才轉爲職業選手一年，就已經成爲這一項運動的頂尖人物，但奧查在世錦賽之前爲藍斯前途打算的焦慮依舊存在。「藍斯已經開始規劃次年的賽事，」他說，「身披彩虹衫，承受世界冠軍所受的注意力和壓力。」波岡齊問泰斯塔對藍斯的未來有什麼看法，「我說，他原本是三項全能和游泳選手 ，」泰斯塔說，「因此他上半身很魁梧——全是肌肉，沒有脂肪。因此只能靠重建肌肉，讓上半身輕一點，我說，因此我認爲他沒辦法贏得環法賽。」

泰斯塔如今在猶他與前奧運速滑金牌選手後任整形外科醫師艾瑞克・海登(Eric Heiden)一起執業運動醫學，他知道要在環法賽大規模的爬山路段需要較輕的上半身才行。1993年，藍斯重

藍斯‧阿姆斯壯

174磅,比五度在環法賽封王的墨克斯略重,但藍斯比這位比利時超級巨星矮2英寸半,因此若以身高體重比來算,藍斯至少要減掉8磅體重才行。泰斯塔表示,唯一讓藍斯減重的辦法,就是設法消除他上身的肌肉,這並非易事。

也有記者問藍斯自己覺得能不能贏得環法賽,他答道:「也許再過一段時間,到我生涯稍後,如果我能專心練習計時賽和登山,那麼我看不出自己為什麼不能贏得環法賽,但在眼前,我對自己成為世界冠軍已經很滿意。」

- -

雖然藍斯在歐洲成了名人,但他九月中回到奧斯丁時,還是鬆了口氣。在這裡,只有真正熱愛自由車的人才知道才關心他們有了一個世界冠軍,因此藍斯得以恢復他所喜歡的低調生活。他有幾個月的時間休養,吃些德州墨式的食物,和朋友一起痛飲德州當地的Shiner Bock啤酒,看德州大學美足隊和德州牛仔隊的賽事,甚至和高中時的女友之一桑妮‧伊凡絲(Sonni Evans)交往。他回普蘭諾時,還去看了老友威克。

藍斯很想花點錢,威克說:「他告訴我們:『我已經可拿兩萬……』接著他猶豫了一下,再說:『我不是吹牛,但我現在可以拿25,000美元出場費,他們用紙袋裝給我。』接著他說:『我們去買車。』

　　「所以我們就出發了，兩個穿著運動衫，反戴棒球帽的龐克族，一副傻呼呼的模樣。他想要看兩款跑車，Acura NSX和BMW8系列，我們先去BMW那裡，他們連正眼也不瞧我們一眼，接著我們去Acura經銷商那裡，幸好業務員的先生對自由車有點興趣，因此她聽說過藍斯的名號。我們試駕了一下，他簽了一張68,000的支票！他竟付現金買車，我只能說，可惡！」

　　NSX最高時速可達140英里，是世界賽車冠軍洗拿（Ayrton Senna）所駕賽車的道路版。威克說，藍斯幾週後打電話給他，他才開了800英里就磨壞了第一組輪胎，而那特製輪胎一個要1200，「此後他對這車就興趣缺缺，」威克說，「那是一個錢多多的21歲青年，他的人生可美好，真正美好。」

- -

　　在奧斯丁，藍斯則和老友兼按摩治療師J.T.尼爾，以及訓練夥伴奈格斯接觸，但他並不像在義大利時那樣有專屬的訓練顧問或教練。因此他和以往在國手隊時的教練，住在科羅拉多泉的卡麥可聯繫。

　　「藍斯剛成了世界冠軍，很希望我搬到奧斯丁去，」卡麥可說，「『你可以和摩托羅拉合作，奧查會請你當助理經理。你可以搬到奧斯丁，我們可以密切合作。』他還說：『那時你就可以用機車為我配速，你可以這樣那樣。』但我擔心的不是機車

藍斯·阿姆斯壯

配速的問題，而是他會說：『喂，你可以過來幫我去拿乾洗的衣服嗎？』因為我看過其他選手這樣。因此我說：『我是你的教練，可不會幫你去拿乾洗衣服。我不會搬去奧斯丁。』」

藍斯對教練的決定很失望，但也讓他更尊重卡麥可，因此兩人後來反而能夠更密切合作。不過在目前，藍斯只能接受遠距教練，而每天則聽取J.T.和奈格斯的指導。這是他在奧斯丁最倚重最尊敬的兩個人。

「藍斯對人判斷很嚴格，」奈格斯說，「他一眼就對人有定見——尊敬或不尊敬你。而要讓他尊敬，可有不少條件。如果你問他對某人的看法，他會說：『他是個笨蛋』，或者『他是個壞胚子』，沒有中間的可能。有時他的判斷也可能出錯。但他對自己的判斷也很嚴苛，他對其他人採取的是相同的標準。」

奈格斯既深思熟慮又能高談闊論，很投合藍斯的喜好。他認為他們之間一拍即合，是因為兩人都來自破碎的家庭。「藍斯很像出身逆境的運動員，和環境格格不入，在學校表現不好，敏感的都市運動好手，」奈格斯說，「或許他擺出趾高氣昂、自以為是的模樣，只是虛張聲勢，他只是習慣要由逆境中掙扎出頭。」

對於藍斯才轉為職業選手一年，就拿下自由車壇最高榮譽的世界冠軍，奈格斯倒不驚奇。「任何參加過自由車賽的人都知道，最困難的是你的想法，」他說，「體能強健的人有如此之多，但很少有人能真正在體壇出人頭地，因為重要的是心理層面，而第一個要檢查的是，你能不能像隻豬一樣受折磨？

「你可以設法用這樣的心態擺脫痛苦——韓普斯登就是如此，或者你就像藍斯一樣。我想藍斯已經設想他可以聚集的所有痛苦，把它們燃燒殆盡。有些人同樣資質優異，但在那早年，他只管要撐到最後30英里，最後20英里，最後10英里……最後我要用意志贏過你！」

回到歐洲，大家還在談論這個年輕的新星，他贏了環法賽的一個分站冠軍，接著在世錦賽封王。並不是每一個人都很高興。歐洲車團是個緊密的群體，不同的隊伍幾乎每天都花時間在一起練習，他們互相尊重，也尊重這項運動的傳統，以及車壇前輩的智慧。如今藍斯闖了進來，這不知天高地厚的德州牛仔，雖然什麼都明白，卻按照自己的方式來行事。

　　21歲的藍斯冒犯的一位前輩是一向待人親切的艾倫‧派波（Allan Peiper），他是長住比利時的澳洲人，如今是備受尊重的車隊經理。那年的環法賽，派波剛由車壇退休，初任電視記者，費了一番工夫適應。環法賽最後一週，他在巴黎碰到藍斯，「藍斯贏了分站賽，已經離開，但他又回到巴黎，和摩托羅拉隊友一起慶祝。」派波說，「那是終點前一天週六晚上11點半，我和攝影師一起去吃飯，他們還在喝酒，我出來找計程車。在我離開餐廳時，碰到藍斯，他站在角落左擁右抱，兩手各拿著兩瓶啤酒，他

藍斯‧阿姆斯壯

說：『過來喝杯啤酒。』我說：『不了，我要回飯店。』我們站的地方有很多人，他卻大喊說：『派波，你這孬種。』這或許是藍斯表示友好的方式。我什麼也沒說，只轉身走開。」

派波又說：「藍斯轉入職業車壇時是個憤怒小子，沒有多少朋友，因為他毫不尊重別人。他是個自以為是的美國佬，知道自己能成功。」藍斯的確成功了，如今他贏了世錦賽，再沒有人說比賽是事先安排的，或者只是僥倖。如今大家談的只有一個焦點：誰是這個美國小子，他能走多遠？有位車壇明星認為他知道答案，義大利的奇亞布奇不客氣地宣稱：「有件事可以確定——他絕對贏不了大賽。」

第十一章

陰影與詛咒

這項運動在一年之內改變了許多，

我不想說它為什麼改變或怎麼改變，

但我得說它變了很多——

而且很多人變得強得多，快得多。

——藍斯・阿姆斯壯

職業車手常談起彩虹衫的詛咒。這個傳奇自1965年開始，那年英國明星車手湯姆・辛普森(Tom Simpson)在世錦賽封王之後摔斷了腿。1970年世錦賽冠軍尙-皮耶・蒙瑟赫(Jean-Pierre Monseré)在次年因車禍死亡，這樣的傳聞更甚囂塵上。其他的世錦賽冠軍不是發生嚴重意外，就是楣運連連。多年來，這個詛咒發展成，只要披上彩虹衫，就沒辦法再贏得比賽。這正是藍斯的情況。而更有甚者，他這一年似乎蒙上了陰影，一種不確定和混

藍斯·阿姆斯壯

亂的感覺影響了他的賽車生涯、人際關係、運動,和精神。

　　不過他這一年依舊有些精彩的表現,首先是春季經典賽的良好表現。

━━━━━━━━━━━━━━━━━━━━━━━━━━

　　1994年4月17日,藍斯賽車穿過比利時列日市的中古街道,似乎就要贏得他第一個經典賽冠軍。藍斯參加的是列日-巴斯東-列日已經有百年歷史的車賽,這是歐洲最具挑戰性單日賽事中最古老的一項賽事,共長166英里,橫跨艾登斯(Ardennes)地區的險坡和深谷,這正是二次大戰時巴頓將軍(General Patton)的軍隊贏得波高(Bulge)戰役的地點。如今另一名美國人,身披世界冠軍的彩虹衫,也在爭取勝利。藍斯置身領先的5人之中,離終點只剩2英里,先後距離已經拉開,看來藍斯即將衝刺得勝。「我知道我是最快的終結車手,」藍斯說,「而且只剩下一個爬坡。」

　　在他之前也有幾位世界冠軍在這項經典賽事中封王,藍斯也希望能躋身其中。但兩名車手卻威脅到他的地位,兩人都是義大利蓋維斯(Gewiss)隊的車手:贏得當年米蘭-聖雷莫賽事的喬吉歐·傅藍(Giorgio Furlan),以及他的俄羅斯副手伊夫金尼·柏辛(Evgeni Berzin)。藍斯原以為兩人會採用當時最知名的戰術,輪流加速,讓三名對手追逐,然後其中之一衝刺,擺脫群雄。俄國

選手作了第一次的攻擊──就只有這樣！他的速度如此之快，沒有其他人能跟得上。到達終點時，藍斯比其他三名領先選手都快，好不容易拿到第二，但他不明白在騎了好幾小時之後，柏辛怎麼還有這樣的衝勁。「柏辛在倒數1英里時衝刺，領先其他4名選手1分鐘半，實在不正常。」藍斯說，「我實在很想知道。」

　　他的疑惑三天後更深。柏辛、傅藍，和蓋維斯隊的第三名車手阿爾建廷在艾登斯地區另一場爬坡的經典賽事弗萊舍瓦隆（Flèche Wallonne）賽事中，擺脫其他車手揚長而去。

　　藍斯、韓普斯登，和摩托羅拉的隊友，再加上其他車隊，全都束手無策，眼睜睜地看著三名蓋維斯車手消失在遠處，而前面還有40英里要騎。共有20餘人的車團死命想要追上這3人，但卻一籌莫展，越來越落後。

　　「我置身在60人的主車團中，」韓普斯登說，「我們最後落後蓋維斯這三名車手達半小時──而且我們的速度不慢。在我看來，那時正是服用藥物的關鍵時刻。我聽過無數的故事──二手的，因為車手從不相互告知自己在做什麼，但真的有這樣的情況。」

　　在阿爾建廷、傅藍和柏辛橫掃前三名之後，落後的車手都說這三人一定服用禁藥，所有的傳言都指向一種難以追查的禁藥，基因重組紅血球生成素（Recombinant erythropoietin，EPO），能夠增強車手天然的紅血球生成素，提高他的紅血球數量，據說能提升成績達25%之多。有人推測，或許這能解釋為什麼那年蓋維

藍斯·阿姆斯壯

斯隊囊括所有冠軍的原因。

千夫所指，使得該隊的義大利籍運動醫師兼訓練顧問麥可·費拉里（Michele Ferrari）陷入尷尬境地，只好立即舉行記者會，「記者問我該怎麼解釋我們隊的精彩表現，」費拉里醫師在2001年接受丹麥報紙訪問時這麼說，「我說這是因為訓練和飲食有方。

「接著他們又問我服用禁藥和不用禁藥之間的界限，我說只要是沒有遭禁的事物，都是准許的。但第二天他們卻錯誤地引用我的話，說我說：『任何查不到的事物都是准許的。』他們問到我對禁藥EPO的看法，我說用它並不危險，但如果濫用它，就會危險。我這麼說，有許多生理學上的原因，但要花許多時間解釋。

「訪問中，我正在喝橘子汁，因此就用它為例。喝橘子汁本身並不危險，但若你喝了十公升，就會危險──你可能會拉肚子。義大利媒體引述我的話說，EPO和橘子汁一樣危險，只有法國的《團隊報》正確引用我的說法。」

蓋維斯隊的老闆讀了義大利媒體上費拉里的話之後，把他炒了魷魚，雖然並沒有證據顯示他做錯了什麼。那時費拉里擔任運動醫師和訓練顧問已經十年，和他大學時代的導師──主持法拉拉大學（University of Ferrara）生物醫學運動中心的法蘭西斯科·康柯尼（Francesco Conconi）合作密切。康柯尼研究測試的正是所謂的血液禁藥，一直到1980年代末期遭禁為止。

　　1994年，職業自由車手使用無法檢驗追查禁藥的傳聞，使這項運動的主管單位國際車總(UCI)左右爲難。聯盟主席荷蘭籍的海恩・維布魯根(Hein Verbruggen)公開譴責禁藥，但卻表示UCI無能爲力，因爲無法證明選手使用如EPO或人類生長荷爾蒙等禁藥。他不肯指責義大利隊，招致媒體大肆批評。就像其他上百萬車迷一樣，維布魯根寧願相信選手表現好的原因，是因爲更科學更好的教練方法——這有部分也是真的。

　　傳統訓練光是騎車，到1970至80年代，則採用了更科學的方法。各隊爲了瞭解最新的發明，並將之實際運用，紛紛聘用運動醫師，他們根據乳酸量、氧氣吸收速度、體能、體重、脂肪比率、踩踏的起落及其他指數，擬定目標更明確的訓練計畫。不過傳說有些運動醫師也教唆運動員使用藥物。

　　使用禁藥並不是什麼新鮮事，它可追溯至古希臘，在最早的奧運中，有時就能抓到運動員欺騙的情況。十九世紀，番木鱉鹼、古柯鹼、鴉片和酒精都公開使用，讓運動員能完成長距離的步行、賽跑，和騎車比賽。二次大戰後，安非他命和類固醇則成了運動員常用的非法藥物。當時這類的欺騙往往未受懲處，因爲反禁藥的規章一直到1960年中期才立法，而且當時這些藥物全都沒有像EPO這般強大的力量，能提升運動員的表現，危及運動比

藍斯‧阿姆斯壯

賽的公正。

EPO這種基因重組的藥物先是在1980年代後期引入醫界,用來治療洗腎和癌症病人的貧血,這些病人因為腎臟功能失調或因化療,因此身體產生紅血球生成素的能力有限。但如康柯尼教授這些運動科學家很快就發現,注射EPO能促進運動員的攝氧量,大幅提升他們的表現,雖然EPO很快就被納入奧運禁藥名單,但一直到2000年,血液和尿液測驗都無法察知它的存在。由於它無法追查,再加上這在歐洲是不需要處方可以自行買到的藥物,因此EPO很快就廣泛運用到各種運動,包括跑步、騎車,和越野滑雪。多年後,許多退休的職業自由車手,包括丹麥唯一的一位環法賽冠軍李斯,都承認他們在1993年開始使用EPO。但在1990年代,大家只是傳說有人使用這種藥物,一直到1994年4月,藍斯慘遭滑鐵盧的兩場在比利時的比賽,傳聞更是甚囂塵上。

「這項運動在一年之內改變了許多,」當時藍斯對我說,「我不想說它為什麼改變或怎麼改變,但我得說它變了很多——而且很多人變得強得多,快得多。」

「我們大家都很關心,」韓普斯登談起當時摩托羅拉車隊的情緒,「我們相信其他隊的許多車手——但不是每一個人,都用了EPO、睪丸酮素、生長荷爾蒙等等,因為那是我們聽來的傳聞……是車團裡非常可靠的消息來源。而使用後的差異實在有天壤之別。我聽說了使用EPO之後的血細胞比容數據——由正常的45提升到50或60,就明白它能夠提升多大的表現。」

　　男性運動員正常的血細胞比容——帶氧紅血球的比率，是30多到40中（藍斯的是在39和46之間），增加到50以上，可以提高運動員的攝氧量，讓他在同樣速度下不必那麼費力，或者能以正常的運動量提升更好的表現——只是有其風險。提升血細胞比容55以上，會增加血液的黏性，造成心臟病或中風，尤其當心臟跳動慢時。1990年代初就有一些年輕運動員在睡眠中死亡的報導，只是無法證明這和EPO有關連。一直到1997年，UCI才限制血細胞比容最高只能達50%，超過這個數字的車手要禁賽兩週（少數職業車手，尤其是住在高海拔地區者，天生的血細胞比容就高於50，因此免受這個規定限制）。

　　「在EPO之前，」韓普斯登說，「我們知道有些對手服食禁藥，但我認爲這些藥物給他們的優勢未必如我們知道他們會崩盤那麼高，因此我們並不在乎其他人做什麼，只是加強自己，何況我們也未必每場比賽都要贏。」

- -

　　美國隊這種「高姿態」到1994年開始轉變。「當時隊上許多人都在抱怨，」韓普斯登說，「而且我們的確由泰斯塔那裡得到數據，因爲他和其他隊的同事談過。他對我一向坦白。『可以確定的是，』他說：『如果某某和你比賽八年來，你總是在登山路段領先，但現在他卻勝過你，他的血細胞比容比以往高出15

藍斯・阿姆斯壯

點,那麼他必然會在登山路段上痛宰你。』」

　　韓普斯登在當年的環義賽對這點有切身的體驗。六年前他在此賽封王,「我在這場比賽的狀況和以往相同,但這回我卻一直落在主車團中,連分站冠軍都拿不到……甚至到我只希望能拿到分站第十的地步,然而還是做不到,甚至連在爬坡路段開始前已經置身5人領先群,優勢達2分鐘,也辦不到。

　　「幸好我們的贊助商很理解我們的立場。我們依舊贏得其他大比賽,而且我們的目標是環法自由車賽。對我自己而言,我管不了別人在做什麼,不論是好是壞,是不是影響我的成績。」

　　藍斯對當前情況和韓普斯登一樣灰心,「我不是要怪罪誰,那是車總的責任,」他說,「他們至少該去調查,萬一有問題,就該有些掌控措施。大家質疑我那年為什麼表現不好,我只能說,我盡了全力。」

　　除了新對手EPO的可能,藍斯表現相對不佳還有其他因素。他天生的才華依舊,而他的表現比起其他22歲的選手而言也很優異,但他卻無法重複締造1993年驚人的佳績。他先前就明白,成為世界冠軍之後騎車就有了負擔,一方面是大家對他的期望很高,一方面也因為穿上彩虹衫使他成為眾所矚目的人,再加上傳說中的詛咒似乎發揮了作用。藍斯披上彩虹衫這年,反而是他唯一未能贏得任何一場歐洲賽事冠軍的一年。最後再加上藍斯不夠成熟,讓他無法掌握他該有的平衡和專注。

　　或許他最大的錯誤,就是在墨西哥展開賽季。摩托羅拉隊那

年剛網羅了墨西哥好手阿卡拉，這名在1993年杜邦賽事打敗藍斯的選手如今要和摩托羅拉在大部分分站賽名列隊長的藍斯一起合作。藍斯爲表支持他，因此在一月時，和幾名隊友一起到阿卡拉的故鄉墨西哥蒙特瑞（Monterrey），參加職業-業餘環墨對抗賽，協助阿卡拉贏得這長達兩週分站賽的冠軍，但藍斯說：「這場環墨賽毀了我一整年。」

除了賽車計畫失焦之外，藍斯的私生活也一團糟。這個冬天，他重新和高中女友桑妮‧伊凡絲交往，桑妮已經由西南德州州大畢業。「她很忠實，非常關心我、支持我，」他在和她一起啓程前往義大利到柯摩公寓同居之前說，「在我開始奮鬥、在我還不是『世界冠軍藍斯‧阿姆斯壯』之前，她就認識我，這對我意義重大。」

但這樣並不夠。

爲避免獨自在外國獨居，所以在藍斯啓程和同住柯摩地區的隊友安德魯及新人喬治‧辛卡皮（George Hincapie）及李文斯登（Kevin Livingston）去做長程練騎時，伊凡絲就開車跟在後面。辛卡皮後來成爲藍斯最長久的隊友，他記得一段很困難的騎乘。

「那天很冷，」辛卡皮說，「我們繞貝加莫騎6小時，在山路上有一些結冰的路段。伊凡絲不會在冰上開車，有幾次藍斯大發雷霆，爬上車幫她把車開出冰面。接著另一輛載有義大利人的車子開始向我們按喇叭。

「藍斯最受不了有人按喇叭要我們讓路——我們每週都要和

藍斯‧阿姆斯壯

人吵一次，交通大亂，最後大打出手。總之那天在山區藍斯已經騎得很辛苦，義大利人走出車外，和藍斯互相推來推去，其中一個準備去打藍斯，但因爲結冰，他一直滑倒。最後我們只好把他們拉住。

「這事雖然解決了，但藍斯卻非常生氣，那天他騎得非常辛苦，2個半小時才到，而且他騎得亂七八糟。」

像這樣的情況破壞了藍斯和伊凡絲的情感，她很快就收拾行李回德州去了。

「那年春天藍斯的表現不佳，」辛卡皮說，「他練得很辛苦，但卻不快樂，因爲他和以前一樣，和任何人都處不來。我們每週都要請泰斯塔爲我們測乳酸和體力，他對我們的潛力總是很樂觀。但藍斯總要知道：『爲什麼他們成績這麼好？爲什麼我們老吃敗仗？』

「泰斯塔總說：『鎮定，鎮定。』那是他最愛用的詞。『你們都還年輕，你們會有好表現……你還是世界冠軍，藍斯，不要緊張。』那時我們對訓練、對身體所知都不如現在多，我們只知道一年到頭辛苦練習，一個比賽接一個比賽，只希望自己在比賽時狀況良好。」

雖然藍斯在1994年頭四個月一項比賽都沒有獲勝，但他在比

利時列日功虧一簣的表現卻贏得隊友的尊敬。「藍斯總是很有信心自己會獲勝，」辛卡皮說，「就算輸了，他也會說：『下一次看我來打敗他。』」

春季經典賽結束後，藍斯回家參加一個月的國內賽事。「他的主要目標是要贏得杜邦賽，」辛卡皮說，杜邦賽正是1993年藍斯敗在阿卡拉手下的賽事。「藍斯信心滿滿，而且他在杜邦是極好的領導人。他總激勵我們努力爲他向前，尤其是在登山路段。」

「如果今年再不贏，我就要崩潰了。」藍斯在比賽於達拉瓦州威明頓市開始前這麼說，「我不是再來這裡當老二的。」他很有信心是因爲，除了這回有阿卡拉助陣之外，還有另外三名最強的隊友安德森、鮑爾、和葉慈的支持，他們前一年都未參賽。

全隊齊心協力，協助藍斯贏得最困難的阿帕拉契山爬坡路，但他再一次只名列第二，因爲他在最後的計時賽落敗。這回贏家是兩年前在蘇黎士經典賽中打敗他的艾奇莫夫。最後這一次的失敗對藍斯是沉重的打擊，他終於明白不論他在公路賽段上表現多好，如果在計時賽不行，依舊拿不到總成績的勝利。

法國人稱計時賽爲 la course de vérité，即真實之路，因爲在這樣的賽事中，真正的高手和一般的職業車匠高下立判。如果藍斯想要成爲偉大的車手，就像他在和摩托羅拉簽約前告訴奧查的那樣，他就得改進自己在計時賽的成績。而要這樣做，他不只得針對這個賽事多作訓練，而且要去「風洞」（wind tunnel，空氣

藍斯‧阿姆斯壯

動力學測試的實驗設施），找出他在自行車上最佳的空氣動力位置。這樣繁複的準備需要藍斯更多的耐心，他此時騎車依舊一副性急的模樣，而且騎乘的姿勢也和當初三鐵時期沒有多少差別。

另外一種選擇就是放棄像杜邦大賽這樣的分站賽，而只專注在單日的賽事──經典賽、世錦賽，和奧運，領了獎金就走。當時他似乎正是作這樣的打算。1994年杜邦大賽之後，J.T.為藍斯作完按摩，藍斯接受我的一對一專訪，「我兩年之內就要離開車壇。」他說他認真打算要在1996年亞特蘭大奧運之後退出職業賽車，1996年奧運自由車賽首度開放給職業車手參賽，他有第二次的機會，爭取長久以來夢寐以求的奧運金牌。而由於單日經典賽的賽制和奧運很像，因此他覺得參與這樣的賽事有助於他準備奧運摘金。

━━━━━━━━━━━━━━━━━━━━

鮑爾是藍斯參與經典賽最完美的導師，這位加拿大人既聰明又實力堅強，而且擁有充足的信心，足以趕跑對手。鮑爾欠缺的是運氣。在1990年巴黎-胡貝（Roubaix）漫長的賽事中，最後照片顯示他只差不到1公分的距離，就拿到這座眾人艷羨的經典賽冠軍獎牌。他在奧運和世錦賽同樣也是功虧一簣，但這些失敗並沒有使鮑爾喪氣，他昂揚的士氣讓逆境中的藍斯也為之鼓舞。

「我和鮑爾非常親近，」藍斯在1994年時說，「我在奧斯丁

時常和他共處。如果要我挑兩個一起廝混的朋友，那麼葉慈和鮑爾就是數一數二的人選。」藍斯在奧斯丁的朋友奈格斯還記得這名加拿大人來訪時，大家一起遊玩的美好時光。「我們每天晚上一起去吃晚餐，灌幾杯啤酒，聽聽音樂，待到十二點或兩點，」奈格斯說，「藍斯並沒有忘記練習，但他也沒有忘記生活。他可不喜歡禁欲犧牲，而是有點像拳擊手：『我是以牙還牙的人，你打我一掌，我就還你一拳，而且到頭來，我一定叫你吃不了兜著走。』」

　　奈格斯描述了三人廝混一晚後，次日典型的練習情況：「我們六個人一起出發，選了六小時的車程，朝東騎去。我們一騎就是兩三小時，中途不停，但道路變成了泥土路，能有3英里都是這樣的路況。」

　　「在你碰到像這樣不同的路面時，車速就會突然放慢，但鮑爾依舊直衝，我想他根本沒換檔，照常以緊密如蛋形的姿態用力向前騎，一點都沒有露出費力的樣子，把我們全都拋在身後。大家全都拚命向前追，但他卻毫不吃力。

　　「藍斯比我們騎得都近鮑爾，等我們重組隊形時，他說：『恭喜，鮑爾。』沒有多說廢話，只是『好，你像個男人』的態度，而鮑爾則是一副『我只是看到泥土路面就猛力騎。』這樣的姿態。他真是傳奇人物，是真正的專業車手。

　　「葉慈來訪時也是一樣，他們兩位很顯然是藍斯喜歡的實在人物，你可以看到他仔細觀察，想要注意，他和他們在一起就像

藍斯‧阿姆斯壯

小狗一樣。」

在1994年杜邦大賽之後，葉慈和鮑爾和藍斯一起來到奧斯丁。「我們一起騎車、滑水、開著他的哈雷機車四處轉，還有打撞球。」葉慈回憶說，「盡情享受，就像一般男人一樣。」

他們共處的這五天，在這沒多少歡喜時刻的一年中，是愉快的插曲。藍斯總算在這段逗留美國的期間拿下兩冠——第三度在匹茲堡賽事中奪魁，並在西維吉尼亞分站賽拿下一冠，但他和隊友很快就回到歐洲禁藥疑雲重重的現實之中。

環法自由車賽是摩托羅拉隊主要的賽事，這將是藍斯第二度參賽，他在熱身賽——10天的環瑞士賽中名列第7，這是他迄當時為止在歐洲職業分站賽中最好的表現。在環法賽，他不像去年，連一站的分站冠軍都沒有拿到，但他騎得不錯，尤其在團體計時賽，他和葉慈、安德魯和安德森一起為摩托羅拉爭得第二，只落後義大利隊GB-MG6秒。這個成績對葉慈在後來的分站賽有所助益，讓葉慈和安德魯擺脫群雄，披了一天的黃衫，但全隊在環法賽只有這唯一精彩的片刻。

摩托羅拉隊沒有原先規劃的環法賽隊長韓普斯登——他因膝傷而未參賽，再加上藍斯在22站的賽事中賽完14站就離開，隊上的表現教贊助廠商頗感失望。韓普斯登在比賽中去探班打氣，「我抵達時，他們的士氣低落無比，好像葬禮一樣，」他說，「1994年的環法賽真是非常艱難，再加上比起以往來，大家速度更快——很可能是禁藥使用更普遍之故。隊員非常擔心他們競爭

力太弱。」

　　藍斯在那次環法賽中最吃驚的一段賽程，是第9站在多敦涅（Dordogne）酷熱天候中的計時賽。在40英里的路程中——這是藍斯畢生最長的個人計時賽路程，藍斯比衛冕的西班牙車手英杜蘭早2分鐘出發，還不到半程，他正在攀爬賽程多個的短坡之一時，卻看到英杜蘭像旋風一樣騎過他身旁，教他無比震驚。「我知道英杜蘭一定會趕上我，但我不相信他能那麼快就趕上。我拚命想跟上他的速度，但他像個馬達一樣，追趕他是個壞主意，我到最後已經筋疲力竭，差點無法到達終點。」藍斯最後在這一站交出落後英杜蘭6分多鐘的成績，不過他依舊名列13，還算不錯，就連在這一站名列第二的羅明傑，都落後無人能及的英杜蘭2分鐘。

　　藍斯這一年的表現起伏不定，接下來又是另一個高點：在一項經典賽中名列第2，這次是他很熟悉的聖賽巴斯坦經典賽，也就是當年他轉入職業車壇初試啼聲的賽事。他的表現很精彩，但正如春季在列日的賽事一樣，他敗在通常不是他這一級對手的選手手下，贏家領先他2分鐘，是英杜蘭的輔助車手法國選手阿曼德·德拉斯庫瓦（Armand De Las Cuevas）。媒體再一次質疑贏家的表現，尤其當他們發現德拉斯庫瓦是被炒魷魚的蓋維斯隊醫費

藍斯·阿姆斯壯

拉里的客戶之後。再一次地,服食禁藥的傳言滿天飛。

　　接下來藍斯到義大利西西里島上的阿格里琴托(Agrigento)衛冕他的世界冠軍,他在泰斯塔指導下,和前一年同樣努力準備,但這回他卻有一個新的憂慮:究竟他的對手中,有多少是靠EPO而有表現?藍斯騎得很好,在最後一圈和其他領先者並駕齊驅,但他就是無法在終點前的那段長坡發動攻擊,最後只名列第7。新的世界冠軍是法國選手呂克·盧布朗(Luc Leblanc),他和銅牌選手李查·維宏格(Richard Virenque)都是Festina-Lotus 的隊員。兩人從沒有在單日大賽中有過這麼好的表現。

　　有人懷疑這兩名奪牌選手「不乾淨」,但因為沒有測驗可證實他們使用EPO,因此此事不了了之。一直要到六年後,法國法院發現Festina車隊自1993年起集體服食禁藥,才證實這項傳聞。盧布朗在法庭上承認在1994年的環西班牙賽事和環法賽都使用EPO,但否認在其他賽事使用。不過一位整個1990年代都在該隊工作的證人卻作證表示:「1994年Festina車隊所有的車手全都接受了同樣的藥品:EPO及其他補品。盧布朗也和其他人一樣。」

　　負責調查法國車隊Festina-Lotus的法國特別法庭,針對某些隊伍如何把EPO引入其「醫藥計畫」有詳盡的說明。在1993年環法賽之前,「還沒有服用EPO的隊員已經不耐,希望能在賽前數天就開始服用……主要原因是其他隊都已經使用這種藥物。EPO在賽前一天送到……每個車手每日服食2000單位,接著每隔一天服食一劑,直到比賽結束前一週。」

　　藍斯在世錦賽沒有得到獎牌，一方面抱憾，但一方面他又為交上新女友而欣喜：丹妮爾・奧維蓋格(Daniëlle Overgaag) 一位荷蘭女子車隊淺黃髮色的車手，那年秋天她到奧斯丁陪伴藍斯。她既是車手，也是日漸走團體計時賽的模特兒，後來成了荷蘭家喻戶曉的電視明星。奧維蓋格和藍斯愛炫耀的德州風格很配，但就和藍斯其他許多的女友一樣，這一位的關係也維持不了一年。

　　這段感情的維繫只是藍斯那年冬天要擔心的諸多事項之一，他成了日漸發光的明星，也要應付隨之而來的新壓力。他很關心歐洲職業車壇的方向，因為他所珍視的摩托羅拉隊友有的轉隊有的退休，因此他失去不少良伴，另外他也擔心自己私生活的一些層面。「當時許多事情發生在我和這項運動上，我只好放下許多事不管，包括我和很多人的關係，」他在1994年11月時說，「我的溝通不如以往良好，因為我比以往忙碌，而且我常因為這樣的忙碌感到混亂。我和母親或者和J.T.都溝通不夠，和卡麥可更不夠。我放任某些事情就這樣過去，也因此付出代價。

　　「這些人塑造我成為今天的我。我明白隨著人成熟，關係也會改變，但我在私人方面需要J.T.，在訓練方面需要卡麥可。而隨這項運動而來的這些改變，我必須專注，必須明白自己在做什麼。」

藍斯·阿姆斯壯

　　最教他煩惱的改變之一，是安德森的突然離隊。這個束著馬尾的澳洲佬在藍斯初入職業車壇的頭兩季一直是指引他的良師，但藍斯在1995年環法自由車賽比規劃提早幾天離隊，卻讓他們的關係有了變化。安德森對藍斯提早離開頗為不滿，這話傳到藍斯和車隊教練奧查耳裡，教藍斯很不高興。安德森原本當季季末就要退休，他希望能以巴黎-土魯斯經典賽作為告別賽，這是他在生涯高點時曾摘冠的比賽。但奧查並沒有選他參加這場法國賽事，說車隊要專注在年輕車手身上，甚至在安德森還沒有參加他最後一場比賽，加拿大的大英國協賽之前，就接獲歸還隊車的指令。「我不明白他們不讓我參加巴黎-土魯斯大賽，」安德森說，「我已經在歐洲比賽了十五年，只想和同伴道別。」

　　次年轉入其他車隊的韓普斯登對摩托羅拉對待這位澳洲車手的態度十分驚訝，「他們這樣拋棄安德森，在我看來實在丟臉。」韓普斯登說，「他多次勝利讓我們獲得贊助，又全心協助阿姆斯壯，真難想像他們會這樣對待安德森，根本沒有必要這樣做。」

　　藍斯對失去這位隊友有強烈而複雜的反應。安德森給了他許多協助，但他近日對他和對隊上的批評，讓藍斯覺得受傷，遭到背叛，而藍斯很難原諒任何一種背叛。在他的養父泰利背叛他母親琳達之後，藍斯根本把泰利拋開他的人生，拋諸腦後。如今他也要花許久的時間，才能再和安德森重修舊好。

　　「安德森很好，我喜歡他，」在安德森離隊之後，藍斯說，

「我聽他所說的一切，不論他怎麼想，我今年依舊聽他的。我真的很需要這樣的關係，而且我會很遺憾沒有像他這樣的導師。但在他所說的話，和他離隊的這種情況下，我不知道我會不會想念他。」

　　如今，安德森說他和藍斯已經重修舊好，因為在2009年環澳洲賽事，葉慈把這名澳洲佬帶到藍斯的旅館，兩人和解。但在1994年，兩人都很難受。在這位年輕明星選手的憤怒之下，是失落感：他一直期待能提供解答和力量的人，竟在混亂的時期中離開，對藍斯而言，最大的不確定是他的成績不佳，隊上缺乏表現，尤其歐洲車壇的EPO疑雲越演越烈，是否會讓摩托羅拉不再贊助車隊。但奧查態度堅定，說服了贊助商，藍斯的才華洋溢，他的車隊不需要冒險像傳說中義大利隊所做的那樣使用禁藥，退出車賽更是錯誤之舉。摩托羅拉和車隊再續約兩年，讓藍斯至少能夠撐到亞特蘭大奧運。

　　這對共同規劃未來的奧查和藍斯是一大福音，讓他們能聘請對這項比賽知之甚詳的義大利隊醫和訓練顧問泰斯塔，而他也是車團中反對使用禁藥最力的一位。泰斯塔也明白藍斯的能力和潛力，「由第一天，藍斯就與眾不同，和其他我所認識的車手都不一樣，我見到我在其他車手那裡從未見過的成果，」他說，「他在那早年的成就非常特別——而且我知道那時並沒有欺騙。」

藍斯・阿姆斯壯

　　藍斯在為下一季作準備之時，因為不再披彩虹衫——以及它的詛咒，反而鬆了一口氣。但他知道他所參加這項運動的陰影還沒有消散，EPO依舊存在，就彷彿不確定的未來、變化，和失落一樣。

第十二章

結局與開始

那是我生涯中最難過的一天，再沒有例外。

即使大家慢速前進，天氣很熱，

生理上非常難受，心理上亦茫然若失。

——藍斯·阿姆斯壯

在職業賽車生涯努力求名的過程中，藍斯已經展現自己身為團隊領袖的身分，也贏得歐洲車手的尊敬。在危險而艱難的運動生涯中——經常可見攸關生死的撞車、教人虛弱不堪的疾病，還有屢見骨折的意外，藍斯過的是受到保護的生活，但到1995年，藍斯必須面對幾個艱難的問題：他要怎麼在備受禁藥問題困擾的運動之中保持競爭優勢？他要怎麼替換他所尊重的離隊隊友？而他又如何彌補他所失落的關係？

沒有立即的答案，不過就隊上而言，至少有一些進展。長久

藍斯・阿姆斯壯

以來一直是車隊領導人物的韓普斯登和史基安瑞在那一年跳槽到對手隊，加上資深車手如安德森和阿卡拉退休，對藍斯都是打擊，再加上由於車隊經費有限，因此教練奧查不能重金挖角，只能請來有潛力但還未經過試煉的新人。藍斯的朋友辛卡皮已經來到隊上，再加上兩名藍斯在美國代表隊上的舊識，朱利克，和李文斯登。另外還有義大利選手法比歐・卡薩爾泰利（Fabio Casartelli）和安德瑞亞・派倫（Andrea Peron），兩人均來自柯摩區，也就是摩托羅拉隊在歐洲的基地。

藍斯最喜歡和派倫交往，他的打扮時髦，留著長鬢腳，和藍斯歲數相當，一口流利英語。「藍斯想說義大利語，」奧查說，「但說得不好。」藍斯看過派倫在各種比賽中的優異表現，一直纏著奧查網羅他，「我一直希望他來隊上，」藍斯說，他認為派倫本身就會是強力車手，也能適時提供需要的援助。

隊醫泰斯塔則推薦卡薩爾泰利。這位1992年奧運公路賽金牌得主的傳統作風，恰好和派倫的浮華態度相反。「卡薩爾泰利生長在自由車世家，」泰斯塔說，「他才剛結婚，妻子正懷著頭胎。他們和父母同住。」這名24歲的車手努力學習英語，教隊友非常感動，而且他總是掛著開朗的笑容，提振他們的精神。

這些新人都沒有離隊老將的經驗，但藍斯依舊感到興奮。他檢視了二十名車手的陣容，告訴我，「我們即將有精彩的一年，不過我們非得要獲勝不可。」藍斯果然說到做到，在三月份巴黎-尼斯賽事中拿下單戰冠軍——這是他自1993年世錦賽之後的

第一次封王。一個月後，他再度以列日-巴斯東-列日為目標，雖然表現優異，但在最後爭先時，後繼無力，最後名列第6。回到美國，藍斯總算在杜邦賽總成績封王，他在兩個登山路段大幅領先獲勝，也在三個計時賽中獲得一勝，老對手艾奇莫夫落後2分鐘，名列第2。

　　和藍斯在這場美國車賽突破性勝利同樣重要的，是派倫的表現。這名義大利人的確是通力合作的隊友，也在一個分站中摘冠，總成績名列第3。至於卡薩爾泰利則因先前環法賽受傷動了膝部手術，因此本季起步較慢，但奧查和泰斯塔都很有信心，認為在摩托羅拉相互支持的氣氛下，他一定能受益。「他會成為後起之秀。」奧查說。

　　卡薩爾泰利和派倫都被選入摩托羅拉環法賽的9人陣容之中，他們主要的任務就是要協助藍斯完成整整3週的比賽，如果可以，也協助他獲得一個分站冠軍。藍斯抱著這兩個目標，第一週比賽騎得很保守，他的目標放在進入比利時列日的第7站，希望能在此摘下分站冠軍。他奧斯丁的好友奈格斯站在終點線看這場賽事，一心巴望藍斯第一個衝回終點。「看起來情況不錯，」奈格斯說，「藍斯領先一堆車手，但英杜蘭越過這些車手，一馬當先，只有一個選手不為所動，那就是布魯尼爾。藍斯努力想跟上，但沒辦到，因此只見身材高大的英杜蘭後面緊跟著小布魯尼爾，最後布魯尼爾死命向前，以些微的距離贏得分站，那一刻或許讓藍斯獲得了一點啟發：『布魯尼爾比較聰明，他拿走了我的

藍斯·阿姆斯壯

獎牌。』藍斯失望不已，他很想獲勝。」

　　在次日的計時賽，藍斯再度失望，他名列19，比英杜蘭落後5分鐘。接著賽程轉往阿爾卑斯山，這回藍斯比前兩次環法賽的表現好一點，甚至在一個長下坡處單獨領先，但一等路面再度向上迂迴，他就被大軍追到，使他再一次明白他沉重的身體在海拔高的阿爾卑斯山道上是一大障礙。在杜邦大賽交出漂亮的爬坡成績單之後，這樣的成績委實教人沮喪，因為在杜邦大賽的山勢一如阿爾卑斯山一般陡峭，雖然長度可能不到一半。藍斯頭一次攀登環法賽經典的登山路段 L'Alpe d'Huez，在143名完成這段路程的選手中名列56，落後分站冠軍潘塔尼幾乎19分鐘，當年藍斯還是業餘車手時，曾與這位皮包骨身材瘦小的義大利車手交過鋒。

　　派倫在這段阿爾卑斯山路上，以領先藍斯幾分鐘的時間賽完，卡薩爾泰利則再落後幾分鐘。這兩名義大利選手在阿爾卑斯山和庇里牛斯山之間的賽段平穩前進。藍斯再度想爭取分站冠軍，差點得逞，他在往瑞佛(Revel)的賽程大幅超前，但在兩人衝刺爭勝時太過自信，結果以些微之差敗給烏克蘭車手塞吉·烏查克夫(Sergei Ushakov)。

　　藍斯一氣之下，由守候的媒體眼前直衝而過，通過藥檢站，一直到停在小巷的隊車前都一言不發。「可惡，可惡極了，」他說，「我原本以為我贏定了。」要是他贏了，全隊就會士氣大振，但如今他們卻得要面對庇里牛斯山區內3天的痛苦賽程，唯一的任務就是保住苟延殘喘的機會。

　　第二天由霧茫茫的聖吉倫斯（St. Girons）展開，這是個市集城市，古老的拱橋架在湍急的溪流之上。眼前是穿過庇里牛斯山區六段山道的一站，車團穿過玉米田間平坦開闊的小路時，霧才剛開始消散。

　　車手進入每一個石板小屋的村落，都可聽到教堂的鐘聲迎接。離開最後一個小村阿斯佩特山口（Portet d'Aspet）時，車手感受到陽光穿透霧靄，領先的車手加速攀登這段路段的第一個爬坡。

　　這一小群人在山口拉成一長線，接著衝向整個環法賽最陡峭的下坡，雖然只有3英里長，下坡的坡度卻達教人暈眩的15度。這一天的衝刺尚未開始，可是重力卻把車手下坡的速度加快為每小時40英里，大夥兒繞著轉彎，嗖嗖而下。

　　卡薩爾泰利當天騎的是頭一次使用的鈦金屬車架新車，它比他前兩週騎的合金車架輕。輕的車子固然讓漫長的爬坡路段輕鬆一點，但下坡時也可能很難控制。正當卡薩爾泰利沿著長長的左彎下坡時，發生了可怕的意外。車手在他四週摔了下來，其中一個朝右摔，撞上2英尺高的水泥護欄，摔進下方的樹叢。另一名車手，法國的法杭索瓦・賽門（François Simon）跟在卡薩爾泰利身後，他描述他看到的景象：「卡薩爾泰利的前輪突然停住，他頭上腳下栽下自行車。」他摔得很重，失去知覺，躺在離水泥護

藍斯‧阿姆斯壯

欄3英尺左右的路上。

在他前輪鎖死的那剎那之間,究竟發生了什麼事,如今依舊不得而知,只知道在那次摔車時,沒有任何一名車手戴了安全帽,因為直到2004年,才明文規定職業車手非得戴安全帽不可。另外已知的是卡薩爾泰利車子的前半部被撞爛了,但究竟為什麼他的前輪這麼突然鎖死,則不得而知,許多人認為他可能是撞上水泥柱,更有可能的是他前面的車手打滑、轉向、撞到他的車,使卡薩爾泰利猛拉剎車桿,但這是新車,剎車片也是新的,和他的舊車不同,他可能拉得太用力。

卡薩爾泰利翻過龍頭時,頭撞上利物,很可能是水泥柱的邊緣。「我們騎過時,只見一片狼藉,滿地自行車。」藍斯說,他正在卡薩爾泰利身後的車團之中,他打算留下來等卡薩爾泰利。「我坐在後面等著要去探視,荷蘭車手艾瑞克‧布魯金克(Erik Breukink)騎上前來,我永遠忘不了他說:『你不必在這裡等。』他是指撞得厲害,卡薩爾泰利恐怕不會繼續參賽。」

第一個趕到現場的是比賽的現場醫師傑哈德‧波特(Gérard Porte),他說藍斯的隊友因為頭部右側嚴重損傷,因此「大量失血」,初步的驗傷報告說是顱面受傷,失去知覺,還有多處頭骨裂傷。同樣受傷倒地的比利時老將約翰‧莫索(Johan Museeuw)後來說:「我在那裡躺了五分鐘,看著他死亡。」

卡薩爾泰利的死訊在幾個小時之後傳來,直升機把他送往塔比斯(Tarbes)的醫院急救,但這名24歲的義大利車手三度心臟衰

竭。

有些車手在攀爬當天六段坡道中的第四段就知道這個悲哀的消息，其他的車手，包括藍斯的哥倫比亞隊友梅西亞，則在賽完這站全程之後才聽說。梅西亞坐上隊車後座時，渾身顫抖，啜泣不已，把臉埋在毛巾裡。

「當晚我們住在那小小的旅館裡，人人都很震驚，」泰斯塔說，「有些車手快要崩潰，他們想要回家。我覺得我們該退出環法賽，以示尊重。我說：『不如我們退賽回柯摩去探望他的家人？他們的寶寶才三個月大。』藍斯則敦促我們留下來繼續比賽，他說：『我覺得我們退賽不會比較好，我們得待著，看看是否能贏得分站賽等等。』」藍斯認為繼續參賽才是對卡薩爾泰利表示敬重的方式，如果他能為他摘下分站冠軍，那會是更好的獻禮。「那是我所感受到最大的失落。」藍斯說。

「卡薩爾泰利的死亡對他是一大打擊，」卡麥可說，「藍斯由環法賽打電話給我，這個悲劇最痛苦的是，你和所有的選手一同生活，和某個選手共處一室，全隊一起用餐，然後有一天，你下來吃晚餐，桌上卻有一個空位，因為他死了，這實在很難接受。」

要大家留在比賽中，的確很難，但後來證明藍斯堅持隊友繼續參賽是對的，他似乎憑本能就掌握了如何向死去同僚致敬的歷史意義。上一次環法賽有車手死亡，是發生在1967年，英國車手湯姆・辛普森（Tom Simpson）在攀爬馮杜山（Mont Ventoux）時，

藍斯・阿姆斯壯

因藥物、中暑引發心臟病而去世,第二天車團全體都放慢速度,讓辛普森的朋友兼隊友貝瑞・賀班(Barry Hoban)獨自領先,獲得該站冠軍。

1995年,卡薩爾泰利也獲得同樣的待遇。

摩托羅拉剩餘的六名車手,在藍紅隊服的左臂上都縫上黑布,接著再騎往環法賽第十六段在塔比斯的起點。卡薩爾泰利前兩週所騎的單車被架在該隊補給車上,車子一路跟隨車團,抵達巴黎終點。黑布和卡薩爾泰利的自行車,讓他在環法賽的室友派倫能在這無可想像的失落之中得到一點安慰,他說:「今天,卡薩爾泰利就騎著他的車在我身邊、在我體內,像這樣一路抵達巴黎。他在未來這一個月內都會在我心裡,在我一生中,他都會與我同在。」

另一位想向卡薩爾泰利告別的摩托羅拉隊友是史瓦特,身材高大一頭金髮的紐西蘭選手。他和卡薩爾泰利一樣已經當了爸爸,這是他第二次隨隊參加環法賽。他在當天的選手名單上簽名之後,他到塔比斯市集的蔭影下獨坐,他想要獨處一下,但還是說了幾句話。「我簽名時,他們已經塗掉了卡薩爾泰利的名字,」史瓦特告訴我,「這時他去世的消息才真正真實起來,不是昨天我們在比賽中聽到這消息時,也不是昨晚在旅館裡時。一

直到現在，這個訊息才真正化爲現實。我們總有一天得面對它，因此最好馬上面對。」

接著，史瓦特和派倫伴著藍斯、梅西亞、鮑爾和安德魯，站在沉默的車團之首，他們在一分鐘的默哀之中，低頭致意。接著和其他車手緩緩出發，資深車手很快就決定，這段賽程不該有競爭，而是讓每一位車手都魚貫騎完147英里的庇里牛斯山路段。他們把這一站的獎金捐給卡薩爾泰利的遺孀。

這對藍斯的隊友是痛苦的旅程，不只是因爲在酷熱天候下漫長的騎乘，也因爲他們對卡薩爾泰利的難過回憶。「共有120名選手，大約有115人全程8小時一言不發。」藍斯兩天後這麼說，這是他首次公開談到這次的死亡事件。「那是我生涯中最難過的一天，再沒有例外。即使大家慢速前進，天氣很熱，生理上非常難受，心理上亦茫然若失。我再也不想過這樣的一天。」

正如1967年環法賽車手讓賀班領先群雄，好向他的同胞辛普森致敬一樣，1995年環法賽車團也靜靜地來到分站終點的波爾（Pau），讓卡薩爾泰利的隊友6人並排騎上大街，派倫的5名隊友在最後幾公尺停下腳步，讓卡薩爾泰利的好友兼室友派倫在滿懷敬意的觀眾眼前率先跨過終點。

「在環法賽讓出分站是很不容易的事，這原本是某人可望得勝的賽段，」藍斯說，「他們原本可以在這裡揚名立萬。但大家全都協議說這天不該比賽，而該哀悼……這意味深長。當然我對車團的態度由那天開始有了徹底的轉變。我被他們的崇高所感

藍斯‧阿姆斯壯

動。」

- -

　　在藍斯主張全隊留在比賽中作為對卡薩爾泰利的獻禮時，他也說自己要努力贏得一站分站賽，好表示對他的敬意。藍斯知道自己不可能贏得進入波爾多和巴黎的平坦路段，因為這樣的路段是由衝刺好手所主宰；在最後的計時賽，他也很難出頭，因此他只有一個選擇：中部山脈（Massif Central）到里摩日（Limoges）之間長達104英里的路段。

　　藍斯並不是唯一一位打算在這站爭先的選手，雖然熱浪逼人，但還是有數十名好手奮勇向前領先群雄，接著再發動一波衝刺攻擊。在2小時的攻擊和反攻之後，藍斯的老勁敵——俄國的艾奇莫夫和另外5名選手領先，再過1英里，又有6名車手趕了上來，包括藍斯、他的前隊友史基安瑞，和曾在列日分站賽打敗英杜蘭的比利時選手布魯尼爾。這12名領先者共代表10隊，意味著車團中有10隊沒有追逐的理由。因此這12名車手就領先1分鐘、2分鐘、4分鐘，距離還繼續拉開。領先者心知其中一人必然會獲勝。

　　23歲的藍斯是領先群中最年輕、經驗最少的車手，但他透過無線電告訴奧查他覺得自己無與倫比地強。「我一路上都有卡薩爾泰利作陪。」藍斯說。如果他要以一勝向他致敬，就不能等到

最後衝刺，冒像上週在瑞佛落敗的風險。他得單獨行動，問題是何時開始？

如果藍斯大老遠就開始加速，比如10英里以上，就很難保持體力趕走追兵，他們會合力追趕他。但他想，如果艾奇莫夫等到最後幾英里再發動攻勢，史基安瑞和布魯尼爾也會在最後關頭才全力出擊，沒有人會料到竟有人早早就發動攻勢。

不幸的是，眼前沒有爬坡路段讓藍斯展現他招牌的上坡身手，因此在還剩20英里時，他就做了以前從沒有做過的事。眼前一片平坦的長路，他縱身加速，由大家面前疾馳而過，彷彿再1/4英里就到終點似的。全體車手莫不驚訝萬分，一時反應不及，藍斯很快就領先18秒。不過對11名窮追猛趕的選手，這樣的距離還不夠大。

接下來半小時，藍斯拚命踩踏板，繼續保持領先，他衝進里摩日時，聽到自己還領先大家1分鐘，當時他依舊保持35英里的時速──在公路賽而非計時賽中是相當了不起的成績。他還有5英里要騎，其中包括漫長的爬坡衝上城頂的終點。「最後一段路非常非常辛苦，」他說，「但我一直想著他。道路兩邊的人群讓我忘不了他，我沒有一分鐘沒聽到『為了卡薩爾泰利』的聲音，就像著了魔一樣。」

藍斯不能讓卡薩爾泰利和他悲悼中的家人失望，他們在柯摩家中看著比賽的實況轉播。他心中想著他們，腳下繼續踩踏。在最後1英里，他頭一次回頭，看到……一個人也沒有！他知道自

藍斯・阿姆斯壯

己贏定了，也知道自己可以像兩年前在奧斯陸贏得彩虹衫時那樣慶祝，但藍斯現在有的卻是另一種情緒，再也不是賣弄。他用右手食指指向蒼天，並且抬頭、拍擊戴著黑手套的手，接著他拍擊兩掌，依舊指著天，彷彿引導大家的視線往那裡去。等藍斯爬上斜坡衝向終點時，再度重複向卡薩爾泰利致敬的手勢。接著在衝線之際，他匆匆以手拍上沒有戴帽的頭，這一拍是為他自己，其他的全都是為卡薩爾泰利。

十五年後，藍斯告訴我：「那是我最大的勝利。」

四年後成為藍斯隊上總監並成為他密友的布魯尼爾對藍斯的表現十分震驚，他在環法賽最後一天往巴黎的路上和他有一段長談，這名比利時選手記得很清楚：「我告訴藍斯，『你向前衝時，我心想，你瘋了，你太早衝了。』他說：『我知道自己是為誰而騎，而且我明白由自己領先20公尺那裡起，沒有人會再見到我。』

「接著我也告訴他，1993年我在環法賽亞眠那一段時，也有同樣的經驗。我父親在環法賽前三、四週去世，他是騎完車突然心臟病發，在離家僅兩公里處倒地，得年53歲。我告訴藍斯我也很早就爭先，領先10公尺時，我就告訴自己：『就是這樣，由現在開始，沒有人會再看到我。』我一路騎向終點……這可以說

是天恩。

「我們的經驗非常相似，這是讓我倆親近的緣由——非常私人、非常情緒化、非常深的體驗，持續到永恆。

「在我而言，我生涯最純淨的經驗就是在往亞眠那20公里領先，藍斯對於他在里摩日的領先也有同樣的看法，這讓我們有共同的體驗。這很有趣，因為此後我們再也沒談到這個經驗，但有些事是你不用提的……」

卡薩爾泰利並不是第一個，也不是最後一個因高速失控意外結束生涯的環法車手——這個風險是所有的車手在開賽時就明白的。

卡薩爾泰利的家人和摩托羅拉隊正式與他告別，是在那個11月，在藍斯協助之下，就在他身亡的附近，為一大塊白色的大理石揭幕。卡薩爾泰利的遺孀安娜莉莎和兒子馬可及他的父母羅莎與塞吉歐都在現場。「藍斯一直在那裡協助他們家人。」奧查說，他幫忙籌組了經費，豎立了一塊紀念碑。環法賽的主席尚-瑪希‧勒布隆(Jean-Marie Leblanc)簡短致詞說：「因為有這塊紀念碑，因此沒有人會忘懷卡薩爾泰利和他親切的微笑。」

藍斯完成了環法賽，名列36，落後五度摘冠的英杜蘭將近90分鐘。他能完成賽事證明了他不只能撐過3週的比賽，也能在最

藍斯‧阿姆斯壯

後幾天保持競爭力。的確，比起爭取領先者黃衫來，分站賽摘冠的成就有限，但在兩度只參加半場賽事之後，藍斯能賽完整個環法賽，使他能累積他未來在自由車壇盛事需要的知識，其實藍斯的進步早就比英杜蘭在同樣年齡時的進步更大。

就像藍斯一樣，這名西班牙選手在新人這一季就參加環法賽，但他頭一次嘗試只參加了4站賽程（藍斯參加了11個賽程），次年他參加八站之後退出（藍斯參加了14站），兩人第三次參加環法賽都全程賽完，但英杜蘭名列很低的97，藍斯則是36。此後，英杜蘭逐漸進步：他第四次參賽名列47，接下來是17名，第六次參賽名列第10。比較起來，藍斯還有許多時間足以仿效英杜蘭，後者在第七度參賽時封王。

至於單日車賽，藍斯則有凌駕英杜蘭之勢。英杜蘭贏得唯一一次經典賽──聖薩巴斯但經典賽時26歲，而此賽是藍斯初轉入職業車壇的第一項賽事，當年他名列倒數第一，但如今，在環法賽後3週，藍斯以23之齡再度挑戰同一個賽事，這回他在傑斯凱貝（Jaizkibel）山區躋身領先群，而這是1993年他在風雨中單獨掙扎的路段。如今他掌控了險陡迂迴的下坡，只有兩名車手跟得上他，其中一位後來爆胎，因此藍斯只剩一名對手，法國明星選手羅蘭‧賈拉貝（Laurent Jalabert），也是舉世衝刺最快的終結手。「要是他狀況最差，而我狀況又正好最好，」藍斯說，「那還有在最後衝刺一搏的機會。」但藍斯這回不需要和他對決，因為他交了好運。一小群追兵在離終點3英里處趕上他和賈拉貝，

義大利車手史帝芬諾・戴拉・聖塔(Stefano Della Santa)加快前衝時，只有藍斯回應，這個本能的舉動證明了藍斯在戰術方面的進步。他和戴拉・聖塔纏鬥，建立他們的領先地位，最後加快衝刺，結果藍斯輕鬆得勝。

　　由倒數第一到風光的第一，藍斯是史上第一個在歐洲自由車經典賽摘金的美國人，雖然這場西班牙賽事不如米蘭-聖雷莫、環法蘭德斯，或是列日-巴斯東-列日等大賽出名，但贏得聖薩巴斯坦經典賽依舊是不壞的開始。

- -

　　車神墨克斯多次贏得各大經典賽事，在環法賽也五度封王。身為自由車歷史上最大的贏家，不論墨克斯到歐洲任何地方，都會受到許多稱譽，但他個人的生活卻和名人生活成對比，如今60來歲的這名比利時超級明星和妻子四十年來都住在布魯塞爾一處僻靜的郊區。墨克斯身材高大——逾六呎，走到哪裡都教人印象深刻。一直到2009年，他都在一家磚造農莊改建的工廠作生產製造自行車的生意，而且迄今還在自由車大賽時上比利時電視講評。墨克斯不愛談自己的成就，卻很願意提供建言或批評，藍斯就因此受惠於他，尤其在1995年。

　　那年環法賽，賽程進入比利時，墨克斯來看藍斯，並且在計時賽時，和奧查一起由摩托羅拉補給車上跟著藍斯，觀察他的動

藍斯・阿姆斯壯

作。這名比利時車神對藍斯19歲當年的表現沒有什麼印象,那時他落後英杜蘭5分鐘。

那段分站賽後,我請墨克斯對藍斯的騎法作評,身材高大的他聳聳肩,咬著大嘴唇,鼓起腮幫子說:「他在車上的姿勢不是最好,而且如果他要在環法賽有更好的表現,訓練就要更精確,還得大幅減重。」

激烈的職業賽事讓墨克斯到32歲就已經筋疲力竭,他當年的訓練比任何對手都辛苦都長久,如今他想要協助藍斯,因此他打電話給他認為最能運用「這頭德州動物」強大身心潛能的教練,而這位教練就是費拉里這位毀譽參半的義大利運動醫師。

「墨克斯一直堅持要我和藍斯見面,好重新安排他的訓練時程以及生活方式,雖然我還半信半疑。」費拉里醫師對我說。

「我覺得藍斯不像是適合我那種訓練法的車手。不過最後我還是和他會面,為他作測驗。」

這次的會面安排在11月,在這位運動醫師位於義大利費拉拉的診所,那時藍斯正在歐洲,參加卡薩爾泰利的紀念儀式。「我馬上就看出他天賦優異,無氧閾值(anaerobic threshold,簡稱AT,是指透過人體運動時的各項生理反應判定,確認人體由有氧運動,開始有無氧性能量參與的運動強度)達420瓦特——如果我記得正確。」費拉里指出藍斯和其他運動員不同之處。「但他絕對是胖,而且肌肉太大。我們談了冬季的訓練和營養計畫。」

只有幾個人知道這位魔法師和他的新學徒初次的會面,而且

除了1997年一份自由車雜誌的報導之外，藍斯和費拉里的關聯一直沒有公開，直到五年後，《週日泰晤士報》的體育記者大衛・華許（David Walsh）才寫了滿滿一整頁的文章揭露此事，暗示藍斯和禁藥有關。

　　摩托羅拉的隊醫和訓練顧問泰斯塔是最先聽說藍斯1995年與費拉里會面的幾個人之一，「我不是由藍斯那裡聽到的，」他說，「我是由一個自少年就和我合作的義大利車手那裡聽來的，他說他隨隊去見費拉里醫師，在那裡碰到藍斯。我雖沒有生氣，但老實說，也不是很高興。

　　「我曾和費拉里相處過，因為我們都是同時在Chateau d'ax隊上，展開職業自由車的生涯（1980年代末期）。有時比賽結束，我們會一起跑步，但我們並沒有真正的交情。在那段時間，他的角色受到批評，因為他會訓練不同車隊的個別車手。

　　「我並不很相信關於他的傳聞。大家都認為他是神醫，只要去看他，你就會一飛沖天！我對此有點懷疑，也不希望我們隊上有車手和他有所牽扯，因為我對詳情如何並不很清楚。」

　　泰斯塔只知道藍斯需要一個專屬教練。卡麥可和藍斯隔著汪洋，依舊在指導美國國家隊的業餘車手，而泰斯塔自己則要照顧一整隊約二十名車手。「我明白自己就像是這隊的家庭醫師，」泰斯塔說，「只有在有空時為藍斯和其他隊員做訓練，但主要的角色還是家庭醫師，因此我和他們相處的時間不像費拉里或其他教練所花的時間。我明白藍斯希望得到更多關注。」

藍斯・阿姆斯壯

費拉里接受藍斯的委託之後,每隔三四週就為他作測驗,並針對這些結果改變他的訓練負荷量,在密度和份量上都作修改。「藍斯一絲不苟而且非常熱切,」費拉里說,「但他的體重卻沒有下降太多,一直保持在80公斤(176磅)左右,AT值卻一直進步:(1996年初)達到460瓦特,也就是每公斤5.75瓦特。」相較之下,英杜蘭在生涯早期也有相同的數據,一直到他幾年來減了15磅之後,才開始在環法賽獲勝。這名西班牙選手在巔峰時期的AT值達每公斤近7──因此藍斯必須一方面減重,一方面維持同樣的體力。這些都是費拉里要協助藍斯的目標。

後來有人請藍斯談談費拉里,他說:「費拉里是個非常聰明的人,也十分誠實,同時卻又被人誤解到不可置信的地步。他在媒體面前和接受訪問時,曾犯下很糟的錯誤,回答問題不當。如果有人問問題,他總是給你非常直接而巧妙的答案──就像那次的橘子汁比喻一樣。」藍斯提到1994年費拉里所屬車隊3名車手在弗萊舍-瓦隆賽事中橫掃前三名震驚車壇的表現。

不過由於費拉里「禁藥」醫師的形象,因此藍斯並不想公開他們的新關係,雖然諷刺的是,他的目的是要請最好的訓練顧問來對抗其他服食禁藥的車手,而且引介這位新訓練顧問給他的是自由車壇最受敬重的前輩:墨克斯。

　　藍斯已經開始面對他一年前就有的諸多問題，只是還沒有獲得任何解決。他和奧查重建車隊，廣召強力新手的作業還在進行：葉慈還在，但鮑爾卻決定這是他在歐洲車賽的最後一季，卡薩爾泰利的死更在追求團結的這個隊伍中留下了深洞。

　　在與顯然施用EPO的車團競爭之中，藍斯則有一點成就：那年他在歐洲拿下三冠，包括頭一次經典賽冠軍，而且他還採取大膽，可能也有點冒險的一步，請費拉里醫師作他新任的歐洲訓練顧問。

　　至於他和家鄉故舊的關係，藍斯也想了一些改進的辦法。他最大的決定是要在奧斯丁蓋一棟房子，他已經受夠租房子了，這會是他第一個真正的家，他要參與它的設計，還要為母親把它命名為「琳達之屋」，這是鞏固他們親子感情的一個方式，而他也要重新打造他最親的關係，請老友J.T.尼爾來為這棟湖畔住宅監工。另外，雖然藍斯在賽季末已經和荷蘭女友分手，但他也期待很快就會交新的女友。他的奧斯丁車手奈格斯才把他介紹給經營「仙人掌屋」的約翰・「柯列吉」・柯瑞斯（John "College" Korioth），這是城裡最受歡迎的酒吧。「我猜藍斯是想『我該和這傢伙混在一起，因為他認識所有的漂亮小妞。』」柯列吉說。果然如此。

第十三章

雲霄飛車

最後一個賽程我崩潰了，沒有賽完。

我狀況很差……天氣又濕又冷……糟糕透頂。

——藍斯·阿姆斯壯

「藍斯和我做什麼事都在一起。」約翰·「柯列吉」·柯瑞斯談起1995年的秋冬時這麼說。「我們一起騎車、一起度假、一起做很多事。而在那個年齡，要做的不外乎追女人、騎車、喝酒，尋歡作樂。」

柯列吉比藍斯大4歲，他原是奈格斯的幼稚園好友，兩人一起打籃球打到高中，後來奈格斯轉往自由車發展，認識藍斯，約十年後把他介紹給柯列吉。「我還是愛打籃球，」柯列吉說，「但我27歲時拉傷了膝蓋，奈格斯教我改騎自行車保持身材。一天晚上，奈格斯把藍斯帶到『仙人掌屋』，我們聊起來，他問

藍斯‧阿姆斯壯

我平常都做些什麼消遣，我說：『我早上起來就去騎車……』
他的反應是：『你騎車？我和你一起騎。』 他需要有人一起練
騎，而奈格斯那時正在唸MBA。

「我只有和奈格斯以及本地一名業餘車手一起騎過車，從沒
參加過比賽，而藍斯才剛參加完環法賽。但由那天起，只要他在
奧斯丁，我們就幾乎天天一起騎車。」

6呎2吋(186公分)的柯列吉生得一張長臉，剪得短短的灰
髮，一口有力的男中音。我們在奧斯丁市區「喬的咖啡店」見
面， 離他和人合開的夜總會「六餐酒廊」(Six Lounge)相隔六條
街之遠。

「1995年，我們還沒有什麼人生責任，沒有大金額的帳單要
付，生活很簡單，一切都美好，」他邊吃優格和穀類麥片邊說，
「藍斯常常在酒吧裡閒晃，我記得有天晚上，他自作聰明，不知
向酒吧的兩個門衛說了些什麼話：他們是健美運動員，結果他們
把他逼到牆角，好像要和他角力一樣，藍斯一籌莫展。不過這只
是好玩。那時藍斯在酒吧裡就像我們家人一樣。」

奈格斯那年冬天還介紹他認識另一個人物，是當地的律師史
代波頓(Bill Stapleton)。奈格斯認為他的朋友已經重要到需要經
紀人的地步。

「我在奧斯丁一家大型的法律事務所和一名資淺股東一起作
運動經紀的工作，」史代波頓告訴我，「我們是兼差做這行，只
有趁晚上和週末做。一天，我在商學院的老法學教授來電，說他

班上有個叫奈格斯的學生想為藍斯找經紀人。」

奈格斯已經和全美最大的幾間運動經紀公司聯絡過，包括洛杉磯的李‧史坦柏格(Leigh Steinberg)，和華府的國際優勢公司(Advantage International)「而我只不過是奧斯丁的小律師，」史代波頓說，「最後我們安排，要和藍斯與奈格斯在我的舊公司布朗‧麥卡洛(Brown McCarrol)會面，我準備了加冰的德州啤酒及其他他可能想要的一切。正好我的夥伴有個美式足球員客戶要來：詹姆斯‧派頓(James Patton)，他是水牛城比爾隊的防守擒抱員，才剛參加完超級盃大賽。我們安排讓派頓順道來和藍斯打聲招呼，心想藍斯一定會對我們刮目相看。」

奈格斯說了接下來的故事。「他聽到派頓的名字，好像見了鬼一樣。立刻坐直說：『你們是開玩笑吧？他要來？千萬別讓他接近我。』史代波頓不知所措，開了啤酒問說：『我有點搞迷糊了，究竟怎麼回事？』『唶，』藍斯說：『我們追同一個女孩子，這傢伙五天前差點把我的房門都拆了！』派頓這個龐然大物把藍斯嚇壞了。」

史代波頓說：「於是我對藍斯說：『如果你想溜，沒關係，用後面的電梯。』但他留了下來，我趕緊去把消息告訴我的合夥人，這個會就這樣不了了之了。」

奈格斯和藍斯離開史代波頓的公司。奈格斯說，在他們出去時，「我想我搞砸了，因為藍斯三天後就要赴歐洲，我那時想，『這是我的錯。』這真是爭取客戶最糟的示範。我們一路走，

藍斯・阿姆斯壯

藍斯以他一貫獨特的風格說：『你猜怎麼著？我喜歡這人。』
『真的嗎？』『是呀，你知道，剛剛這情況很難處理，但他卻
趕快把事情說清楚，像個好人。我想這人對我的胃口。』」

　　不過他們還得簽約才算數。史代波頓努力不懈，他親自去場
上看藍斯比賽，並協助藍斯簽下另一個小合約。他看出藍斯會是
個大客戶，於是去和J.T.談，J.T.是他當年游泳時的舊識。「在我
看來，和藍斯簽約是我畢生最重要的大事，我甚至因此離開了舊
公司，」史代波頓說，「藍斯的態度則是『我不知道我需不需要
經紀人，奈格斯覺得需要。』我和J.T.共進午餐，幾天之後，藍
斯來電說：『如果你要作我的經紀人，我們是不是要簽約？你有
沒有現成的讓我看看？』當然有，因此我傳真一份給人在歐洲的
他，幾天後他就簽好傳真回來，當時的合約就和我們現在的合約
一樣：只有兩頁，說你可以隨時聘請我，也可以隨時炒我魷魚，
下面是你該付的款項。基本上這是握手協議，說了算數。」

　　藍斯要史代波頓做的第一件事，是「和耐吉(Nike)簽約」，
因為藍斯在高中練三項全能時曾寫信給耐吉請求贊助，卻遭拒
絕。史代波頓說，他一連撥了十五通電話給耐吉，才終於獲得回
應，但他還是設法讓藍斯和耐吉簽了三年合約，每年耐吉支付
30,000美元給藍斯。這是這位年輕律師和他這位自由車大客戶成
功合夥關係的第一個合約。

　　如今藍斯平步青雲，一切都很美好，他和摩托羅拉的合約條件優渥，而新的經紀人則幫他找其他合約機會，他和J.T.及他母親的關係也再度平穩。在賽車方面，他遵循的是新訓練顧問費拉里的計畫，也和卡麥可及奧查保持聯絡，調整他的狀況，希望能夠在大家期待他最好的一季中有所發揮。由於摩托羅拉的贊助約將在1996年底續約，因此藍斯這一年的目標是再贏得一場經典賽，衛冕杜邦大賽冠軍，能在環法賽中有所表現，並且在亞特蘭大奧運摘金。

　　為協助他達到這些目標，因此奧查加強全隊陣容，他把史基安瑞找了回來，又聘請一些實力堅強的歐洲輔助車手和派倫合作，並讓其他美國隊友：安德魯、辛卡皮、朱利克和李文斯登，負更多的責任。

　　這樣的改變果然奏效。藍斯那一年的賽季由巴黎-尼斯大賽開始，他騎出了自己迄今在歐洲分站賽中最佳的表現，和舉世排名第一的高手賈拉貝（Laurent Jalabert）纏鬥一週，在計時賽和登山分站賽表現都很優異，總成績僅次於這位法國明星車手，名列第二。接著他在春季經典賽中亦有進步，甚至還頭一次克服環法蘭德斯大賽的石子爬坡路段，雖然最後僅名列28，落後優勝者4分鐘。

　　接下來的比賽是弗萊舍-瓦隆賽事，也就是費拉里醫師所培訓三名蓋維斯車手兩年前在禁藥疑雲中橫掃獎牌的比利時山區經典賽，這雖不是大賽，但卻比聖薩巴斯坦經典賽歷史更悠久，地

藍斯・阿姆斯壯

位也更崇高。這場60週年的賽事共有三個不同的路段,全都以極其陡峭的險坡「慧牆」(Mur de Huy)為終點。這場賽事惡名昭彰的原因,主要在於終點前狹窄迂迴的上坡路段,沿路有十二個古老的磚亭,供奉耶穌受難經歷的石雕:十字之路(Stations of the Cross)。

比賽當天,在125英里的激烈競爭之後,藍斯領先群雄,成了最早抵達這個比利時路段的兩名車手之一,他的競爭對手是法國的丹尼斯・胡斯(Denis Rous),胡斯那年春天已經兩度封王,並在其他賽事都名列前茅,正處於巔峰。他們倆並駕齊驅,都以站姿立在踏板上,繞著這個坡道上兩個最險的之字路段曲折前進。當他們經過第六個雕像之時,藍斯一馬當先擺脫胡斯的糾纏,直衝到終點,漂亮拿下勝利。他喜不自勝:連舉世最佳的車手都不是他的對手。

和大部分的重大賽事相比,那時自由車很少有正式的記者會,因此藍斯來到臨時充作記者會場的學校教室和前來弗萊舍採訪的記者見面,他坐在小木桌上回答問題,讓記者們非常興奮。比利時、荷蘭,和法國的體育記者全都拿著筆和筆記本靠上前來,圍著這位興高采烈的德州車手。藍斯是第一位贏得歐洲傳統春季經典賽的美國人,因此記者問他對車賽該作哪些改進的看法,他猶豫了一下答道:「自由車賽雖歷史悠久,但還是非常單純的運動,」接著他大放厥詞:「要是我能做些改變,那麼就要為車手提供更好的旅館,說不定還有隊上專屬的飛機。我希望能

看到這項運動有更高的層次——像足球、網球和一級方程式賽車一樣。如果這是一級方程式賽車，我們就不會擠在這張小木桌上……」

不過藍斯擔心自己會冒犯歐洲人，因此及時住口，微笑說道：「這桌子不壞！我其實一點也不想改變這個運動！」

記者哄堂大笑，他們欣賞藍斯的幽默和坦白。

這名美國人接著展現了他對自由車古老傳統日漸增加的知識，指著他穿在身上贏得比賽的號碼51號，說他當天早上才聽到墨克斯的太太說這是幸運數字——因為她先生初次參加環法賽正是身披51號賽衫，結果封王。

藍斯對自己勝利的評語是：「我當然是為求勝而來，但我今天主要的目標是要更有智慧地比賽。我已經有一些好成績，但還不夠。我的耐心還是不夠。」

接著他談到比賽中兩個關鍵時刻，或許是想起幾年前卡麥可給他的建議：「你的槍裡只有兩顆子彈，而不是六顆。」——亦即爭先趕上領先群，以及在最後關頭發動攻擊或最後衝刺這兩個機會。

藍斯在第二度攀上「慧牆」之後，用了第一顆子彈，追趕領先的6名車手。「我落後5、6秒，」藍斯說，「我覺得這是勝負關鍵，因此非追不可……一直追了500公尺才超過他們，感覺上經歷了很久的時間。」藍斯的爆發力驚人，在這次追逐中，他的心跳監視器顯示他每秒心跳超過200下——僅次於他在1990年

藍斯‧阿姆斯壯

時的最高209下。接著他和6名歐洲車手協力，讓他們以1分鐘之差，領先50餘人的追逐群。

藍斯在接近班-阿辛(Ben-Ahin)山頂時發射了第二顆子彈，這是賽道往下至慧地區終點之前最後一個爬坡，由於坡度漸緩，因此他加快速度，只有胡斯追得上他。「當時，我想人人都是這樣。」他比了一個割喉的手勢。

藍斯在四天之後於賽道長得多的列日-巴斯東-列日大賽，再次發動類似的攻擊。剛過了崎嶇的拉荷杜特(La Redoute)爬坡路段，還剩23英里路程處，他發動攻擊，只有另兩名瑞士車手：莫洛‧吉亞奈提(Mauro Gianetti)和巴斯卡‧李查(Pascal Richard)和他一起擺脫15人的領先群。這三人一路競逐，藍斯堅強抵擋兩名對手在漫長爬坡路段的分頭攻擊，但這兩名瑞士車手雖分屬不同車隊，卻似乎齊心協力要對付這個美國佬。「我討厭他們耍花招。」藍斯提及對手逼他在最後衝刺率先迎向逆風，因此老謀深算的李查趁機快馬加鞭拿下勝利，藍斯名列第2。一小時後，藍斯在更衣室中說：「我在倒數50公尺時以為自己贏定了，但卻缺臨門一腳。今天我表現不是頂尖。」

━━━━━━━━━━━━━━━━━━━━━━━

藍斯下一個季目標是贏得杜邦大賽，就像前一年一樣，他也縱橫全場，拿下五個分站冠軍，包括賽事僅有的兩個計時賽。他

大幅領先獲勝，法國選手巴斯卡・賀維(Pascal Hervé)以3分鐘之差居次、曾在環法賽名列第2、環義賽摘冠的瑞士明星車手羅明傑則以5分鐘差距，名列第3。藍斯的前隊友韓普斯登如今加入日漸茁壯的美國郵政車隊，名列第6，他對藍斯的進步印象深刻：「他的計時賽表現十分紮實。」韓普斯登說，「而且他不再只求快，只想爭奪分站冠軍，而擅長集中全隊力量來消耗其他選手體力，讓他在關鍵時刻發動攻擊。藍斯在爬山路段向前衝刺時，我們全都只能瞠目結舌，看他揚長而去。賀維追趕不及，讓他和羅明傑由我們眼前消失，接著在我們視線之外又打敗羅明傑。」

杜邦大賽最後一天的計時賽在喬治亞州亞特蘭大北方的馬里亞塔(Marietta)舉行，藍斯三個月後將在此參加奧運爭金，他以半分鐘之差打敗羅明傑，在不到10英里的個人單騎賽事中，這是非常大的差距。

不過或許他拚得太厲害，在11天的賽事中，他到第7站就已經筋疲力竭。藍斯衝過終點線後，一名經驗豐富的美國體育記者約翰・雷索(John Rezell)看出不對勁。「我是第一個跑到他身邊的記者，」雷索說，「在報導他四年的時間裡，這是我頭一次覺得不對勁。我寫道：『在這樣的標竿勝利中，他非但沒有精力旺盛揚出招牌的舉拳慶賀姿勢，反而雙眼充滿血絲，臉龐發紫——看來極度虛弱。』我寫完後，讀了一下，停了筆。當天我見到車迷大聲歡呼，完全無視於藍斯舉止、態度或精神的異常，但我由他的眼中卻發現有異。

藍斯・阿姆斯壯

「我那篇報導的頭一段比以往所寫過的任何文章都耗心思。或許我太注重在比賽最後一刻,而非整場比賽,但我每換一個方式寫,都覺得寫得膚淺,好像要遮掩什麼一樣。最後我閉上雙眼,重溫那片刻:跟著藍斯沿著街道跑,看到他的肩頭鬆墜,頭部下垂,兩眼無神。我從沒見過他這副模樣,我就這樣成稿。」

- -

接下來四週藍斯沒有出賽。然後他回到賽場,參加環瑞士大賽,這比賽長達10天,包括在阿爾卑斯山最長最高的登山路段。「休息一段時間,再參加這麼難的賽事,實在很艱苦,」藍斯說,「我爬了又爬……兩個賽段表現不錯……但在最後一個賽程我崩潰了,沒有賽完。我狀況很差……天氣又濕又冷……糟糕透頂。」

除了他頭兩次參加環法賽事先就計劃提早離開之外,這是他第一次參加職業分站賽退賽,他還有一週時間待在柯摩為環法賽作準備,但天氣並沒有好轉,藍斯的狀況也沒有進步。「我在訓練時狀況並不好,整週都糟透了。」他說。

惡劣的天氣依舊籠罩在環法賽第一週穿越荷、比和北法的平坦路面上,藍斯提不起勁,幾乎天天都落在車團後面。「這真是很困難很困難的環法賽。」藍斯的年輕隊友辛卡皮說,這是辛卡皮頭一回參加環法賽。「我不想棄賽,因此只能一心巴望能撞

車。我不舒服得很，但我想最好是撞車受傷，而不是棄賽。我記得藍斯有點安靜，我還在疑惑他是不是感冒了？」

　　第六站時，天氣更惡劣，這一站的賽程朝南，往法國阿爾卑斯山東緣的艾克斯萊班（Aix-les-Bains）而去。石灰石的高頂烏雲密布，大雨打在車手的塑膠雨衣上，強勁的側風讓人很難跟上行動迅速的車團，藍斯就是碰到麻煩的車手之一，他落在車團後方騎了40英里，接著和另五名車手落後，幾英里之後，在一個漫長的爬坡路段，主車團已經領先2分多鐘，在寒風中瑟瑟發抖的藍斯滑行了一段路，然後就像兩週前在瑞士的那場賽事一般，他停步退出比賽。「奧查用隊上的無線電通知我們，藍斯退賽了，」辛卡皮說，「藍斯什麼也沒說，轉身就走。」

　　這個賽程結束後，我到藍斯待的旅館去探望他。旅館大廳裡已經有電視工作人員等著要採訪當天的贏家，沒人對已經棄賽的藍斯有興趣。我上樓到他的房間去，藍斯正在看CNN，他一副沒精打采的樣子，雙眼無神，一臉陰沉。他正在等隊醫，我還來不及坐下，他就不假思索地衝口而出：「我很失望！」

　　「隊上知道我情況不好，但我沒直接說我生病了，」他告訴我，「我不想這樣說是因為我從不生病，或者很少生病，我甚至想不起自己有喉嚨痛或鼻子不好的時候。

　　「我晚上好幾次醒來，覺得不舒服。可能昨天感染到什麼。我起床卻吞不下東西。在這樣的天氣裡很難騎得好。我沒力氣……不能呼吸。我本來以為只是過敏，或是因為天氣的緣故，

藍斯・阿姆斯壯

或者感冒了。我很失望，我來這裡不是為了要生病，但現在生了病，還能說什麼？我得停下來，設法解決。」

藍斯垂頭喪氣，一臉茫然。我再問他問題時，他開始不耐煩。「我很失望是因為我還在這裡，還在回答問題……我該離開，去休養身體，或者去忙碌……光坐在這裡談我為什麼棄賽對我沒有任何好處，我得回家，把心思放在奧運上。」

藍斯原本一心指望1996年亞特蘭大奧運就算不是他生涯的最高潮，也是他本季的巔峰：能在自己的國家參加奧運是畢生難逢的機會。他的經紀人史代波頓已經來到此地，想看看如果他的客戶摘金，有沒有什麼可以廣告代言的機會。但由於藍斯提早離開環法賽，他的狀況不如其他賽完全程的對手那般充滿鬥志。「我拿出全副心思接受訓練。」藍斯說，不過這依舊很難取代三週密集職業賽事，而藍斯也得明白，光是在美國參加一些小比賽，在家接受一點，以及到阿拉巴馬州伯明罕待一週去適應亞特蘭大的燠熱氣候，並不足以應付奧運。

「我們待在喬治亞州鄉下一個僻靜的地方，」美國隊隊醫普瑞特說，「這地方並不理想。藍斯練習的狀況不佳，他和我說：『我的背痛。』我試了我父親——他是脊椎按摩師，傳授給我的所有方法，還是解決不了他的問題。我知道必須用某種手法，才能把他脊骨最下方的那塊殘片接回原處。再一天就是計時賽了，但奧運村裡的整脊師也同樣沒辦法，所以我翻了電話簿，找遍了當地所有的整脊師，直到最後才找到一個看來應該有用的整

脊師，我告訴他我要帶一名奧運選手去找他。

「於是我們開了一小時的車到一個有霓虹燈招牌的小購物中心，這人已經把他全家人都找了來！我們幫他們簽名，還合影留念，雖然他們根本連藍斯是誰都搞不清楚。這人幫藍斯照了Ｘ光，按摩了他的背，藍斯就好了。」

普瑞特很欣賞藍斯對疼痛的忍耐，但他指出：「我不能說藍斯是完美的，因為有時藍斯很難相處，他可能暗中去找他自己的人，還有很多次，他會測試你。」

在亞特蘭大奧運，藍斯在賽程32英里的計時賽只名列第6，比優勝的英杜蘭落後2分多鐘，不過在140英里公路賽，他卻成了其他選手的攻擊目標，雖在倒數24英里時獨自領先，但後來被追上，而且錯失最後關頭的攻擊。隊友安德魯說，他建議藍斯追上去，「但他說：『我很累，我大概辦不到。』另一次藍斯的確加快速度，但其他人馬上回應，他被攻擊得很慘。」

「我開始加速時原本希望能感覺好一點，」最後名列12的藍斯說，「雖然我不是絕佳狀況，但我開始領先時的確覺得自己身體很強，只是我沒辦法如願撐下去。我被追上時，才明白自己有了一點麻煩。我當然想贏，但也必須面對現實，那一年可真漫長。」

藍斯很少找藉口；顯然那年夏天一連串不佳的表現，使他對自己失去了信心。交不出好戰績意味摩托羅拉次年不會再繼續贊助車隊，奧查創辦的這支隊伍在職業車團十二年後，終於不得不

藍斯・阿姆斯壯

解散。

「摩托羅拉放棄贊助有好幾個原因，」奧查說，「公司內部的權力鬥爭、管理階層換人，還有策略的改變。他們想要贊助足球而非自由車。在我看來這是大錯特錯。最可惜的是我們已經培養了新生一代車手。我很失望。」

奧查的損失——他一直找不到新的贊助單位，最後只好另謀出路，這意味著史代波頓也得幫他的客戶找新工作。他為藍斯拿到一張兩年250萬美元的合約，加入法國車隊柯弗迪（Cofidis），讓藍斯明白為什麼他的確需要經紀人。史代波頓的談判，讓藍斯能帶著安德魯、朱利克，和李文斯登一起加入新隊伍，而辛卡皮則加盟預算較少的美國郵政車隊。「他沒有一起帶我去柯弗迪車隊，讓我有點不高興。」辛卡皮說。

那年秋天，藍斯又參加了幾場賽事，包括九月中的一項雙人計時賽，也是他和老友與導師葉慈最後一次同台競技。幾天後葉慈退休，藍斯則回到奧斯丁，在那裡歡度25歲生日，慶祝自己拿到新合約，並且交了一個新女友，那是柯列吉在「仙人掌屋」介紹給他的金髮女孩，是德州大學奧斯丁分校的工程系學生麗莎・席爾斯（Lisa Shiels）。他也很高興新屋落成，那是湖畔的一座西班牙風格宅邸，高高的窗戶俯視著游泳池，屋前碼頭上已經停泊著一艘汽艇和滑水板。這是由J.T.監工，琳達整理完成的房屋，藍斯迫不及待想搬進新家。

- -

藍斯搬進新居後幾天，J.T.來看他，帶來了不好的消息。

「J.T.得了癌症，」琳達說，「白血病。他不打算告訴任何人，但我想藍斯搬進『琳達屋』時，他和藍斯談了這事。這房子就像是J.T.的一樣，因為藍斯老是不在，因此J.T.也有一把鑰匙。」J.T.雖然把他得病的消息告訴藍斯，但卻故意輕描淡寫，盡量打起精神。他甚至還參加了藍斯的生日聚會。

藍斯在新居狂歡慶生之後沒幾天，打電話給在普蘭諾的母親，「他問我手電筒放在哪裡，因為他房子裡的一切都是我收拾的，」琳達說，「我請了一週的假，日以繼夜地把房子整理好。我告訴他手電筒在哪，接著他提到有點頭痛，視線模糊，覺得不舒服。他想可能是生日那天玩過頭了之故。

「他原本答應耐吉會去奧勒岡州和一個研發新騎車鞋產品的團隊共騎，但他告訴我：『媽，我病得不輕，我不想去。』我說：『你不能讓這些人失望，他們指望著你，你真的該去。』於是他說：『我去醫生那裡打個針好了。』就是那種讓你覺得舒服一點的類固醇。」

雖然國際自由車聯盟禁止選手在比賽時使用類固醇，但卻准許這藥用於治療疾病，而且選手也很常用此藥，藍斯亦不例外。「如果他的背痛，他的醫師泰斯塔又不在現場，泰斯塔就會打電話給我，說他會開什麼藥。」美國隊醫普瑞特說，「他從沒有要

藍斯‧阿姆斯壯

我開過非法藥物，但我的確有幾次因為藍斯背痛而幫他施打類固醇。在我和藍斯密切接觸的這四年內，我從沒有見到任何我覺得有問題的⋯⋯我有接過別的選手打來的電話，但藍斯沒有。」

就在藍斯和新女友麗莎出發往奧勒岡州班德市參加耐吉週末活動之前，他的高中死黨威克帶著太太到城裡來。「我們到他家和他共進晚餐，」威克說，「他想秀他新買的哈雷機車和保時捷911 給我看。這是他的好友，摩托車世界冠軍凱文‧舒文茲（Kevin Schwarntz）推薦的。藍斯騎機車帶我太太，我則駕著保時捷。他一個字也沒提到不舒服的事。」

雖然藍斯得離開奧查和美國隊，雖然他得面對J.T.罹癌的不幸消息，並且壓抑自己不舒服的感覺，但他在班德還是放鬆心情，開開心心。他和耐吉的團隊聊他們為他打造的自由車原型鞋，並且一起和受邀來採訪新鞋發表會的記者群騎了兩小時車。騎完之後，他拿著啤酒在小木屋外的涼台上和我談他這個賽季和對來年的展望。他說新隊希望他能在7月的環法賽而非5月的杜邦賽有優異的表現。我問他對法國隊總監塞里耶‧居馬赫（Cyrille Guimard）的看法，他在1980年代曾指導法國選手伯納‧伊諾（Bernard Hinault）和勒洪‧費儂（Laurent Fignon）拿到環法賽冠軍。「居馬赫認為我總有一天能在環法賽封王。」藍斯說，「連我都還不知道我行不行。要是我以杜邦大賽那樣好的狀況參加環法賽，可能會有不錯的表現。我只是希望能把那樣的狀況由5月調整到7月，而且7月的天氣比較適合我⋯⋯」

　　藍斯說他期待回到奧斯丁，在新居裡享受，和老友廝混，並且再和柯列吉一起騎車。

　　「我記得那年秋天，有一天我和他分手時的情景，」柯列吉說，「我們才剛一起騎完車，他站在新房子前，作出超人姿態，擺出像希臘神話英雄赫丘里斯一樣的大力士姿勢，我笑個不停。他那時真是站在世界頂端。」

第十四章

打敗癌細胞

一切每下愈況。

我不知道還有誰能在三個月內接到這麼多壞消息。

——琳達·阿姆斯壯

1996年10月2日星期三早上，藍斯和柯列吉正練車練到一半，據柯列吉說：「發生了怪事。」他們正在攀爬德州山部地區又長又險的一段山坡，名叫康姆利農場路(Crumley Ranch Road)，突然，柯列吉說：「我竟超前藍斯，這樣的情況以往從沒有發生過。一個業餘車手竟能把舉世第一的職業車手甩在腦後。我從沒見過他痛得這麼厲害，我回頭望他，表示『你怎麼回事？你是真的很痛吧？』我得在山頂上等他。」

就在前一天，藍斯剛由奧勒岡的週末活動回來，他們倆一起練習，和今天的狀況完全不同，那才是常態。「我作好了準備，

藍斯‧阿姆斯壯

非常充分的賽車準備，然後我們一起出去騎了3小時，他在車上差點要了我的老命。」柯列吉說，「我們一起上坡，我從沒見過他如此強壯。」

但在柯列吉那個週三在康姆利農場路領先這位職業車手後，藍斯有話要對他朋友說。「他告訴我兩人前一天騎完之後，他咳了血。我的反應是：『真的嗎？』他告訴我他的睪丸『痛得要命』。我說——像我這樣的年輕人懂什麼？——我說：『你是不是最近房事太多？』他的回答是：『不，有一些，但沒有什麼特別的地方。』和其他男人談這事實在敏感，而且他不好意思談。我那時想：『喔，睪丸痛，勇敢一點，沒什麼大不了。』」

藍斯說他咳血那時，正和經紀人史代波頓在講電話，他放下電話衝進浴室。在藍斯的書《重返豔陽下》中，他寫道：「我對著水槽用力咳嗽，裡面全是鮮血，我再咳了一次，又吐出一灘鮮血。我不敢相信鮮血和梗在喉頭的東西竟出自我體內。」

藍斯不知道怎麼會發生這樣的事。他和史代波頓講完電話，又撥電話給剛結交不久的鄰居李克‧派克(Rick Parker)大夫，他是整形外科醫生。派克過來時，藍斯已經把大部分的血都沖掉了，所以派克只看到一點血跡，於是說這可能是鼻塞出血；他知道藍斯常過敏。

為徵求第二意見，所以藍斯又撥電話給人在義大利的老隊醫泰斯塔。「他打電話來說他痛。」泰斯塔說，「他向我描述他的不適，我很擔心他睪丸腫脹的事。這剛才發生嗎？『不，』他

說，『已經有好幾個月了。』」因此我說：「你得去看泌尿科醫師。』」

週三上午，藍斯還是睪丸痛。「其實我這樣痛已經很久了，」他告訴我，但這並不妨礙他早上九點和柯列吉在「呼啦屋」餐廳見面，一起練車的日程。在他扭扭捏捏和柯列吉談過，回到家後，藍斯說他「又撥電話給派克，我說：『有件事不太對勁，我為一件怪事煩心。我不想談它。』派克聽了我的描述，要我立刻去看泌尿科的吉姆・李維斯(Jim Reeves)醫師。」

藍斯和李維斯醫師約了當天下午看診。在看醫生之前，藍斯駕車去他們經常去的「酒館」看J.T.，這是一家運動酒吧，就在全食超市的對街。J.T.後來告訴記者，藍斯和他午餐時說他「腹部疼痛，連走路都痛。」開車到當地的商場後，藍斯又喊痛。「我們以為是疝氣。」J.T.說。藍斯爬進他的保時捷，開車穿過德州校園去泌尿科醫師的診所。

李維斯醫師是在奧斯丁頗有名望的泌尿科醫師，如今已經退休，和妻子住在德州的山區。他們的房子俯視傳家四十年的1500畝大農場。他一臉鬍鬚，再加上自製用來捕野豬的陷阱，看起來很像拓荒者。生於威斯康辛的他雖有中西部居民行事低調的作風，但他談起十餘年前那個10月下午的情況，低沉平靜的聲音依

藍斯·阿姆斯壯

舊十分權威。

「派克醫師說他有個朋友想請我看看……一位名車手，但我沒聽過。」李維斯醫師說。

藍斯不喜歡看他不熟的醫師，他4歲時有過不愉快的回憶，那時他玩玩具卡車摔了一跤，被送到急診室。如今，二十一年之後，他被剝得精光，穿上一件手術袍，躺在舖了紙的檢驗台上。李維斯醫師覺得不妙：他看到「如壘球」大小的右睪丸。

「顯然他是拖著這個腫脹的睪丸騎環法賽，因此至少已經三個月了。」李維斯醫師說，「奇怪的是他竟有這樣的耐力，能夠在睪丸這麼大的情況下撐這麼久。他究竟是怎麼穿著緊身的短褲騎在那小不隆冬的自行車座上？」

這位知名的泌尿科醫師要他先去做些檢驗，才能確診。但他告訴我：「我認為這是癌症，毫無疑問。」還不知情的藍斯穿上衣服，開車到街角的檢驗室去做超音波。「放射科醫師打電話告訴我，結果是陽性，」他繼續說：「這表示他肺部滿是癌細胞，因此我說：『也做胸部X光』。此時已經很明顯，有很多癌細胞，已經擴散了。我知道他得要做化療，我常合作的一位腫瘤科醫師是杜德利·猶曼（Dudley Youman），而且我知道他很愛騎車，真是巧妙的組合。因此我致電猶曼，在藍斯還沒由檢驗所回來見我之前，就先安排他次日手術。

「那時天已經晚了。我致電派克說：『藍斯罹患睪丸癌，我希望在我告訴他時，你能過來陪他一下，因為這很重要。這是大

事。』」

李維斯醫師看了測驗結果和胸部X光片，把確診結果告訴派克醫師和藍斯：這是一種生長快速的睪丸癌，腫瘤已經轉移到腹部和肺部——他指著X光片，裡面全是高爾夫球大小的腫瘤。

「我告訴藍斯：『我讓你單獨和派克大夫談談。』我關上門讓他們談了一會兒，」李維斯醫師說，「顯然，藍斯可以表達他的情緒，但我回來時，他卻一副公事公辦的樣子。他說：『我準備好了，讓我們開始行動，一起消滅這東西，我們該怎麼做？』我說：『我已經幫你安排明天早上七點手術。』」

藍斯說那天傍晚他由李維斯醫師的診所走出來，開5英里的車回家，一路上只覺得心慌意亂。在德州首府大廈的金色屋頂後方，斜陽西下，史代波頓才剛開起他市區辦公室的電燈，柯列吉則在第六街招呼「仙人掌屋」的頭幾批客人，奈格斯在他剛開的科技公司忙碌，而藍斯的母親則在一天的辛勤工作之後，回普蘭諾的家放鬆心情。

藍斯記得自己緩緩駕車，不斷地想「我不能再騎車參賽了。」接著他拿起電話撥號。當時他大部分的朋友都只有呼叫器，很少有人有手機。史代波頓是他首先通知的人之一，他到現在還記得藍斯那時說的話，「他說：『我有個壞消息，』我

藍斯・阿姆斯壯

想：『完了，他不再需要經紀人了，我被炒魷魚了。』他卻說：『我得了癌症，不再需要經紀人了。』他顯然嚇壞了，因此沒辦法多作解釋，只說：『我正開車回家。』因此我馬上趕到他家。」

柯列吉正在擔心為什麼好久沒有藍斯的消息，「通常他下午會呼叫我一兩次，問我當晚要做什麼。等我低頭一看，才發現我沒戴呼叫器。大約七點左右，我得到冷藏庫，才發現呼叫器掉在一箱啤酒上，藍斯已經呼叫了八次。於是我打電話給他，他說：『你究竟去哪裡了？』我說明呼叫器掉了，他說：『我得告訴你一件事，我馬上過來和你說。』我說，『好。』他說：『睪丸癌。』我說：『J.T.得的是睪丸癌？』他說：『不是，得的是我。』

「我站在那裡，雙膝一軟，倒在椅子上。我不知道那是什麼病，我對癌症根本一無所知。『這是什麼意思？』我問。這真是兩個好友最困難的對話。『我明天早上七點要動手術。』我們都說我們愛對方……第二天早上我就來到聖大衛醫院。我怕得要命……為藍斯害怕，為我自己害怕。」

奈格斯一接到消息，馬上上網查所有「睪丸癌」的資料，盡量列印他覺得對藍斯有用的資訊，好在當晚帶去給藍斯。

藍斯回到家時，派克已經等在門口，說他可以幫藍斯通知琳達，因為藍斯一定情緒激動，沒辦法告訴她他得了癌症。「那天我正在做一個很重要的計畫，」琳達說，「才剛到家，坐在門外

讀一本自由車的雜誌，想放鬆一下，電話就響了。我認得派克和所有藍斯的新鄰居，因為我花了一整年在那裡看他的房子蓋起來。當時我的心一沉，只能想到：『噢，人生變化無常，實在太快了。』他們幫我訂了機票，史代波頓到機場來接我，一切都發生得這麼快，根本沒有時間去想。但我也不讓自己去想要去探望……」

琳達沒有把話說完，因為她無法忍受想像自己的兒子性命垂危。「我們共同經歷的一切，由我16歲懷孕開始，這孩子在我體內成長，成為我的支柱和救贖……我不能這樣就屈服，」她接著說：「你得擺出快樂的臉孔，樂觀積極的臉孔，那是我一向為藍斯所擺出的表情。我就是不能向他會死的事實屈服。

「你由你死我活的競爭，由全心全意投入的工作抽身出來，立刻要照顧自己唯一的兒子，而雖然我很擔心會失業，但不要緊，我會再找到其他工作，因為我知道自己一定得為兒子留在那裡。」

因此琳達和史代波頓、奈格斯和藍斯其他的好友一起待在他湖邊的宅邸裡，電話不停地響。奧查由密爾瓦基來電，他正和家人在外面吃晚餐。卡麥可也由紐約來電，他正要帶隊赴瑞士參加世錦賽。

奧查實事求是，說他次日一早搭機趕來，卡麥可則不相信這個消息，「我接到史代波頓六、七通電話要我回電，」卡麥可說，「但我找不到他，因此我撥到藍斯的家，史代波頓接起電話

藍斯·阿姆斯壯

說：『藍斯被診斷出睪丸癌。』我說，『你在開玩笑。』我大概重複說了十次。『你開玩笑，別鬧我。』接著他說：『藍斯就在這裡，我讓他聽電話。』我聽到他母親的聲音，不由得想『糟了！』我問藍斯：『你要不要我過去？你需要什麼？』但一切都已經安排好了。」不過卡麥可還是計劃要盡快趕去。

「那真是混亂的一個晚上，非常駭人，」史代波頓說，「我們全都一早就到醫院去。」

- -

手術完之後，奧查已經趕來和琳達、史代波頓等人一起。「他們由恢復室把藍斯送出來，一旁是腫瘤科醫師，」奧查說，「操刀的醫師一臉嚴肅，他告訴我們不好的消息……說癌細胞已經轉移……還有其他組織。他似乎不是很有信心。但藍斯由床上坐起來，他說的第一句話是：『我要打敗這東西。』」

在後來發布給媒體的資料中，說藍斯癌症治癒的機會是「六成至六成五」，機會不大。但我問李維斯醫師，他和猶曼醫師在動完手術那個十月天時的看法，他的話教人心涼。

「我們發現藍斯的癌症主要是基底癌細胞，」他說，「當時根本就沒法治，那是由血液傳布，而且會不斷擴散，四處轉移。再動手術也沒有用，放射治療亦不佳，對這樣的癌細胞沒用。因此我和猶曼談，說我們看到的是這樣，該怎麼和藍斯說？他說：

『我們告訴他治癒的機會是兩成。』我說：『好。』但我認為治癒的機會根本是零，或者趨近於零。在那時雖有化療，但癌細胞這麼多，根本沒辦法……這病治不了。

「等我們收到所有的報告，研究了X光和檢驗結果之後，我們告訴藍斯治癒的機會有兩成，但他對這個數字不滿意，我相信只要是不到百分之百的機會，他心裡根本不會接受。」

李維斯醫師說，他從沒見過其他睪丸癌病人有這樣多的基底癌細胞。「根本是由上到下全身都是，」他說，「肺部塞得滿滿的。其他的癌細胞比較好治，但基底癌細胞不然。如果有醫師看到這樣的X光片——如果醫師自己罹患了這樣的癌症，就只能開始準備後事。根本沒有戰勝病魔的機會。」

不論機率如何，藍斯和支援團隊都發誓要以他們在他驚人自由車生涯中所展現同樣的專業和熱情，來面對這最新的挑戰。醫師雖然很陰鬱，但藍斯的親友卻盡量保持樂觀。琳達的直覺就是要保持藍斯的精神不受影響。「我盡量鼓勵他，」她說，「我要他外出騎車、散步、做點活動，什麼都不要改變。」

和柯列吉一起騎車，讓藍斯士氣一振，甚至在那黑暗的早晨，柯列吉也為所有的人帶來輕鬆的片刻。「兩名護士在不同的時間來檢視藍斯，」柯列吉說，「她們一進來就盯著我說，

藍斯‧阿姆斯壯

『嗨，柯列吉！』我是在酒吧裡認識這兩人，因為我得檢查顧客身分才能讓他們進來。

「這是我頭一次見到琳達。她和奧查一定在想，怎麼城裡每個女孩子這傢伙都認識，我可不想留下壞印象。另外，我們擔心越多人看到藍斯在醫院裡，他罹癌的消息就越容易傳出去。但其實這裡的員工已經接獲指示，什麼都不能說。」

史代波頓承認他開始擔心，「我在想：『該怎麼宣布這個消息？』我不想讓消息走漏，」他說，「因此我們在週末打電話給贊助商，計畫週二舉行記者會。」

那是向全世界宣布藍斯罹癌最早的時機，因為醫師群瞭解治療的迫切，已經把藍斯第一次的化療改為週一，而那個週末他們送他到德州最近的精子銀行，位於聖安東尼奧，要他保存精液，以防化療使他不孕。

記者和來賓參加了10月8日的電話會議／記者會，很多人都知道了藍斯罹癌的消息。「舉行那次的記者會真是明智之舉，」奧查說，「因為這消滅了流言八卦，而且因為當時網路還在萌芽階段——並不是人人都有，所以只有該知道消息的人得到了消息。」

奈格斯一直在搜尋最好的治癌方法，起先的資訊指向休士頓的安德森治癌中心（M. D. Anderson Cancer Center），這是公認美國最好的治癌醫院。藍斯和朋友參觀了醫院設備，印象並不好。「最糟的是安德森中心的醫生說：『你很可能撐不過去。』」

藍斯說：「我們嚇得半死。」

藍斯不喜歡這麼差的預後展望，也不喜歡這裡的醫師所推薦的化療平陽黴素（Bleomycin），這或許能殺死氾濫的癌細胞，但對運動員會有嚴重的副作用，因為會損害他的肺。

「我到奧斯丁時，藍斯剛由安德森中心回來，」卡麥可說，「那時他心情不好，因為他們給他的預後和治療方式都不很好。

「但第二天藍斯收到一封有趣的電子郵件，是一位名叫史蒂芬・伍爾夫（Stephen Wolff）的醫師寄來的，他是腫瘤科醫師，也是自由車手。他寫道：『你並不認識我，但你該知道睪丸癌數一數二的醫師是印地安那大學的賴瑞・艾恩宏（Larry Einhorn）醫師，你應該盡一切可能請他治療。』

「藍斯問：『你覺得這人說的是真的嗎？』電子郵件上的署名是來自納許維爾的凡德比爾（Vanderbilt）大學，因此我說：『我打電話給他。』於是他打給伍爾夫醫師，而伍爾夫說他有艾恩宏的電話號碼，這一切都是機緣湊巧。藍斯天天都接到很多電子郵件。

「因此藍斯就去見艾恩宏，事情有了新的發展。他告訴藍斯有別的治療辦法，可能可以免除對肺的傷害。他並沒說他可以治癒，但他的化療不會讓藍斯承受不了，也不會像平陽黴素那樣傷肺。艾恩宏說：『我不能保證不會有副作用，而且這也可能會讓你沒辦法回復以往的體力，但至少這比其他藥物強。』這讓藍斯有了信心。

藍斯‧阿姆斯壯

「同時，其他一切也還在繼續進行，它們並不是同時一起發生。他會再做其他測驗，下週再來，接著再等三天，才會有結果。你會覺得自己好像有了一些進展，但卻又有更糟的打擊。」

雖然藍斯要在印地安那進行非常強烈的化療，但他卻對結果很樂觀，回到奧斯丁依舊繼續騎車。他的摩托羅拉老隊友安德魯來看他，陪他一起騎車，而已經搬到奧斯丁的李文斯登更是他練車的良伴。

「或許有時我練得太過度了。」藍斯說，有一次他和李文斯登練車，「我得爬下車來，躺在地上。騎了三十分鐘後，我真是筋疲力竭……完全沒力氣了……就像死了一樣。李文斯登嚇壞了，他原本要去開車來載我，但我騎了回家，只是需要休息。」

藍斯的朋友和隊友都盡力為他打氣，而他的美國贊助商也一樣支持他，雖然他們並不知道藍斯會不會回到職業車賽。「歐克利（Oakley，太陽眼鏡廠商）送了一輛瓦斯動力的遙控車給他當禮物，」柯列吉回憶說，「那是一輛玩具車，時速可達50英里。他打電話給我說：『你非得來看不可，我玩得很開心。』當時我走不開，但後來我打電話給他，問他要不要去吃晚餐，藍斯的女友麗莎接了電話。我問：『他在哪？』她說：『在玩那部爛車，我希望它掉進那個爛湖裡。』藍斯後來打電話來說，『你得幫忙我，我關上遙控器，然後去關汽車開關，但它掉進湖裡去了。』麗莎笑個不停，歐克利的代表史蒂芬妮‧麥克文（Stephanie McIlvain）也在場，她覺得有趣極了。但藍斯卻覺得事

關重大，因為這是人家送的禮物，弄丟了沒辦法交待。天已經黑了，我沒辦法當晚幫他找車，但還是設法在次日早晨幫他把車撈了出來。如果像這樣的小事能支持藍斯，我都願意做。」

玩具車只是讓他分心的一件小事，但在藍斯頭一次確診之後的一週，藍斯說他很擔心自己會喪失一切。

「他下一週就把保時捷賣了，因為他嚇壞了。」他的普蘭諾死黨威克說，「那感覺就像錢沒了，一切都沒了，我完了。那輛車是他賣的第一項財產。」

- -

在確診之後漫長的晝夜之中，藍斯還有母親可以依賴。「我花光了所有的休假和私人的假，」琳達說，「我認識的人從沒有得癌症的。我讀到一份報導說，每年只有六千人會罹患睪丸癌。為什麼偏偏是我兒子？因此我既憤怒，又恐懼──非常！另外還有各種悲哀的情緒。我請了許多人來陪他，我們也接電話，我讓這樣的流水席進行了三週。我們談未來，如果他有朝一日結了婚，有了孩子，會是什麼樣。」

那一週，琳達還接到其他的消息，來自她的妹妹黛比。「就在藍斯被診斷出罹癌的同時，我發現我懷孕了。」黛比說，「而就在他經歷治療過程之際，我也經歷懷孕的過程。在各方面這都是酸甜苦辣百味雜陳的時候，而我也常和琳達通電話。我在四十

藍斯‧阿姆斯壯

歲時，添了另一個寶寶。」

妹妹懷孕的消息讓琳達略感安慰，但藍斯的病情還是很難承受。「晚上我關上門上床睡覺，會一直哭到睡著。」她說，「這個照顧人的角色，並不是我去求來的，也不是我想要的。但人生可能在轉瞬間就改變，往另一個方向去……那是非常非常黑暗的時光。」

一等琳達回到普蘭諾去工作，卡麥可回到科羅拉多泉擔任全美代表隊教練的職務，照顧者的角色就由奧查取代，他才剛帶摩托羅拉隊在歐洲比完最後一場比賽。「我的計畫是要一直和藍斯在一起，」奧查說，「我們最先去印地安那波里斯時，我住進旅館，他住進醫院。我們和他的醫師艾恩宏和克雷格‧尼克斯（Craig Nicholls）見面，但他們才開始進行頭一次化學療程，就發現他腦部有腫瘤。」這是迄今打擊最大的消息：藍斯的大腦頂部已經有兩個病變組織，必須割除。

「這讓大家很擔心，很沮喪，」奧查說，「他已經知道自己的胃有一大塊腫瘤，還有肺上所有的病變，但腦部腫瘤卻讓他恐懼。他們得延後第二次化療，安排手術。負責主刀的史考特‧沙皮洛（Scott Shapiro）醫師在藍斯回奧斯丁前來看他，他們希望藍斯能夠在化療後恢復一點體力，他繼續騎車，情況還算好。」

藍斯說運動總能讓他頭腦清明，助他朝正面看。他不去想即將來臨的手術，反而因為不斷上升的血球數因為第一輪的化療而減少，因而鬆了口氣。「他的生死取決於癌細胞的數量，由血液

測驗回來的數據。」卡麥可說。

　　藍斯、女友麗莎，和奧查回印地安那波里斯手術時，琳達、卡麥可、柯列吉，和李文斯登也來了。「藍斯喜歡有人陪他在醫院裡，」卡麥可說，「這很有趣，以我的個性，我不會喜歡這樣……但他喜歡周遭有人陪。」

　　「藍斯已經開始掉頭髮，」奧查說，「他們把他還剩的頭髮都剃掉，讓他頂著光頭準備手術。就在開刀前一天，他聽說轉角有一床12歲的兒童也要手術，想去探視這孩子，因此我們進了他的病房，藍斯和他並肩坐在床上，兩人都頂著光頭。我想這是藍斯頭一次想到在癌症這方面有所回饋。因為這孩子情況比藍斯還糟，而這是他頭一次看到有人處於這樣的情況，而且還是個孩子，這打動了他。」

　　當晚，藍斯比圍在他床前的好友更輕鬆自在。「尼克斯醫師剛走了進來，說腦部手術就像切南瓜一樣，」柯列吉說，「他說：『我們只切開小洞，它就彈了出來，然後我們再把南瓜頭放回去。』這把我嚇壞了。於是藍斯拍拍我的膝蓋說：『不會有事的，柯列吉。』」

　　10月24日，藍斯動了腦部手術。

　　「他進手術房時顯得很擔心，我則嚇得半死，」卡麥可說，他輕聲細語，「那時我以為會參加他的葬禮。我從沒有談過這個，但我卻在想，『我會不會參加這個人的葬禮？』」

　　「手術對他而言實難承受，奧查說，」「沙皮洛醫師為他割

藍斯・阿姆斯壯

除了腫瘤,卻在藍斯的頭上留下很大的傷疤,花了一點時間才恢復。而且治療越來越深入,越來越難受,他睡得越來越多,各種反應都出現了:反胃、嘴痛……就在腦部手術之後,我們到外面去散個步,想讓他到處走走,但他連這樣的意願都沒有。對像他這樣的人實在是很罕見。

「那是他唯一一次告訴我他覺得自己會因這次的經驗而死。我們坐在外面,他說:『現在,我不確定我能打敗這個,但我不想死。』然而我從沒想過他會死,不知道為什麼,他看起來就是這樣。」

藍斯提起他和醫師群後來的一次會面,包括沙皮洛、尼克斯和艾恩宏。「他們看過的病例比任何人都多,至少看過成千上萬的各國病例,」藍斯說,「我問:『我的病情究竟有多糟?比你們見過病例的50%還糟?』還糟,『比25%還糟?』還糟。『10%?』還糟。最後我一路來到最糟的2或3%,可惡。」

「那段時間很慘,」琳達說,「我婚姻(和瓦林)觸礁,而我是唯一有工作的人。你置身惡劣的關係,那人酗酒,我還得養活他,我的獨子病得比狗還慘,我卻不能陪在他身邊。這一切都不對。一切每下愈況。一個又一個的壞消息,我不知道還有誰能在三個月內接到這麼多壞消息。」

「你可以看得出第二輪的化療已經開始讓他筋疲力竭,」奧查說,「因為他睡得越來越多,吃得越來越少。我們有固定的時程:上午七點我已經來了,我們下樓到餐廳去,吃油炸蘋果

派，喝杯咖啡，推他回到他的病房，接著由護士拉翠絲・韓妮(LaTrice Haney)幫他打化療藥物，然後他就睡著了，醫生會來問他問題，他想聽醫生講些什麼，而且他只想聽好消息。

「第三輪化療時他已經進入那個曲線……數目字已經對他有利。那對他是極大的鼓舞。另外一件支持他繼續向前的是他回到了奧斯丁——那次摩托羅拉把企業專機借給我們。頭幾天他不太好，但到那週結束時他已經生龍活虎。

「那時正是墨克斯由比利時來看他，和藍斯在德州的葛林(Gruene)作一次團體計時賽。艾迪和藍斯一起騎，我則和李文斯登、奈格斯和柯列吉。那可是件大事。藍斯和墨克斯在我們前面先出發，墨克斯嚇壞了，他生怕藍斯會當場死在面前，因為他的情況看起來糟糕透了。墨克斯那時還很胖，我們很快趕上他們，而且墨克斯超過了藍斯。我們倆的反應都是『哇！』但藍斯想要比賽，何況墨克斯來看他實在太好了，他對藍斯更像是父親角色，而非僅只是導師而已。這對藍斯意義深遠。

「但下一輪的化療最慘，他希望這是最後一次，果真如此。在醫院的最後一天，他們得把導管由胸腔取出來，費了不少工夫。藍斯說：『老天爺，這比化療更難受！』導管在血管裡，已經全部封了起來。但他們總算把它取出來了，一切都結束了。癌細胞的數據正如他們在最後一輪化療時該有的數據，不能是一個或兩個，非得是零不可。他已經讓癌細胞恢復為零，那真是奇蹟。」

藍斯‧阿姆斯壯

‑‑‑‑‑‑‑‑‑‑‑‑‑‑‑‑‑‑‑‑‑‑‑‑‑‑‑‑‑‑‑

李維斯醫師應該也會有同樣的看法。他說藍斯克服了任何人所能克服最嚴重的癌症病況，而且他相信藍斯不是獨力辦到的。他有親朋好友、成百上千的熟人、成千上萬的車迷和全世界數百萬的人，全都助他康復。

我問李維斯醫師他在藍斯身上看到哪些特色，讓他能度過這樣嚴重的癌症病情，他說：「決心，徹底的決心……一般人會說：『我不想病成這樣，或者化療根本沒效，我為什麼要做下去？』他卻作了四輪化療，其中有些是現有最強的藥物。」

「但是，」李維斯醫師又說，「這也該算是奇蹟──有很多協助的奇蹟。這個宇宙需要協助，才能讓奇蹟發揮，不能自己就發生效果。而他一路上都得到越來越多的支持。我想如果很多人每天都想到你，為你的福祉投注了那麼多的能量……那對他的痊癒有很大的影響。」

除了藍斯在家裡接到無數為他打氣加油的留言之外，全美還有數不清的團體為他祈福，求他康復。有些人是他不再見面的家人，藍斯的祖母薇妮‧甘德森說：「藍斯生病時，我們每週日上午都為他舉行特別的禱告。」那是在德州雪松溪湖的4英里路德教會，「教會是他的祖先所創。」而藍斯的養父泰利‧阿姆斯壯則淚水盈眶告訴我：「在德州巴黎市，我父親每天都請五百多人

為他連鎖祈禱。我每晚也為他禱告……我讀到這種癌症的嚴重性，因此我想禱告的確有其力量。」

李維斯醫師是研究祈禱治療力量的諸多醫師學者之一，他也參加了國際精細能力和能量醫學學會（International Society for the Study of Subtle Energies and Energy Medicine），學會在2007年曾舉辦了「奇蹟的科學」研討會。

我向李維斯醫師指出，藍斯並不信宗教，他說：「你可以有奇蹟，卻不必信教——我比較喜歡用精神這個詞——你不必在精神上相信，但禱告依然有效。光是他母親為他祈禱，就能為他的精神帶來不可置信的力量。而這麼多人都在心裡想到他，希望他康復——那對他就是極大的能量。」

第十五章

嶄新的開始

我從未見過你害怕任何事物，但若你要問我，

我得說，你害怕嘗試。

——卡麥可

　　有些人覺得藍斯是大自然的怪胎，天生就有表現優異超乎常人的體魄，但批評他的人則認為他的成功是因為藥物而來，只是化學藥物並不能解釋他在運動方面持續的優異表現。大家常忽略的是，藍斯屹立不搖的堅定精神，這樣的精神讓他由癌症的打擊中一躍而起，恢復行動。

　　在化療導管由他胸部取出後不到兩週，藍斯就到母親位於普蘭諾的家度聖誕。他抵達時，琳達被他的模樣嚇了一跳。「看到他那樣真教人難過，」她說，「眼睛下面的黑圈、蒼白的皮膚、沒有頭髮、沒有眉毛……看到他的身體軟弱無力。」她看到他在

藍斯・阿姆斯壯

房間裡安裝了單車練習台之後更是大吃一驚。「我到樓上去探視他，他正在訓練台上，踩得上氣不接下氣，滿身大汗。」

藍斯騎車並不是為了樂趣或運動，他有一項挑戰。他打算在兩週後，到法國參加柯弗迪車隊的記者會，並和新隊友一起參加三天的訓練營──好證明他依舊是車手，而不是瀕死病人。在藍斯尚未被診斷出癌症之前，柯弗迪車隊才和他簽下數百萬美元的合約，但後來該隊教練艾倫・邦度（Alain Bondue）到醫院來看藍斯，他不太能確定這名德州選手的未來如何。「我永遠忘不了邦度走進病房看到藍斯時的表情。」奧查說，「藍斯躺在那裡，全身插滿了管子，光頭、頭上一道大疤。邦度認為藍斯恐怕連活下去都有問題，何況再騎車。」

陪邦度由法國北部前來印地安那的是保羅・舒文（Paul Sherwen），他是環法賽車手，現任電視車評，他曾在奧查的摩托羅拉隊上任職公關主任達六年之久。這名英國人說得一口流利法語，是藍斯最敬重的人之一。

舒文也是邦度的朋友，他和這位高大的法國人當年屬於同一職業車隊，共事數年。「我要到美國來過感恩節，」舒文告訴我，「因此我對邦度說：『何不和我一起去，我們可以去看看藍斯。』」邦度知道藍斯喜歡好酒，因此幫他挑了一瓶佳釀，1994年份的慕東豪爵酒莊（Château Mouton Rothschild，法國一級五大酒莊之一）。我們去探視他和奧查，大約一小時，藍斯時睡時醒，他閉上眼睛，接著又睜開，接著再閉起來。

舒文對這次醫院之行印象最深刻的是，「看到這皮包骨的傢伙沿著走廊走，穿著黑色的運動褲，推著點滴，點滴管還插在手上。我想這大概是我對他最後的印象了。」

當天也來醫院探視的是藍斯的經紀人史代波頓。「藍斯罹癌時，我以為史代波頓不會再出現了，」卡麥可說，「因為如果藍斯沒有收入，他就不會有收入，但史代波頓並沒有放棄，他留在那裡，一點都沒有要離開的意思。」

史代波頓說：「藍斯那時已經成了我的朋友，他需要有人幫他處理和他有合約的對象，比如柯弗迪車隊，而且他需不需要人幫他另訂新約，也還在未定之天。」

因此史代波頓認為他該趁這個機會和邦度見個面，說不定可以談談藍斯和柯弗迪車隊即將生效的合約。「我知道他想談，」史代波頓說，「所以我到旅館和他與舒文見面。一直到我們談起來，我才明白他的合約就和其他職業運動員的一樣，得先作體檢才能生效。而他們說要他做檢查。因此我們吵了起來。我很火大，叫他滾蛋。我簡直不敢相信他們竟在此時做這樣的要求。我說，如果你們要一個正在做第三輪化療的病人去作運動體檢，那就請便。」

擔任翻譯的舒文對這件事的說法卻不同，「原本就是史代波頓建議我們坐下來開會，他提出要重擬合約的想法，我很確定邦度根本就沒想到這回事，因為邦度不是律師，也不是談判人。而柯弗迪車隊的老闆法杭索瓦‧米格蘭（François Migraine）是熱愛

藍斯・阿姆斯壯

自由車的生意人，他的第一個想法不會是：『可惡，我得重擬合約』，而是：『糟了，這人不知活不活得下去』。我進退兩難，我是會講法文的英國人，因此得設法解決這個場面。我有點震驚，有個人躺在床上瀕死，而我們卻在重談他的合約。」

那次在旅館的爭吵可能有所影響，讓史代波頓未來和柯弗迪車隊的談判不順利，但當時的結果對一名可能不再能賽車的車手卻並非不合理：前六個月，車隊會依照每年120萬美元的原議，接下來的18個月減為每年40萬美元。

藍斯和史代波頓的看法一致，認為邦度是來評估他的身體狀況，如果看到他狀況不佳，就準備改約，因此他聖誕節在普蘭諾踩練習台時，是抱著「我要給這法國人顏色瞧瞧」的心態，而且為了要讓自己能在一月訓練營振作起來，因此他向教練卡麥可求助。「我們大約在訓練營前兩週談過，」卡麥可說，「他剛作完化療，在幾次化療之間有略微練一下車，但光是騎5英里就得停下來兩次，上氣不接下氣。他沒辦法跟上別人。我們談到這點，他說：『你得幫我拿到他們的訓練計畫，這些混球要我怎麼做？』

「邦度把訓練計畫傳真給我，幸好這訓練營是在柯弗迪的總部里爾（Lille）舉行，離比利時不遠，因此天氣會冷，他們騎的路程不長。大約是第一天60公里，第二天80公里，第三天140公里──總共三天的練習。不過我還是想『老天爺，這人騎5英里就得停兩次，而兩週後他得騎到90英里（144公里）──而且還是

和職業車隊？！』

　「我知道那隊上有馬瑞齊奧・方德瑞斯特（Maurizio Fondriest，曾為世界冠軍）和羅明傑（環義賽冠軍），他們可不會按照藍斯的步調騎。因此我們擬了一個計畫：最先的60公里，他只要在最先的半小時幾次轉彎時超前——因為他在頭半個小時最有活力，而且這也顯示了他的能力——接下來的路程不要再到前面去。第二天的80公里，他則想辦法到補給車去個幾趟，比如要去拿水壺啦，設法撐住⋯⋯至於最長的140公里，我說：『你不能浪費任何精力，一點也不行，不要到隊伍前面去，什麼都別做。』因為他已經不知有多久沒有騎超過20分鐘以上。『只要留在隊伍後面，而且那天早上你要吃一整堆的碳水化合物，只要有辦法，就盡量發揮你的動力。設法在登山路段前到前面去，在山坡上再落到後面⋯⋯』我們計劃了半天，這些蠢計畫全都只是為了一次訓練！」

　這個計畫讓藍斯有信心到訓練營露面，和新隊友同騎——也教邦度大感吃驚。他每天晚上都向卡麥可報告。「60公里的那一天，他還可以，80公里那天，他的反應是：『老天爺，我已經耗盡體力了，不知道⋯⋯』，『就是這樣，你明天還是得再騎，』他說：『可惡，我要去騎。這些天殺的不能讓我退出那140公里。』

　「後來他打電話來，我問他：『情況如何？』『我不是最後那個，』他說：『還有兩人退出了，我沒有衝刺，躲在隊伍

藍斯‧阿姆斯壯

裡面……用盡衝力……我用了各種可以想到的方法。我一直都在吃。』想想看，竟有兩個人還不如一個癌症病患，沒有騎完全程！他的反應是『好極了！』」

　　很難想像有人在經歷3個月積極的化療和侵入性的手術之後，在短短幾週內就能和舉世最優秀的職業車手同騎4小時，這正是藍斯與眾不同的典型例子：他有驚人的能力，能讓身心專注，創造難以想像的成績。卡麥可認為在那次訓練營，激勵藍斯的是他知道史代波頓和邦度在印地安那波里斯會面時的情況。「這符合那模式，」卡麥可說，「在有人背叛藍斯時，他會因此更堅強……那年春天我去奧斯丁看他兩三次，他非常強壯，但他沒有多少意願重回車壇。車隊沒有全力支持他，而且他還在適應自己的身體。醫師不希望他在康復期間操勞過度。」

　　那年一月藍斯在歐洲時，曾回柯摩去見前訓練顧問泰斯塔。「我和他、他女友麗莎，和奧查一起吃飯，奧查一直在他身邊忙碌。」泰斯塔說，「藍斯把他所有的照片給我看，由他開始化療那天，每天都有記錄。照片是麗莎拍的，在他治療其間，她非常支持他。」

　　大家還注意到藍斯有其他變化，雖然這些變化不那麼明顯──他個性的改變。他顯得更謙虛而不再那麼盛氣凌人。在藍斯

到普蘭諾度聖誕時，他的老游泳教練麥柯迪就注意到這點。「一天早上他過來拜訪，」麥柯迪說，「我太太招呼他吃早餐，她對他很有一套，她請他到前面去種三色堇。我真不敢相信他會這樣做。『他種三色堇？』那是他的另一面──善良的人，好人，他真的變得腳踏實地了。」

回到奧斯丁的家後，藍斯開始做一些他從沒有時間去做的家事。他不再請園丁，而自己整理花園，親手種樹，就彷彿在為新生命播種一般。他只是不知道該由舊的生命中留下什麼。

他的母親比任何人清楚藍斯在那時所經歷的感受。「當你像他那樣大病一場，由世界頂端到罹患癌症，瀕臨死亡，那麼你對人生就會有不同的看法，」琳達說，「我記得藍斯那時說：『我想要簡單一點。』他檢視了自己拚命努力才得來的所有東西，說：『我不需要這個。』比如那輛保時捷，他原本對那輛車十分得意。但經歷了這麼艱難的一仗，他無法為自己的生命做重大的決定。我回顧起來，不禁想，你得讓自己痊癒才行，不只是身體，而且也包括心理。要在那段痊癒期間作重大決定……也許好，也許壞；但我想很多時候，你的心還不夠清明。」

藍斯最大的困境在於，他不知道自己是否真想恢復職業車手四海為家的生活。他每個月要做的MRI（核磁共振）檢查雖然顯示體內沒有癌細胞，但依舊有可能復發，而且他擔心賽車──或甚至光是訓練，就可能讓癌細胞再度生長。「你得痊癒，而這就是痊癒的一部分，『為什麼我還得再來一次同樣的人生？』我對

藍斯・阿姆斯壯

他說：『這是你會的一切，這是你每天為什麼起床的原因。』我還告訴他：『如果你每天不是為了這而起床，不是為了這個而感到開心，不說我愛我的工作，那麼就去做些別的。』」

在那段不確定的日子裡，藍斯的確找到了別的事，是讓琳達也興奮不已的計畫。「經歷了三個月的治療，如今他體內終於沒有癌細胞，他想要創辦一個癌症基金會，」琳達說，「我們每天晚上坐在地板上讀信，一箱又一箱的信，有的寫了一些笑話，有的則談起他所做的治療……我們倆原本都不太讀書，但一旦被迫走到這步田地，就像海綿一樣，想要吸收周遭所有的一切。他說：『我想創辦個基金會，我想回饋。』我沒有做過任何慈善活動，也沒有協助過他人，因為光是過我現在的生活，就歷經一番掙扎奮鬥。但等我們決定要創辦基金會後，他教我回饋的重要，這是藍斯教我的重要一課。」

藍斯還不確定基金會的重點是什麼，不過他親身體驗到社會大眾對睪丸癌缺乏警覺，以及他原本對睪丸癌的無知，似乎是個好的出發點。那年一月，藍斯和朋友史代波頓、奈格斯和柯列吉一起討論時，癌症基金會的想法才初成形。參與的還有比爾・卡斯(Bill Cass)，他是耐吉的產品經理，也是才華洋溢的藝術家，曾畫過一張慰問卡給藍斯，柯列吉描述圖案是「藍斯穿著醫院的院袍，騎著自行車穿過醫院走廊，好幾個醫生拚命拉著他。」而為了要提高大家對睪丸癌的警覺，柯列吉說：「我們該用這畫面當成車賽或騎車活動的海報。」其他人說，他們已經和耐吉及

歐克利公司談過辦騎車活動的想法，於是大家訂了個日子，在一家墨西哥餐廳Z'Tejas見面討論，這裡就成了藍斯‧阿姆斯壯基金會誕生之處（他們在一起討論的那張桌子後來捐給基金會，如今放在基金會奧斯丁總部的門廳）。

大家在會中一致認為，慈善騎車活動是展開基金會計畫的好方法。柯列吉說，他想要辭去自己在酒吧的工作，並志願作這後來稱為「玫瑰競騎」（Ride for the Roses）的承辦人。「我和史代波頓見面，他說我們需要找個贊助單位，」柯列吉說，「我不知道我們需要多少錢，史代波頓說：『25,000怎麼樣？』

「突如其來地，我接到一位在公關公司工作的小姐來電，她說：『我有個客戶想在這個社區中辦點活動，我們聽說你們正好有計畫。』這個客戶就是艾康辦公設備公司（Ikon Office Solutions，主要業務是銷售、出租辦公設備），我和該公司奧斯丁分店的總裁米洛‧邦普（Milo Bump）見面，我作了很拙劣的說明，但他說：『聽起來很不錯，我們就動手吧。』我的反應是『哇！』接著我想：『唉，糟了，現在我們得真的辦這個活動了。』我和這公關公司的小姐及她的同事克莉絲汀‧李查（Kristin Richard）密切接觸合作，而這就是藍斯見到他未來另一半的緣起。」

基金會成立的第一件事，就是在奧斯丁市湖（Town Lake）海岸線燒烤餐廳舉行的記者會。「我在那裡見到兩位優秀的女性，一位是前德州州長安‧李察茲（Ann Richards，2006年因食道癌去

藍斯‧阿姆斯壯

世），另一位就是克莉絲汀。」

　　基金會讓藍斯病後的生活有了寄託，但要知道他是否還能在自由車壇有一片天地則言之過早。或許他還可以做其他的事。他喜歡玩音樂，而且也剛認識麥可‧沃德（Michael Ward），這是他最喜歡的「壁花」（Wallflowers）合唱團吉他手。沃德是業餘車手，他欣然同意帶藍斯巡迴演出一週。白天藍斯和沃德同騎，晚上則觀賞他演出，有時也加入台上的表演，秀一手吉他。

　　「我們在演出加上其後的宵夜慶功之後，往往要到清晨一兩點才能上巴士，連夜趕往下一個城市。」沃德告訴我，「因此你不是睡在巴士上，就是早上四、五點住進旅館。我們就這樣一連作了一週，藍斯白天還要小睡，因為化療讓他疲憊無力。一晚我們還在熬夜時，他和我說了這段話：『你猜怎麼著？我最近在雜誌上讀到一篇文章，調查成功人士，比如醫師、律師等等，他們問，如果你們能換個職業，會想做什麼？』

　　「他說：『沒人想做電影明星，沒人想做太空人。大家都想做搖滾明星。』 他繼續說：『但讓我告訴你，你們的生活簡直是狗屎，這簡直太糟了，為什麼會有人想做這個？』 我說，『嘿！老兄，沒那麼糟。』 他說：『不，這是狗屎！我現在就告訴你！簡直是荒唐，整個晚上在巴士上巔簸，早上五點才住進旅館，想要再補眠。這太糟了，大家都覺得這樣好，但其實這爛透了！』」

　　比起來，自由車還算不錯。

自藍斯和警察追逐，棄Camaro跑車不顧，留下一堆爛攤子讓自行車店老闆賀伊特去收拾之後已經十年，但他只見過這位老贊助人一次。「那是在德州拉吉塔斯(Lajitas)，一項季初的登山賽事。」賀伊特說，「那天我一大早就起床，想在這個西部小鎮找杯咖啡喝。我捧著咖啡由街這頭走來，藍斯則由那頭騎車過來，街上只有我們倆。我心想：『可惡，我真不想面對這個場面。』他騎了過來說：『嗨，老兄。』我們談了一會，不過並沒有恢復往日的情誼，藍斯說不出抱歉這兩個字。」

兩人再度相逢是在1997年春，在第一次的「玫瑰競騎」活動上。「活動前一天，藍斯和另兩位自由車明星尙恩‧凱利(Sean Kelly)與費尼一起爲車迷簽名，我和大家一起排隊索取簽名，」賀伊特說，「藍斯一眼看到我，站起身來，招手要我到前面去，但我搖頭，依舊排隊。他站起來，伸出手說：『我很抱歉。』我說：『道歉接受。』接著我開了一張5000美元的支票給藍斯‧阿姆斯壯基金會。」——大約是藍斯花在那輛Camaro車上的分期款金額。

基金會第一個活動籌得了25,000美元，那張支票佔很大一部分。「我們原本要把大部分款項捐給美國防癌協會，」柯列吉說，「我們和他們見面，他們一開始就問藍斯到處露面的可能，

藍斯‧阿姆斯壯

我很吃驚。我心想：『等一下，你們什麼也沒做，我從沒有聽過睪丸癌，沒有好好宣導，這就是你們的錯。』這激勵了我們。會後我說：『我們也會做這些，而且可以做得更好。』有時我會後悔不該說這話，因為後來我們嘗遍辛苦。不過這就是推動基金會成長的來由。」

　　基金會成長的另一個原因，是社會大眾如今看到了藍斯的魅力。他的老友威克參加了第一屆的「玫瑰競騎」，他說：「活動後我們在藍斯住處辦了一場派對。我們在他屋前坐著聊天，幾個孩子走上前來，光頭，是癌症病童——而藍斯對他們的態度與以往對人完全不同。我太太對我說：『老天爺，他變化可真大！』如今人們可以接觸他，就像耶穌……他成了光明的指標。如果你親自和他在一起，還真有些怪異。我退到後面，他們都被他催眠了一樣。」

- -

　　一對男女經歷了生死交關的傷痛體驗之後，往往會分手，這就是藍斯和他交往很久的女友麗莎的結局。一旦這段經驗結束，情感的喪鐘就會響起，讓他們漸行漸遠。

　　此時藍斯雖然已經開始推動自己的基金會，但依舊沒有多少體力。他和克莉絲汀最先是因為工作而親近，因為她是「玫瑰競騎」慈善活動的贊助商代表。等他們對對方有更深的瞭解之後，

藍斯看出這名女性和他一樣堅強且獨立，且深受她的幽默、智慧，和美麗的笑容吸引。

克莉絲汀也同樣爲藍斯的笑容而著迷。「我覺得他很可愛，」她想起兩人頭一次見面的情況說。但她很快就發現他其他的特質。「他很特別，同時擁有堅強和脆弱的兩面……他很迷人……有魅力。他有吸引人的磁力，我對他的各個層面都感到好奇。

「因爲他才歷經生死關頭，因此他既不裝腔作勢，也不會矛盾做作。很容易就能瞭解他。我們倆都處在人生中敞開心胸的那個時期，在那個年紀一切充滿了無窮的希望。至於他，以及他剛做的一切，使這段時光實在特別。」

那年夏天，藍斯和克莉絲汀墜入愛河，兩人同赴歐洲旅行，欣賞義大利、西班牙和法國南部的美景。在這次的旅程中，他們也造訪了環法賽現場，「我們才在起站的村子裡鑽出車門，」她說：「藍斯就被攝影記者、麥克風等等包圍，我那時想：『他們爲什麼對他這麼有興趣？』這很有意思，因爲我對他的成就完全沒有概念，對自由車也一無所知。」

藍斯趁這個機會和記者聊聊，也拜訪了他在柯弗迪車隊的朋友安德魯、朱利克，和李文斯登，但即使史代波頓、奈格斯，或甚至教練卡麥可極力敦促，希望藍斯的人生重回軌道，他依舊鼓不起對自由車的熱忱。唯有克莉絲汀的話他還肯聽，卡麥可說：「她的態度是：『這人未來要做什麼？他已經25歲了，得對

藍斯・阿姆斯壯

自己的人生負責，至少該試試想清楚這點。」我想她是想協助他。」

史代波頓希望藍斯承諾自己會回到自由車壇，才能回到柯弗迪隊，他和藍斯已經在四月間赴法國和該隊老闆米格蘭與邦度共進午餐。「他們竭盡所能向藍斯施壓，要他七月參加環法賽，」史代波頓還記得：「教人非常不舒服。藍斯才剛作完化療沒有多久，頭髮才剛長出來。」

藍斯很清楚癌症如何破壞了他的身體，威脅了他的生命，而且他得按時作血液測試，報告結果時時提醒他癌症的可怕，他很擔心過度消耗他的人生會使癌症復發。醫師已經告訴他這一年要休養，暫時不要參加車賽，不過他也寫道：「卡麥可認為沒有自由車，我似乎很空虛。他覺得有人得推我一把，而我們的關係總是建立在他能適時推我一把上。」

為了要助他一臂之力，卡麥可在8月初飛來奧斯丁，那時1997年的環法賽剛由德國選手楊・烏利赫(Jan Ullrich)封王。「我告訴史代波頓，我要叫藍斯開始騎車，」卡麥可說，「史代波頓只說：『祝你好運了，老兄，他根本就不想聽。』我告訴藍斯：『我們得談談，我們要一起吃晚飯，就只有你和我，不要克莉絲汀。』因為他們那時戀情正熾。於是我們去德州荼餐廳查斯餐廳，坐在戶外。

「我告訴他：『朱利克才剛在環法賽的計時賽拿到第四，而你的表現比他好上十倍。你非得回車壇不可，藍斯。不管你做不

做得到，你至少得要知道自己想不想重回車壇。』朱利克的例子似乎讓他有點不快。他說：『我不必重返車壇，我已經做了該做的事，不欠任何人什麼。』於是我說：『當然，你不欠任何人任何事物，你欠的是你自己，看看你自己有什麼。你有這樣的天分……而且它依舊在那裡。你記得我六年前在貝加馬斯卡（Bergamasca）大賽告訴你，總有一天你會贏得環法賽冠軍的事嗎？你的能力還在，而唯一知道它是否因為癌症而喪失的人就是你，而你唯一能知道的方法就是要嘗試。我從未見過你害怕任何事物，但若你要問我，我得說你害怕嘗試。我不能怪你，只是要告訴你，你害怕嘗試重回車壇。』

「那段談話談得並不順利，我的話他也聽不進去，但整個週末我都在和史代波頓說：『朱利克都能在那該死的計時賽有那樣好的表現。』我想藍斯聽了這話，也開始思索他的前途了。」

藍斯永遠抗拒不了挑戰，在那次和卡麥可談過之後，他很快地要史代波頓致電柯弗迪車隊，說他準備開始賽車。「我告訴他們我過來談明年的計畫，談他的時程表，告訴他們醫生說了些什麼，」史代波頓說，「我飛到巴黎，開車到里爾，然後吃了一頓超長的混蛋午餐，才開始談正事。他們指出一項條款，說如果藍斯不參加四次國際賽事，他們就可以解除他的合約，接著說他們打算朝其他方向發展，把重點放在朱利克身上，要和藍斯解約。我的反應是：『我大老遠由德州飛來，就是要聽你們告訴我這個？』我們的會談就這樣突兀地結束了。我在巴黎找了個公共

藍斯‧阿姆斯壯

電話撥給藍斯，告訴他我們得再找新車隊了。」

這個提案要實現，難度遠超過藍斯或史代波頓的想像。幾乎每一支歐洲車隊都沒有回應史代波頓的詢問，教藍斯覺得十分難堪，因此他們請出奧查，讓他和以往在歐洲車團中的同僚聯繫，看看有沒有機會。「唯一願意提出合約的只有TVM車隊的西斯‧普萊姆(Cees Priem)，」奧查說，「但金額太少了。」

史代波頓這邊也沒有什麼進展。「我傳真給每一支車隊，少數有回音的包括潘塔尼的Mercatone Uno車隊，藍斯甚至還和潘塔尼談過，但一要談錢時，他們就人間蒸發了。一支接一支的隊伍拒絕了我們。我們還和Saeco-Cannondale接觸，Cannondale車廠的史考特‧蒙哥馬利（Scott Montgomery)前一年曾經來找過我們——我們說好在加州安納罕的國際自行車大展上碰面，但他放了我們鴿子。」

史代波頓和藍斯就在那場自行車大展中，碰到美國郵政車隊的馬克‧葛斯基(Mark Gorski)和丹‧奧斯波(Dan Osipow)，「但我們根本沒把他們列入考慮，」史代波頓說，那是因為六年前藍斯和郵政車隊的前身速霸陸-蒙哥馬利車隊有過節，和教練艾迪‧B與東家魏瑟有過不愉快。不過次週史代波頓在舊金山時，重新考慮了一下，和蒙哥馬利保全公司的執行長魏瑟，以及接下艾迪‧B棒子的車隊經理葛斯基安排了一場會面。

「會議中，魏瑟想要爭取藍斯，」史代波頓說，「我告訴他，我們已經和柯弗迪車隊談了1998年20萬美元的合約，而且讓

他們覺得我們對這個合約有興趣。我再告訴魏瑟，我們想要20萬美元，但有個條件，每拿下國際車總的一個獎勵點數，就再加1000美元獎金，沒有上限。」國際車總的獎勵點數依大小比賽各有不同，小規模賽事的冠軍可拿10點，環法賽封王則可拿到500點。1996年罹癌之前，藍斯拿下的點數是1315點，如果按照1點1000美元的這個條款，可獲130萬美元。

「葛斯基說他們的預算無法辦到這點，」史代波頓說，「『我們想要他，但……』接著魏瑟看著我說：『如果談成，這錢我出。』我說給我五分鐘致電藍斯，就這樣談妥了。我們別無選擇，只能接受這支車隊的合約。」

在那時，郵政車隊連舉世二十最佳車隊都排不上，而且才參加過環法賽一次，這支美國車隊在這場賽事上讓他們的法國隊長尚-希里・羅賓(Jean-Cyril Robin)總成績名列15，落後優勝的烏利赫幾乎達1小時。郵政局是美國政府下的獨立機構，它贊助自由車隊，是為了讓它無遠弗屆的郵政享譽國際，因此該隊的要務之一就是在歐洲有所表現。請來藍斯，該隊的贊助單位(以及魏瑟)等於是在已經展現驚人天賦的年輕人身上投資，希望他在未來更有表現。而為重新向美國媒體介紹藍斯，郵政車隊計劃九月在紐約市舉辦記者會。

記者會佳賓之一是退休的奧斯丁創投業者和業餘車手傑夫・蓋維(Jeff Garvey)，他曾透過他的按摩治療師見過藍斯，因為他告訴她說，他想參與慈善事業。

藍斯‧阿姆斯壯

「藍斯到我家來吃飯，」蓋維說，「他開一輛貨卡車來，一脫下帽子，是個和我一樣的大光頭，只是我們光頭的原因不一樣。我聽過許多關於他的傳說，大部分都不是什麼好話：說他是個傲慢的德州小子，有勇無謀。但他當天的表現卻再冷靜平和不過。我們午餐就吃了四小時，而最教我驚訝的是他對我的公司奧斯丁投資的所知，比我們所投資的公司還多。我想作點慈善工作，是因為我的父母都是因癌症去世，我的岳父母也是，因此他問我能不能贊助他的基金會，雖然那還只是個點子。」

六個月後，基金會依舊還是點子而已。「辦公室就在我的小公寓裡，」柯列吉說，「我滾下床就坐上辦公桌。有一天藍斯來，我還在搞『玫瑰競騎』的事，整個地方亂七八糟，因此藍斯說：『我們得設法讓你搬出來。』」

郵政車隊紐約記者會的前一晚，藍斯和史代波頓邀蓋維到他們的旅館用餐，「藍斯很緊張，」蓋維說，「所以史代波頓先和我會面，問我願不願意擔任藍斯‧阿姆斯壯基金會的董事長，我說當然好，這是我的榮幸。等藍斯下樓來晚餐時說：『你願意做嗎？』我和藍斯沒那麼熟，也不知道他的基金會要做什麼，一點頭緒也沒有。他們在銀行有一萬美元存款，沒有員工、沒有宗旨，也沒有目的。我說我願意擔任第一任董事長。」

美國郵政局高層很重視第二天的記者會，但史代波頓已經事先提出警告，說美國媒體對藍斯沒有什麼興趣，他不再是大人物。果真如此。「只有少數記者和一些攝影機，」史代波頓說，

「根本就沒人來。藍斯抬起他的Trek自行車，我們舉行了一場短短的記者會，就這樣而已。」

一整年來一直在為防癌基金會爭取捐款人的柯列吉也瞭解藍斯盛名不再的情況。「這就是我那一年的推銷詞，」柯列吉說，「『我叫約翰‧柯瑞斯，是藍斯‧阿姆斯壯基金會的代表，你聽過藍斯吧？沒有？你沒聽過？呃，嗯，他是罹癌的自由車手。聽過這事嗎？沒有？他⋯⋯呃⋯⋯你聽過雷蒙德嗎？好，藍斯就像雷蒙德一樣，只是還沒贏過環法賽。好嗎？是，他是罹患癌症的那一個，對，就是他。我可以過去和你談談我們基金會的計畫嗎？』我整天都是這種碰釘子的電話，沒有人聽過他的名號。」

藍斯往昔的輝煌歲月如今已經被人遺忘。但1997年10月卻是嶄新的開始，在他診斷罹癌之後的一週年，測試結果顯示他全身已經沒有癌細胞，防癌基金會已經舉行第一次董事會，柯列吉說：「只要找對人，就能想出要做什麼事。這是我們組織的轉捩點。」在那個月稍後，藍斯一頭波浪金髮的女友克莉絲汀也接受他的求婚。「我不知自己是否還可以再活一年、再活五年，或再活十年。」藍斯告訴我，「我的意思是，想要實現我的美國夢，我想要有棟圍著白籬笆的房子，兩三個孩子，還要一輛休旅車。」而他想要和克莉絲汀分享這個夢。

至於在車壇方面，藍斯加盟了新隊伍，拿到了以獎金為主要收入的合約，重燃對職業車賽的興趣。這一切都已經為他重返車壇的頭一場大賽建好了舞台。

第十六章
─────

錯誤的起步

其實根本就沒人聽過「太陽路」這場賽事，

而光是宣布「我又要騎自由車了」，也算不上東山再起。

——史代波頓

　　焦慮、困惑、壞脾氣，那就是藍斯在快要回到歐洲車壇之前，朋友們對他的描述。他滿心疑惑。怎麼不？有些運動員的確重傷或重病之後重返體壇，但在歷經近乎致命的癌症之後，再重回亟需耐力的比賽項目，嘗試以最高的水準重返車壇，藍斯可謂第一人。

　　在他確診癌症一週年之後，東山再起重回車壇之前，還有四個月的時間可以供他準備。頭兩個月他在加州的聖塔芭芭拉訓練，每天騎車，和他的教練談話，並且由曾任摩托羅拉按摩治療師的雪利・凡賽斯（Shelley Verses）每天為他按摩（到此時，他的

藍斯・阿姆斯壯

奧斯丁老友J.T.尼爾白血病情已經很嚴重，無法再擔任他的私人治療師了）。晚上他則和未婚妻克莉絲汀在租來的濱海小木屋一同俯看太平洋。他們很喜歡這個城市，因此決定次年春天在這裡舉行婚禮。

聖塔芭芭拉也是個訓練的好地方，藍斯覺得他的體力以驚人的速度恢復。在一次穿越崎嶇聖塔拉斐爾山區的長騎之後，他告凡賽斯：「我變得比以前瘦，但體力卻很強，我簡直不知道自己的身體能做什麼。」

藍斯的義大利訓練顧問費拉里醫師記得他那年秋天見到藍斯的模樣。「他的體重輕了很多，約74公斤（163磅），已經消掉了許多肌肉塊和體力。要不是癌症，他絕不可能瘦這麼多。」比起1996年的體重來，藍斯瘦了約6公斤（13磅）。

在陡峭而漫長的山道上，較輕的體重可以使自由車手的表現大幅提升；但藍斯若要因體重減輕而獲益，就必須恢復他在罹癌之前所有的體力——而他的教練卡麥可也已經做好準備，隨時為他提供協助。「那年多天，他的訓練狀況比他長久以來的狀況都佳。」卡麥可說，「他很興奮……但他有點不對勁，在聖塔芭芭拉我就已經知道。他的訓練情況不錯，而且他很顯然非常愛他的未婚妻，但有些事不對勁。」

他欠缺的是平靜的心態。「他內心掙扎。」史代波頓說，「形諸於外就是焦慮；他很古怪，並不真的想再參加比賽。」

不過藍斯和克莉絲汀都準備好要開始新生活，他們在動身前

往歐洲時都雀躍不已。兩人在法國安頓下來，在尼斯附近的幽雅濱海小城聖瓊佛哈岬租了一間公寓。克莉絲汀開始上法文課，藍斯則在阿爾卑斯濱海省(Alpes-Maritimes)和他的前隊友李文斯登一起練車。李文斯登還在柯弗迪車隊，住在尼斯。

　　歐洲媒體對於藍斯重回車壇有諸多揣測，他們懷疑這個歷經癌症死裡逃生的人，是否能在舉世最困難的運動項目中，重新奪回以往的地位，記者紛紛湧向西班牙的塞維爾，準備報導1998年2月15日舉行的「太陽路」(Ruta del Sol)開幕站的賽事。「我不喜歡它，」藍斯談到他第一天重返車壇的情況，「太多人矚目，給我很多壓力，教我很不自在，而且我的期望可能太高。如今回顧起來，我當初實在不該給自己任何壓力。」

　　雖然內外交逼，但藍斯還是跟住車團，在第二天的上坡路段與最佳車手並駕齊驅，最後以15名的總成績結束5天的賽程。他重返車壇的頭一場比賽能拿這樣的成績，已經很不錯了，但他並不滿意。史代波頓這麼形容：「隨著他重返車壇而來的，是種種的期待，藍斯以為到二月時，如美國電話電信公司(AT&T)等廠商會列隊爭取他，但其實根本就沒人聽過『太陽路』這場賽事，而光是宣布『我又要騎自由車了』，也算不上東山再起。」

　　藍斯下一個表現機會是巴黎-尼斯大賽，他兩年前差點在此賽封王。「他滿懷希望前去，」卡麥可說。尤其這場為期一週的賽事終點在藍斯的新居附近，克莉絲汀會在終點等他。但這一週一開始就很不順利。開幕的計時賽在冷颼颼的巴黎舉行，藍斯只

藍斯・阿姆斯壯

拿到19，連他的年輕隊友辛卡皮都比不上，因此郵政車隊的總監強尼・威爾茲（Johnny Weltz）決定辛卡皮是這場比賽的隊長。辛卡皮在次日往桑斯（Sens）的平地路面爆胎時，威爾茲就要全隊車手，包括藍斯在內，都停下來等辛卡皮，好為他配速，讓他重回領先。「藍斯不習慣等人，尤其是等我。」辛卡皮說，「我覺得難過，而且那天又冷風又大，藍斯騎得比誰都賣力，但重新趕上領先非常不易，我們一直沒辦法回到領先群，最後又有一個很難的彎道。」

那天天氣嚴寒，比賽也一如平常一樣困難，但誰都沒料到藍斯會突然停下踩踏，把車子靠到路道，退出比賽。「我回旅館時見到他，」辛卡皮說，「他表示：『我完了，我還沒作好重返車壇的準備。』他對這次重返歐洲並不滿意，歷經這樣的折磨，拿不到勝利，還得待在這個破旅館。他就這樣打包回家，我們都吃驚不已。」

這並不是正常的起步——也不是正常的結束。

「我想這是我最後一次在歐洲騎車了，」藍斯承認說，「我很確定這一點。我依舊覺得困惑，但那晚搭機回尼斯時，我卻有一種解脫之感。」克莉絲汀也認為藍斯就這樣揮別車壇了。「他打電話來時，我正在超市裡，但他沒時間告訴我他為什麼提早回家，」她說，「他回來之後，也一樣不確定自己未來要怎麼做，這就是他困惑的地方，他就是得退出。他很確定自己要退休。」

而在科羅拉多，卡麥可家的電話半夜響了起來。「藍斯由尼

斯打電話給我，」教練說，「他已經退出車壇，正要搭機返家。
『克莉絲汀就在我旁邊，』藍斯說：『我要她停掉法文課，我
們要走了。我完了。』我一聽就說：『等你們回來，我去奧斯丁
看你，我們談談。我會給你幾天的時間。』」

＿＿＿＿＿＿＿＿＿＿＿＿＿＿＿＿＿＿＿＿

　　柯列吉已經爲藍斯的癌症基金會找了真正的辦公室，還請
了兩名職員，他們正忙著爲一場大型募款活動做準備——第二屆
「玫瑰競騎」。而在藍斯和克莉絲汀回到奧斯丁之後幾天，基金
會出現了第三名工作人員。「是藍斯，」柯列吉說，「我看到他
在收發室把選手名單塞進信封，我說：『老兄，什麼風把你吹來
的？』他說：『我在裝信，我在幫忙你們。』我說：『我們不
需要你幫忙，趕快回去騎你的車。』他說：『這正是我現在最
不想做的事。』」

　　「當時我想：『他只是一時衝動，只要幾天就會重新去騎車
了。』但我又想：『糟了，他不能什麼也不做。』那時克莉絲
汀和他長談，她說：『如果我們要結婚，我得要知道你未來有什
麼打算。我不能讓自己處於一切都不定的狀態。』」

　　「我覺得他真的有點迷失，」克莉絲汀說，「但我們倆不能
同時迷失。我知道不管我當時感覺如何，不管我是失望灰心或是
怎樣，他都需要我堅強起來，爲他矗立在那裡，像磐石一樣。他

藍斯・阿姆斯壯

需要穩定，因爲其他一切都已經脫離他的掌控。」

　　克莉絲汀堅強的意志和剛強的個性，簡直就像藍斯母親琳達的翻版，而且她是虔誠的天主教徒，和琳達一樣，宗教使她更堅強，也爲她帶來信心。「並不只是因爲我對藍斯有信心，雖然我當然對他有信心，但並不僅只於此，而是因爲更遠大的原因，」克莉絲汀說，「否則我們倆絕對撐不下去。」

　　藍斯已經請柯列吉擔任婚禮的男儐相，婚禮將在五月初舉行，柯列吉則問藍斯可不可以再騎一次——在一場非常特別的賽事。「我已經籌到另一個驚人的數字，10萬美元，贊助『玫瑰競騎』那個週末正式賽事前一晚的市區繞圈賽，」柯列吉說，「原本藍斯說：『地區繞圈賽不可能籌得到那麼多錢！』但我去電告訴他我由史普林特（Sprint）電話公司籌到10萬美元時，他起先不肯相信。『我眼睛前面就是這張支票，』我說，『你只管準備騎車就好。』贊助的條件就是在那場市區繞圈賽中，藍斯得出場騎車。如今他一副不想參加的樣子，我得對史普林特公司有個交待。」

　　柯列吉進退兩難的困境讓藍斯總算有了重心和目的。這是他頭一次不是爲自己，而是爲某個目的參賽，而他人生的這兩個部分融合在一起。「我知道『玫瑰競騎』的活動和比賽，因此我得爲此做訓練。」藍斯說，只是他認爲他的賽事頂多僅此而已。

　　「因此我、史代波頓和克莉絲汀就開了一場類似高峰會的會議。」藍斯說，「他們要我坐下來，說：『你不能這樣就退出，

你得繼續向前行，你已經向你的目標和車隊許下承諾，但如今你卻和死黨在這裡打高爾夫、喝啤酒。』她說得很直，意思就是：『抬起你的屁股坐上車子向前騎。』」

「我是他的律師，有我的既定利益，」史代波頓承認，「而且在我和克莉絲汀眼裡，藍斯不是輕言放棄的人。但因為並沒有總計畫，因此我們告訴他：『你不能像這樣棄賽，我們得要讓你的生涯漂亮的結束。』」

在這次會前曾和史代波頓和克莉絲汀談過的卡麥可說，三週沒碰自行車的藍斯態度非常堅決。「他說：『媽的，我絕不會回歐洲。』因此我想到不如讓他參加在費城的USPRO錦標賽作為告別車壇的比賽。他說：『好，我參加這場職業錦標賽，然後一切就結束了。』」

沒有人想逼藍斯，即使他們可以，也不想這樣做。而且沒有人真正知道，就算他重新參加車賽，是否還能維持他在罹癌之前的動力和精力。不過藍斯明白，在他歐洲復出比賽失利之後，自己得更謹慎，並且不要抱太高的期待。

「我終於開箱取出自行車，」他說，「開始和朋友每天練習2小時，接著卡麥可想到訓練營的點子，他們決定去北卡羅萊納的布恩（Boone），也就是藍斯在1990年代中期獲得分站賽冠軍的地點。為了解悶，也為了要更有效率，因此藍斯邀請另一名車手和他同往：鮑伯・羅爾（Bob Roll），是前摩托羅拉隊友，以會說笑話知名。「天氣很壞，」藍斯回憶，「氣溫只有華氏40多度

藍斯・阿姆斯壯

（約攝氏4度），光下雨就下了八天，但我們的訓練很棒。我想知道我是否真的想要這樣做，我也發現自己的確是愛騎車，而且也能撐過困境。何況還有羅爾作伴，他讓我全程都開心不已。在我看來，這裡就是轉捩點。我離開時，已經脫胎換骨。」

藍斯說他那週進步很多，因此在布恩的阿帕拉契州大運動生理部作測試時，「把他們的機器都弄壞了。」他的體力瓦數破了表，重新又步上軌道。「在訓練營結束那天晚上，趁他還沒離開夏洛特，我和他共進晚餐，」隊友辛卡皮說，「他滿懷鬥志要重回車壇。」

藍斯滿心熱忱，在回家前繞了個彎：直飛亞特蘭大，在報名截止最後一分鐘參加120英里的繞圈賽，這是在近兩年的時光中，他首次享受騎車的樂趣，他的好心情也傳染給朋友和家人，及時迎接他與克莉絲汀在五月的婚禮。

這場婚禮在聖塔芭芭拉舉行，平和而傳統，在古老的西班牙風格建築教會中，克莉絲汀穿披白紗，藍斯則戴上黑色領結，一身燕尾服，依天主教儀式締結鴛盟。婚禮之後舉行舞會，「很有趣，很美好，」柯列吉說，「而且藍斯要東山再起。」於是在加州度蜜月期間，藍斯依舊練習不輟，因為他基金會在奧斯丁舉行的賽事只剩兩週不到就要舉行。

比賽在溫暖的德州夜晚舉行，離藍斯被確診出癌症的李維斯醫師診所只有2英里。十九個月前的那個晚上，他緩緩駕車回家，不知道自己能生或會死，如今他卻神采奕奕地和一群美國職業車手比賽，慶祝自己重回他最愛的生涯。「我已經很多年沒有參加繞圈賽了，而且我也從沒有在晚上參加。」藍斯談那場在有四個彎的場地共繞行35英里的比賽，「我吃了一番苦頭，真的不容易。」藍斯咬緊牙根隨車團爬上長達一條街廓的山坡，沿著第六街在街燈下加快速度，現場演奏由兩旁的餐廳和酒館傳出來，其中也包括「仙人掌屋」。成千上萬的奧斯丁鄉親看著他們當地的英雄在職業生涯中頭一次在故鄉比賽，克莉絲汀站在起終點的看台，難掩興奮，看著她的丈夫在最後幾圈衝到大家前面，等他由黑暗衝進耀眼閃爍的鎂光之中，以一秒之差贏得比賽，她不禁歡喜地呼喊。藍斯也同樣興奮。「自兩年前在弗萊舍-瓦隆獲勝以來，那是我頭一次感受到觀眾的激情。」他說，「這可是很長的一段時間。」

比賽由特別來賓——五獲環法賽冠軍的英杜蘭，頒獎給藍斯。這位人氣很高的西班牙人已經在前一年由自由車壇退休，他之所以在德州露面，是由前摩托羅拉媒體總監保羅‧薛爾文（Paul Sherwen）所安排，而藉著薛爾文的太太凱瑟琳的翻譯，藍斯與英杜蘭在那個週末會面暢談比賽、訓練，和環法賽。「英杜蘭向藍斯說明他快速爬坡的技巧，」薛爾文說，「他是爬坡的高手，而據我所知，就是在『玫瑰競騎』上，他頭一次瞭解了它的

藍斯・阿姆斯壯

重要。」

　　用低檔以較快的騎乘節奏（pedal cadence）爬坡，而不僅僅憑蠻力用高檔克服陡峭的坡度，是藍斯才剛開始學習的技術，但由於他重返車壇的過程不順，因此練習並不多。他的義大利籍訓練顧問費拉里醫師非常支持這種爬坡方式。「早在1990年代初，由羅明傑開始，我就教他比一般平均更快的騎乘節奏，」費拉里說，「因此對於藍斯，這是刻意的選擇。我們用不同強度的各種騎乘節奏訓練他，這樣的特別訓練包括許多冗長的爬坡路段，採取每分鐘轉數60至80RPM（每分鐘踏板轉數）的騎乘節奏，以及約在90至100 RPM無氧閾值的練習。」

　　在達到無氧閾值（anaerobic threshold，簡稱 AT）時，運動員會覺得運動起來非常困難，因為他那時身體製造的乳酸速度比他能代謝的快。在低於無氧閾值時，運動員的身體更有效率地運作，因此必須藉特殊訓練提升這個數字。對自由車手，用強力更快速地猛踩踏板，可減少每一次踩踏所需要的力量，讓車手保持體力，這點在漫長的爬坡路段非常重要，尤其在一天之內有三四段爬坡之時。但長時間踩踏板上坡卻是很難掌握的技術，如果你的AT值高，會簡單一點。

　　好學不倦的費拉里醫師在藍斯眼裡是「聰明的數學家」，他說藍斯在1998年夏天的AT值「恢復到他罹癌之前的水準，約460瓦特，但他體重減輕，使每公斤平均瓦數達到6.21（英杜蘭在巔峰時期的數字接近7）。如今藍斯上坡的速度比他生病前快。」

備受車壇尊重的美國車隊經理和訓練顧問派提強認為，費拉里對藍斯幫助最大，因為他給了藍斯非常明確的訓練制度。「就如何訓練而言，費拉里顯然是功臣，」他說，「藍斯一直到罹癌之後才掌握到技巧。有趣的是，那時車壇沒有人真懂訓練的科學，這門學問是來自其他的運動，由田徑和北歐式滑雪來的。費拉里有更遼闊的視野，瞭解如何運用這門科學，用在自由車手身上。藍斯學到的是如何更有效地訓練，以及何時把這樣的力量運用在比賽中。他開始瞭解訓練的紀律以及比賽的紀律。在這之前他根本沒有紀律可言——只不過像一個有勇無謀的騎士奮勇爭先，拚命向前。」

藍斯的好友柯列吉也發現藍斯的賽車方式有很大的改變。「在他罹癌之前，我根本不覺得除了錢之外，他還會計算什麼東西，」他說，「但一旦他學會如何計算團體計時賽白血球數，他也學會了計算卡路里、瓦特，和所有他得應用到自己運動上的科學數據。」

不過藍斯要把他和費拉里的科技知識運用到高山賽事，還需要一段時間，只是在奧斯丁那場繞圈賽事獲勝之後，他覺得自己已經作好準備，可以再度應付歐洲的比賽。克莉絲汀很開心地同意隨他再赴法國，他幾位教練也為他作好計畫。在USPRO費城

藍斯・阿姆斯壯

賽事之後，他將隨郵政車隊參加兩個分站賽，這是車隊為參加環法賽的選手所選的熱身賽，但七月的環法賽並不在藍斯的日程之內，由於他近日缺乏訓練，因此他們將以九月的環西班牙賽事(the Vuelta)測試他的程度，這是像環法賽一樣長達三週的賽事，只是選手實力較弱。環西賽是季末收尾世錦賽的暖身賽。

　　藍斯在這頭幾個比賽中，表現出乎意料地傑出。他參與費城賽事的目標是協助郵政車隊的隊友辛卡皮當上全美冠軍，因為藍斯本人訓練不夠，無法在156英里長的賽事中爭先。「我提不起勁，好像拖著一個人孔蓋騎車似的。」藍斯當時說。辛卡皮則說藍斯「在比賽最後有很精彩的表現，隊上有三名選手(藍斯、安德魯和漢米爾頓)為我配速，而我在衝刺時拿下勝利。藍斯非常高興，我從沒見過他那麼高興。」

　　這樣的情緒也延續到他下一場賽事，賽程達數日的環盧森堡比賽，這是他三個月前在巴黎-尼斯「永遠退出車壇」以來的第一項歐洲賽事。這回在盧森堡，辛卡皮說：「昔日的藍斯回來了，他在第一天就衝進領先群，贏得當日賽程冠軍，大家都很驚訝他才飛來歐洲沒幾天，就有這樣好的表現。」他在比賽的第一天，最後關頭衝刺，領先愛沙尼亞的勞瑞・奧斯(Lauri Aus)，以4分鐘優勢取得勝利，的確值得慶祝，但藍斯的反應卻顯得異常溫和。數週後我去採訪他和克莉絲汀時，他說：「我打電話給克莉絲汀報勝利的喜訊，她說：『你聽起來不怎麼高興。』」「等他掛斷電話，我當然開心地尖叫起來。」克莉絲汀插嘴說。但藍

斯說：「勝利的滋味和我罹癌之前不一樣了。我認為這是好事，這樣恢復了平衡。以往我獲勝，總會興奮過度，結果在失敗時就會十分消沉，很難讓我自己的心情保持穩定。在盧森堡，雖然能勝過一群歐洲職業好手非常好，但我知道自己還得保持四個分站的領先，才能拿到總冠軍。」

藍斯的隊友摩拳擦掌，等著要在其他賽程為他努力，讓他保持領先。「我們拚命地騎，」辛卡皮說，「他不想要輸掉這場比賽。」但奧斯也不肯輕言放棄，他幾次衝刺，拿下計時獎勵，在最後一天賽前領先藍斯2秒，而這正是郵政車隊表現出團隊精神的時候，安德魯很巧妙地隨領先群爭先，卸下隊友的壓力，讓他們等待時機，等藍斯在上坡時全力發動攻勢，擺脫奧斯。安德魯輕鬆摘下分站冠軍，而藍斯則獲得足夠的時間積分，總成績封王——這是他在歐洲分站賽事頭一次以職業車手身分獲勝。

兩週後，藍斯在德國贏得環法賽前第二個熱身賽的勝利。「在他那場獲勝之後，我努力想說服藍斯參加環法賽，」辛卡皮說，「但他已經擬好計畫。他想要回家訓練，為環西賽作準備。其實那一年他很可能在環法賽有所表現，只是他不想參賽。」

跳過1998年環法賽對藍斯倒是好事，因為那一年的賽事禁藥醜聞鬧得沸沸揚揚。一開始是法國警察在法斯提納-蓮花（Festina-Lotus）車隊的補給車上發現了一整卡車的禁藥。法斯提納是歐洲數一數二的車隊，他們的經理承認隊上已經安排了禁藥計畫，結果車隊的九名車手遭退賽處分。接下來就是一番捕風捉

藍斯・阿姆斯壯

影，警方徹底搜索各隊的旅館房間和隊車查緝禁藥，車手幾度靜坐抗議，一個分站賽事取消，二十一隊中有六隊退賽抗議，189名車手中，僅有一半抵達終點巴黎。

　　就在環法賽醜聞最烈之時，藍斯人在美國，參加奧勒岡州的卡斯凱德經典賽（Cascade Classic），以這場分站賽作為他訓練計畫的一部分。他在這山路崎嶇的5日賽事中獲得勝利，接著返回尼斯。小夫妻倆已經在尼斯的山坡上買了美麗的家園，可以俯看整個城市和海洋。為了要提升自己趕上歐洲車手的速度，藍斯也參加了幾場八月舉行的單日經典賽以及環荷蘭賽事。藍斯在環荷賽為新加盟的俄羅斯隊友也是他以往的對手艾奇莫夫助騎，結果藍斯總成績第4。接著他參加環西賽，這也是他測驗自己正在努力練習的快速踏板登山方式的地方，而他也因為此賽，在巴塞隆納旅館有了一番巧遇，徹底改變了他的生涯和人生。

- -

　　那是在環西賽的比賽休息日，在巴塞隆納，正在藍斯27歲生日前4天，他接到布魯尼爾的電話——也就是在1995年環法賽他把分站冠軍獻給法比歐・卡薩爾泰利之後，兩人曾長談的比利時車手。布魯尼爾在車壇待了十餘年，如今準備退休，正巧來到巴塞隆納，和職業車手聯盟的幹部面談，因為聯盟正想聘請新總裁，而布魯尼爾是他們考慮的人選。但當聯盟決定聘請布魯尼爾

時，他表示在做決定之前想先和一些車手談談，「我頭一個列在名單上要談的對象就是藍斯，不知道是不是因為他的國籍是以A為字首的美國(America)之故。」布魯尼爾說。兩人就在藍斯的旅館中會面了。

　　「第二天，他打電話到我西班牙的家，問我是不是已經答應接受車手聯盟總裁的職位。『你知道 ，』他說，『我們也在找人，而且我們的隊需要重整。』因此我說：『好，或許我可以做做和媒體相關的事。』他問我可否請他們隊上的經理打電話給我。

　　「葛斯基是當時郵政車隊的經理，他打電話來，開門見山就談運動總監一職。我說：『我沒考慮過這方面。』他說：『呃，藍斯告訴我你想當運動總監。』我說：『我並沒有這麼說。』因此我請他給我一點時間考慮──一週後，我接受了這個職位。當時郵政車隊只不過是個二級車隊，還算不上一級，這是個很有趣的挑戰，何況我又沒有什麼包袱。 」

　　布魯尼爾接受這個職務時，藍斯已經在環西賽的頭幾個登山賽程表現優異，而且漸入佳境。他成績最好的一場比賽是在馬德里北部山區一個7英里爬山路段的分站終點賽程，他在冷冰冰的霧中，表現得比以往的登山路段都好，在最前面的5名選手中排名第4。「我以前從沒有在領先群中完成爬山路段，」藍斯說，「這項比賽有大部分在於你的信心，相信你能站在那個位置，而且應該要站在那個位置。如果我能滿懷信心和一支堅強的隊伍一

藍斯‧阿姆斯壯

起參加比賽，我相信任何事都可能發生。」

　　第二天，藍斯在平坦路面的24英里計時賽名列第3，以總成績第4賽完環西賽。接下來的一週，他又在兩場比賽——荷蘭法肯堡（Valkenburg）世錦賽的計時賽和公路賽名列第4，這是非常傑出的成績，讓藍斯總共拿下1024點積分，增加了百萬美元獎金。不過正如他的經紀人史代波頓所說的：「世錦賽和環西賽第4算不上什麼漂亮的東山再起。」藍斯擺脫病魔重返車壇，若想得到美國企業贊助商的迴響，就需要有更好的成績。

　　已經有人開始構想這個「更好的成績」，這人就是即將成為郵政車隊運動總監的布魯尼爾。他來到法肯堡，頭一次正式與藍斯和葛斯基見面。「我告訴藍斯，我決定接受這個職位，」布魯尼爾說，「而我對他說的第一件事，就是我們該把重點放在環法賽，我認為他能有封王的機會，他聽了之後有點驚訝，他以為我瘋了。」

第十七章
———

黃袍加身

我們可以毀滅歷史悠久的環法賽，或者我們可以設法修正它。
我想擔任修復工作的一份子。

——藍斯·阿姆斯壯

約翰·布魯尼爾既有魅力又很難纏。他的微笑讓人解除心防，但他的眼神卻冷酷無情。「有些人覺得他沒有同情心，或者根本漠不關心，」藍斯說，「但這是他的風格，他很直接。」這個自信滿滿的比利時人總是在行動，但也總很輕鬆，尤其和他職業自由車壇的同行打成一片，自在地用法、西、義、英或他的母語法蘭德斯語交談。他有歐洲人的低調，正是藍斯美式浮誇的完美對稱。但就像藍斯一樣，他也是個有爭議性的人物，許多人覺得他是天才型的組織人才，能夠一心多用，精心安排一切以爭取勝利，但也有些人根本不信任他，因為他秘而不宣的過去——如

藍斯‧阿姆斯壯

今他爲此懊悔，而他們對他產生戒心，認爲他可能有不可見人的秘密，或者會不擇手段抄捷徑達到他所想要的目的。

　　布魯尼爾擔任美國郵政車隊運動總監之後，爲車隊帶來了先前他們所缺乏的紀律，他也把藍斯賽車生涯的各部分作了一番整合，和教練卡麥可、訓練顧問費拉里，和藍斯的各器材顧問和供應商協調。藍斯原本希望布魯尼爾指導他的車隊，是因爲他們倆都有一種贏家的態度，而且套句藍斯的話，兩人都有「科技癮」。

　　藍斯告訴我兩人契合的例子。「我正在接兩支電話，」他說，「所以布魯尼爾打到我第三支電話來時，隊友維爾德幫我接了起來，他說：『噢，布魯尼爾，他正在接兩支電話。和你一樣，你們倆一定是兄弟。』」

　　「兄弟倆」一開始合作，就不斷以簡訊、電話和電子郵件溝通，討論他們的計畫和抱負。布魯尼爾在最恰當的時機進入藍斯的生命，這個德州青年如今擁有最有利的天時：他已經百分百恢復了職業車手的能力；他的癌症基金會已經有了穩定的基礎；他的婚姻美滿（老大快要出生）；他的癌症已經不再是教人擔憂的第一考量。

　　「我從沒把他當成癌症病人。」布魯尼爾說，「只把他當成運動員，1999年初，他依舊得定期回診體檢，當時他很緊張，我也很緊張。但檢查結果沒事，我就再也沒想過這回事。」布魯尼爾和藍斯想的是環法賽。

「藍斯那年冬天告訴我，他想參加環法賽，而且要獲勝。」費拉里醫師說，「起先我不以為然，但布魯尼爾說這辦得到。」這名義大利訓練顧問之所以抱著懷疑的態度，是因為他的寶貝學生瑞士車手羅明傑的經驗。大家公認羅明傑是車壇最偉大的車手之一，在費拉里的指導下，他曾三獲環西班牙賽冠軍，一次環義賽冠軍，但他在環法賽頂多只有第二——1993年敗給英杜蘭。因此藍斯雖然證明自己可以在登山路段和最佳車手齊頭並進，但費拉里卻知道，即使是偉大的車手，依舊可能贏不了環法賽，而且雖然他就像之前的泰斯塔一樣瞭解藍斯有與眾不同的體力特質，但藍斯能不能發揮這樣的潛能猶未可知。布魯尼爾對藍斯的勝算較有把握，是因為他以同是車手的身分看著藍斯進步，而且他自己也有一流車手的經驗可供參考。藍斯則回報他的信心：他認為布魯尼爾能組織一支環法賽的勝利隊伍，一支以堅強領導人為中心的團結隊伍。「身為車手，布魯尼爾有比一般車手更優異的才能，能夠發揮策略而獲得佳績，」藍斯說，「他懂現代自由車賽，又能講各種語言，和隊上的人交談毫無障礙。」

布魯尼爾有個計畫。藍斯告訴他，「我已經騎過環法賽所有的登山路段，」他說，「但我總是落在後面，而且沒有集中注意力，我根本不懂騎這些爬山路段的訣竅。」於是他擬了個計畫，他們倆要克服藍斯對登山路段不熟的問題，作法就是讓藍斯在春天到山區訓練，初夏時預先騎過環法賽所有的登山路段。

雖然體力是爬坡時的關鍵，但要在環法賽競爭，也必須掌握

藍斯‧阿姆斯壯

計時賽，這是純速度的比賽，選手依序出發，最快騎完的就獲勝。

在這些與時間競爭的賽事裡想要成功，一個關鍵就是得明白車子和車手一樣重要。自青少年時期之末起，藍斯就和兩位專家合作，如今也請他們開發一輛更好的計時賽用車。這兩人是：負責風洞試驗的空氣動力學者約翰‧柯柏（John Cobb），和製作飛輪與三鐵休息把的史蒂夫‧海德（Steve Hed）。他還和日本公司Shimano維持長期的關係，該公司生產自行車的各種配備（鏈輪、齒盤、踏板、變速器、煞車，和把手），並和郵政車隊的贊助商之一Trek自行車公司建立新關係，這家公司的設計師一開始就教他印象深刻。其他協助藍斯配備的廠商還有耐吉（鞋子和緊身衣）、Giro（安全帽），和歐克利（眼鏡）。

利用先進科技製作最快速的自行車，是藍斯爭取計時賽成功的第一步；接下來就是困難的訓練計畫，讓他的身體能夠發揮最大的能力。費拉里醫師說，到1999年春，藍斯的無氧閾值（AT）數據「已經高到可以在計時賽有很好的成績了，但我們也改進他的姿勢，要在體力的發揮和空氣動力的效能上，找出最好的折衷方案。空氣動力最佳的姿勢會讓選手無法發揮同樣的瓦特，尤其是在像環法賽這樣起伏不平的場地。較高的坐姿能讓藍斯在上坡時發揮同樣的瓦特，這才是最佳的選擇，因此通常我們的訓練方式是，採用計時賽的自行車，以每分鐘100至105轉之間的騎乘節奏，在百分之五或六的坡度上爬坡3至4英里，重複三、四次。」

　　這些數字很驚人，只有像羅明傑或英杜蘭這樣的車手才能在漫長的上坡路段這麼快速地踩踏板。藍斯承認，這樣的訓練並不容易，但卻讓他改進自己的體力，也更習慣在計時賽用車上採用較費力的姿勢。「這樣的姿勢至少對我而言並不自然，並不舒服，而且你會常常想由椅座上爬下來，想四處走動，」他說，「但若你能習慣那個較低的姿勢，重複攀爬，日復一日，那麼當你參加地勢平坦的計時賽時，就會覺得輕鬆一點。」至於他常年的背痛，藍斯說他罹癌之後，背痛緩解了，讓他比較容易適應計時賽時的新姿勢。

　　費拉里的上坡計時賽訓練法，讓藍斯不得不練習卡麥可推薦的快速踏板爬山方式，而布魯尼爾則更進一步爲他改進。「我每一次和他通電話，都把他煩得要命，到最後我們幾乎都會吵起來，」布魯尼爾說，「我會說：『一定要用低檔，不要站起來。』等我們開始訓練營，只有他和我時，我總讓他戴上無線電對講機，好在他想用高檔時一再提醒他──直到他再也不去想它。」

- -

　　讓藍斯把準備環法賽的重心放在訓練而非比賽上，是有別於傳統的極大轉變。所有偉大的冠軍車手在準備環法賽時，莫不參加如環義賽這般艱苦的多日賽事，好藉著這些熱身賽改進他們的

藍斯・阿姆斯壯

表現。那年春天，藍斯的確參加了一些單日經典賽和分站賽，但他有限的時間卻因一連串小車禍而更緊湊。四個月中，他只封王一次，而那一次是在法國一場二級車賽，一場平坦路段的10英里計時賽。

起初，藍斯並不認爲訓練營是最好的準備方法。「有一次練車時，」布魯尼爾說，「他在無線電中對我說：『好吧，這回因爲我們已經開始了，只好這樣做下去，但明年我還是要把重心放在經典賽上。』」

但不用多久，藍斯就看出這種練習法的好處。「在阿爾卑斯山和庇里牛斯山兩個訓練營，我都因爲騎得太多而瘦了下來，」他說，「我體力更好，但體重卻減輕。」他在家時也繼續減重，在費拉里醫師的指導下，他「用個數位小磅秤量穀片、麵食、麵包、所有食物的重量。」

克莉絲汀看著他「把所有吃進去的熱量都加起來，然後算出所有的消耗量，確定消耗的比攝取的多。他每天拿著計算機，就像數學家一樣。真是瘋狂，但很有用。」

除了協助他消耗熱量之外，訓練營的練習也建立了藍斯的信心和耐力。藍斯和布魯尼爾都對一次練騎時的長遠路程印象深刻——藍斯騎著他的車，布魯尼爾在後面開車跟著，總共包括庇里牛斯山的六大險坡路段，而且藍斯在兩個月後的環法賽將會騎這段由皮奧（Piau）到英格利（Engaly）的路程。「那天下雨又冷，布魯尼爾說：『不行，你不能這樣出去，我們開車過去就好。』

我們開了一段路，我說：『停車，讓我出去，這太荒唐了。』我把剩下的路程騎完，他不敢置信。」

「那天很冷，」布魯尼爾說，「攝影師的機車駕駛當場就辭職不幹了，因此我看著藍斯獨自騎完整個路段，一連7小時都騎在車上，包括所有的上坡路段在內。一直到最後，他依舊努力不懈，教我有個感覺……而且我知道如果我一連騎7小時會有什麼樣的感受，因此教我覺得，如果有人要在七月環法賽打敗他，那人非得極端傑出才行。他騎完皮奧到英格利這段路程之後，我頭一次說：『這小子會贏得環法賽冠軍！』」

就連費拉里醫師都開始覺得藍斯有勝算。「整個冬天和春天，我們都一直努力，把重點放在環法賽最常見的漫長爬坡路段。」這名義大利訓練顧問說，「藍斯住在尼斯，他常在羅明傑用來測試自己的爬坡路段上練習：莫東路段(Col de la Madone)，這段路長約8英里，平均坡度7.7，是典型的環法賽爬坡路段。羅明傑住在摩納哥，離莫東較近，這段路他騎了不下上百次，最佳的紀錄是31分30秒。」

大約在環法賽前5週，藍斯每月測試一直騎到莫東的試騎成績已經和羅明傑的最佳紀錄拉近到1分鐘之內。莫東路段包括由曼頓(Menton)海岸直攀3000英里的垂直坡道。接著，在他回德州參加「玫瑰競騎」週末活動——這回為他的基金會籌得百萬美元。活動結束後藍斯回到法國，參加六月份最後兩個分站賽。

為期8天的Dauphiné Libéré被當成在阿爾卑斯山區的迷你環

藍斯・阿姆斯壯

法賽,郵政車隊在這場比賽中表現傑出,如今已經有兩件事非常明白:郵政車隊的車手在布魯尼爾的領導之下團結一致,以及藍斯在環法賽之前的狀態達到巔峰。藍斯拿下Dauphiné簡短序幕計時賽的勝利,隊友約拿森・伏特斯(Jonathan Vaughters),一名瘦巴巴的登山好手,則在馮杜山上精彩得勝之後,總成績搶得領先。藍斯總成績名列第5,落後伏特斯1分鐘,而郵政車隊另兩名有山羊之稱的登山好手李文斯登和漢米爾頓,則名列前十。這四人將是郵政車隊在環法賽的重心,另外還有三名美國車手:安德魯、辛卡皮,和凡德・維爾德(Vande Velde)。

雖然藍斯努力支援伏特斯,但伏特斯卻在最後一段山區賽段失手,沒有拿下Dauphiné冠軍,教全隊為之氣結。但伏特斯戴罪立功,在接下來那場「南方之路」(Route du Sud)摘冠,這是一場4天的賽事,終點位於庇里牛斯山的拜萊高原(Plateau de Beille)。在這強風不止的荒涼山巔,藍斯拿下了自己在歐洲首度山頂分站賽段的冠軍,和伏特斯齊頭並進,領先群雄2分鐘。

這對藍斯是莫大的鼓舞,之後他回尼斯陪克莉絲汀,並且作最後一週的訓練,準備參加第五次、也是罹癌後頭一次的環法賽。

藍斯在賽前最後一次試騎莫東爬坡路段,在悶熱的天候中騎了5小時之後,藍斯和李文斯登肩並肩騎上曲折的狹窄山路。李文斯登因爆胎停下來,藍斯卻依舊以相當於比賽的速度向前疾馳衝頂,等他按下車把上電腦的計時器,看到的是30分47秒,他已

經以驚人的43秒，破了羅明傑的紀錄——相當於每英里都比羅明傑快5秒多鐘！

「藍斯是騎標準自行車創下這個紀錄，車上還有打氣筒和備胎，」費拉里醫師說，「他的AT是490瓦，體重74公斤，平均每公斤瓦數是6.72。」這和五獲環法賽冠軍的英杜蘭相當。由任何角度來看，藍斯都已經作好準備，要在環法賽一試身手。

藍斯重回環法賽的姿態相當低調。歐洲媒體對他在莫東的試騎成績一無所知；就連報導美國郵政車隊的記者都很少，因為在22支隊伍中，郵政車隊只排名19，何況這場比賽美國根本沒有轉播。「我們是比賽中規模最小的隊伍，」布魯尼爾說，「只有350萬美元的預算，沒有隊車，只有兩輛破爛的野營車。我們甚至連媒體經紀人都沒有。」

因為藍斯過去的環法賽紀錄——四次參賽只有一次賽完，因此根本沒有人看好他。雖然他在分站賽表現有很大的進步，但大部分媒體和車迷依舊以為他是單日經典賽的好手，大家比較重視的是他的前隊友朱利克——如今依舊在柯弗迪車隊。這名科羅拉多好手最有冠軍相，是因為前一年的冠亞軍潘塔尼和烏利赫都未參賽，而朱利克在1998年總成績第三。這一回，德國的烏利赫名列傷單，而義大利的衛冕冠軍潘塔尼則因在環義賽血液抽檢中，

藍斯・阿姆斯壯

血球容積限度超過標準50%，因涉有禁藥嫌疑，而名譽掃地。

諷刺的是，幾名在1998年承認使用EPO的Festina-Lotus隊車手在服完禁賽期之後，如今都回來參賽，其中包括1995年環法賽亞軍亞利士・祖爾，如今他又是強勁的對手。另外可望名列前茅的，還有西班牙的車手費南多・艾斯卡丁(Fernando Escartin)和亞伯拉罕・奧蘭諾(Abraham Olano)，義大利的伊凡・高提(Ivan Gotti)，和荷蘭的麥可・布格(Michael Boogerd)。

巧的是，1999年環法賽是在彼杜富開賽，這個位於法國中西部的歷史主題樂園正是藍斯在1993年初次參加環法賽的地方，序幕計時賽也在同一個4英里長的賽場舉行，正是藍斯遲疑畏縮，最後名列81的同一場地。今年他的展望可高得多，比以往更接近頂峰。

藍斯如今十分重視細節，他在序幕賽前一天，花了數小時和隊友辛卡皮預騎賽場。他們以正式比賽的速度騎過每一個彎道，好找出最快的路線。他們發現最關鍵的路段是主要爬坡路段下方的轉角，在這裡他們可以作兩種選擇：是甘冒在爬坡時打超速檔的風險，維持使用大鍊條；抑或換成小鍊條，而冒在山腳下失速的風險。他們起先選擇前者。「我們大概以35英里的時速下坡來到轉彎那裡，」辛卡皮說，「藍斯正低頭看檔，突然間德國電信的隊車由一排車中駛出來，直開到他面前，我正在他後方，趕緊大喊：『藍斯！』他在最後一秒抬起頭來。」

在那一刹那，藍斯看到了那輛車——他環法賽摘冠的美夢差

點在此時破滅。「我看到車子時已經來不及了。」他說。他本能地急轉龍頭，就如他幼時在達拉斯街上被車子撞到時一樣。「我撞上車子側面，由龍頭彈出去，右側的肋骨撞上側視鏡……但因為我還有速度，因此落地時只是滑過地面而已，肋骨瘀青，第二天全身疼痛不已。」

藍斯有驚無險死裡逃生，自己也相當震驚，因此他一反平常，對次日的序幕賽非常緊張。但他還是發揮本性，並沒有讓疼痛影響他的表現。他已經作好準備，也渴望發揮在南法山坡計時賽訓練的成果。在踏上起點小屋（start house）台階之前，藍斯緩緩地踩著踏板繞行暖身區，就像躡手躡腳準備撲擊的貓，凝視著他先前的隊友、現在的對手朱利克，後者將在幾分鐘之後出發。當大會介紹打敗癌症的車手藍斯騎入起步坡道時，大群觀眾為他鼓掌，他的環法賽於焉展開。

他抵達自己前一天被撞的轉彎處時，名列第2，次於當時世界計時賽的冠軍奧蘭諾，接著他加速上坡，在最險的坡道上打了低檔，越過山嶺之後又恢復高檔，然後加速衝下坡，朝最後的急彎疾行。當他以最快速度衝過終點線時，群眾的掌聲變成了歡天喜地的高呼。

藍斯一臉震驚，不敢相信自己真的獲勝，以教人震驚的7秒之差，打敗排名第2的祖爾，奧蘭諾名列第3。癌症的倖存者竟能打敗所有被看好的選手，教媒體不敢置信，立刻封他為「奇蹟人物」。等藍斯走上獎台，披上領先者黃衫，落淚的不只是他而

藍斯・阿姆斯壯

已。

「那個場面，好像他已經贏得環法賽冠軍一樣，」辛卡皮說，「我們都互相擁抱，開心不已，但接下來我們卻又嚇得魂飛魄散。因為在前幾年，我們只擔心該怎麼賽完環法賽，如今我們要擔心的則是：如何在每一個賽程保住黃衫，率領所有的選手繞行法國。我們怎麼辦得到？我們全都大驚失色。」

就連行事井井有條的布魯尼爾都感受到那股激動。「我沒有準備承擔那樣的壓力和注意力，藍斯也沒有準備，全隊都沒有準備。」

- -

雖然全隊都為眼前這段漫長艱苦的賽程擔憂——「好像還要好幾年才能到達終點巴黎一樣。」辛卡皮說。但不論是車手或職員都受到藍斯的黃衫啟發，準備竭盡所能捍衛它。第二個賽程是開賽第一週最困難的挑戰：一段2英里長的狹窄堤道——古斯通道(Passage du Gois)，這正是他們的第一個機會。這個堤道連接諾慕提島(Noirmoutier)和法國大陸，是幾個世紀前興建的，在高潮時堤道會被水淹沒，退潮通車時，留下水窪和泥地。在這個賽程前的團隊會議上，藍斯和布魯尼爾告訴大家，在堤道之前要騎在車團的領先位置，讓藍斯保持在隊伍前方，避免他在堤道濕滑的路面上可能發生意外。

郵政車隊的車手在通往諾慕提島的橋上加速，接著在堤道前的2英里，辛卡皮說：「我把藍斯送到車團前方，我真的使出全力，大家都拚了命，而且根本沒有地方可以避開風勢，我們相信沒有多少人能跟得上我們。過了古斯之後，我們前面只剩下15人。」其中也包括奧蘭諾在內。

在他們後面，堤道上選手連環相撞，有些車手摔下路面掉進泥地裡。郵政車隊的最佳登山手伏特斯也是受害者，他的下顎受傷，雖然他死命撐了幾英里，但最後還是因失血疼痛，不得不棄賽。

辛卡皮和藍斯用無線電接聽老謀深算的布魯尼爾傳來的指示，在越過古斯之後放慢了速度，讓包含三名隊友的三十多名車手追趕上前來，接著他們在剩餘的賽道上再度加速。三名原本看好的車手布格、高提、祖爾都在堤道上先後撞車，雖然有隊友協助，但他們卻一直趕不上藍斯領先群的35秒差距。在藍斯和奧蘭諾車隊的努力之下，這段差距拉大為6分鐘──使藍斯能在環法賽才開始的階段，就佔了極大的優勢。

接下來橫越法國西部與北部的賽程，最後都是以大批車手集體衝刺收尾。由於每天的前三名選手都獲得計時獎勵，因此有四名車手總成績超前藍斯。不過這樣的結果在下一個關鍵賽程有了改變，這是在麥茲（Metz）的一段35英里計時賽，場地高低起伏。而再一次地，郵政車隊的細心計畫果然奏效。藍斯那年春天已經去過麥茲試騎兩圈，當時他為了要瞭解每個關鍵轉彎處的差

藍斯・阿姆斯壯

異，曾以比賽速度騎過許多路段，其中也包括三個下坡長路段。比賽當天，他也在賽前獨自再騎一次賽場，好把細節牢牢記在心裡。

或許是因爲剛抵達賽場的妻子克莉絲汀，使藍斯大受激勵，他以極快的速度展開計時賽——才騎了快到10英里，他就已經以18秒之多領先最大的勁敵奧蘭諾，一邊心想：「我已經開始覺得累了……糟了。」但他的對手更糟，排名第一的朱利克在急衝而下的險坡上失速打滑，撞傷肩膀，不得不棄賽；奧蘭諾則因誤判彎道，結果衝進一堆乾草，好不容易才脫身。藍斯則繼續向前猛衝；他以2分鐘之差領先奧蘭諾，同時也催逼自己以比往日參加所有計時賽事都快的速度向前奔馳，以爭取領先優勢。一到終點，他就倒在地上，上氣不接下氣，好不容易才爬起身來擁抱欣喜若狂的克莉絲汀。

藍斯對自己的勝利十分驚訝，他說：「我很疲憊，因此暫時沒有特別的感覺……我被吹著走，程度遠遠超過先前所騎過的所有賽事。」而其他大家原本看好的車手，除了祖爾之外，全都至少落後5分鐘甚或更多。藍斯重回第一位置，他將身披黃衫騎上阿爾卑斯山。

如果以藍斯賽前這幾個月的辛苦努力來衡量，那麼他環法賽

東山再起的成就是意料中事，他做了萬全的準備，以最佳狀況參賽，而且有強烈的企圖心，要讓自由車脫離1998年禁藥疑雲的深淵。藍斯在1999年贏得序幕賽後說：「有些人說話的口氣，好像我們全都吃了禁藥似的，這是胡扯。我在這裡，也希望所有參賽的179位選手在這裡，能看到自由車重新證明自己的清白，也向大家證明我們是一流的車手。」

　　但並不是所有的媒體都把他的話當一回事，尤其是法國媒體。有幾名環法賽記者隨賽程追蹤採訪，為的只有一個目的，那就是：要找出並且報導任何禁藥的蛛絲馬跡。他們受到去年環法賽醜聞連連的影響，警察臨檢、車手罷工，最後法斯提納-蓮花車隊的職員身陷囹圄，這一連串事件對自由車壇雖是打擊，但報紙銷路可有相當不錯的成績。

　　在1999年環法賽第五站賽事早上，專以報「醜聞」為能事的記者看到法國《團隊報》的一則短欄，不由得見獵心喜。一名匿名消息人士說，新的測試法在序幕賽後採集的四個尿液檢體中，檢出了皮質類固醇(corticosteroids)，這是一種人工合成的可體松。謠言迅速在上千媒體記者中散布開來，說這個陽性的檢體就是序幕賽冠軍藍斯的樣本。國際車總為了闢謠，在當天發表聲明，說所有序幕賽的檢體都是陰性，而且許多車手都為醫療用途，獲准使用少量的禁藥。

　　那份聲明雖然止住了流言，但當藍斯在麥茲計時賽後的休息日舉行記者會時，卻大膽地針對兩派對禁藥看法的辯論，表達了

藍斯·阿姆斯壯

自己的看法，語驚四座。這兩派看法中，一派認為禁藥會摧毀自由車這項運動，另一派則認為這是一道可以癒合的傷疤。「我認為我們有責任改變這項運動的形象，」藍斯說，「我們都愛這項運動，因此我們會在這裡，它不是我們的工作，就是我們熱愛的對象，或者兩者兼具。如今我們可以由兩者擇一，我們可以毀滅歷史悠久的環法賽，或者我們可以設法修正它。我想擔任修復工作的一份子。」

有些記者認為藍斯這話根本是偽善；有些則認為他很誠實；而大部分都認為，這是藍斯為了隨後賽程可能會失敗，因此事前先來一段告別演說，他們認定他必會在次日環法賽最難的登山路段敗下陣來。

第九賽程是由勒岡波農（Le Grand-Bornand）穿越六個山道，最後抵達義大利的滑雪勝地塞斯特里（Sestriere），這一天最主要的登山處是龐大的加里比耶（Galibier）山坡，郵政車隊的安德魯和辛卡皮先在較早的斜坡上調整了速度，再讓漢米爾頓和李文斯登為藍斯配速，直至山頂。這場為時6小時的賽程因大雨傾盆更加折磨人，韓普斯登和李文斯登差點因為最後一段下坡時駭人的高速撞擊，而賠上性命。

最後剩下的，就是攀上終點。

車迷一群群的聚在一起，一起撐著傘，滿懷興奮地等待誰會先抵達最後7英里爬坡路段的山腳。突然間，西班牙的登山好手艾斯卡丁和義大利的高提出現了，義大利車迷歡天喜地高聲吶

喊。但這兩名選手很快就被一小群車手追上，其中之一就是藍斯。車迷目瞪口呆、驚訝莫名的看著美國選手居然也躋身在追逐行列之間，他們看到藍斯直衝而上，超越了和領先者的間隔差距，加入艾斯卡丁和高提。等藍斯擺脫他們，一馬當先向前猛衝時，觀眾簡直不敢置信，驚訝地叫出聲來。祖爾後來雖然追上來，但當藍斯超越數千名夾道觀眾眼前拿下勝利時，他還落後半分鐘。

　　當時在大雨中站在我身旁的一名義大利老車迷猛搖頭，喃喃自語：「禁藥……禁藥……禁藥。」我在記者室裡也聽到這幾個字，大家對藍斯在6小時車賽最後還能以這樣的速度衝刺，莫不困惑疑心。等我到達記者室，一名法國國家電台的評論員訪問我，談到這位傑出的美國車手。他問道，像藍斯這樣經典賽的車手怎麼可能非但戰勝癌症病魔，而且一夕之間成了環法賽的最佳登山好手？我解釋說，藍斯在較短的山路上一向都是很好的登山車手，如今他能在高山上發揮同樣的能力，是因為他已經減輕了6公斤（13磅）；我提到他和最佳車手旗鼓相當，在1998年環西班牙賽事名列第4；我也說起他在環法賽之前最後一場賽事──「南方之路」，他贏得了在庇里牛斯山頂上的分站賽；我還說明他如何改進了騎乘的姿勢，並且在莫東路段破了羅明傑的登山速度紀錄。接著我指出，藍斯在八年的職業自由車生涯中，從沒有藥檢不過的紀錄，他的血球容積計數據也低於國際車總的規定；最後我還說，他是第一個騎完所有環法賽爬坡路段，以此作為賽

藍斯‧阿姆斯壯

前練習的車手。

　　但對某些人而言，這樣還不夠。在藍斯舉行簡短記者會，感謝了他的「卓越」團隊，並且讚美他那些「散亂」的對手之後，一名英國記者對我說：「現在我們知道阿姆斯壯是個騙子，他不可能不用EPO而有這樣的成績。」我不以為然，他站在我面前，臉孔直逼著我的臉，宣告說：「你不是天真就是愚蠢——或者兩者兼具！」

　　但我並非唯一把藍斯的成功歸因於優異的遺傳和事前準備的人，前環法賽黃衫車手，也是公認車壇最乾淨的車手之一葉慈說：「為什麼他們不能接受他是個好車手的事實，就像墨克斯、英杜蘭，或者伊諾？在我看來，藍斯在生理上有強健的運動員體魄，心理上又有優秀的特質，使他如一級方程式賽車世界冠軍麥可‧舒馬赫（Michael Schumacher）一樣，兼具身心雙方的條件。」

　　聲譽卓著備受推崇的運動良醫泰斯塔也同意此說：「如果有人能不作弊而贏得環法賽冠軍，那麼我想到的頭一號人選就是藍斯。那是因為他擁有一切冠軍的特質：生理、大腦、商業眼光、管理整個團隊，推動每個人發揮極限，讓隊友作出最大的貢獻。」

　　因為藍斯贏得1999年環法賽最困難登山賽程之後的激烈反應——他的總成績領先奧蘭諾達7分鐘之多，使布魯尼爾決定改變車隊次日的戰略，這個賽程的終點在阿爾卑斯-于茲（L'Alpe d'Huez），是環法賽最著名的登山路段。「因爲媒體的報導和大家的指責與疑心，讓我作了某些決定。」布魯尼爾說，「藍斯贏得塞斯特里站後，想要在阿爾卑斯-于茲再獲勝利，但我告訴他：『你今天絕不能贏。』他對此不太高興，但我想這是最好的作法。突然之間，我們陷入必須踩煞車不能再贏比賽的地位，因爲怕他們要說的話，他們要寫的報導，或者他們所想的事，會影響我們。」

圍繞著藍斯的疑雲和論戰在接下來的幾天越演越烈，《團隊報》花在可能發生禁藥醜聞上的報導篇幅比賽事本身還大，其中一則報導寫道：「目前我們沒有證據證明他有罪，因此他是無辜的；但他這事很奇怪……他就像位於另一星球。」而其姊妹報《巴黎人》（Le Parisien）也每天發表一篇由克里斯多夫‧貝松斯（Christophe Bassons）所寫的比賽日記，他是一名年輕的法國車手，這是他頭一次參加環法賽，筆名Monsieur Propre（乾淨先生）。貝松斯曾爲法斯提納-蓮花車隊效力，隊上幹部曾說，他是該隊拒絕集體服食禁藥三名選手中的一位，他公開譴責車手使用禁藥，希望能獲得其他車手的響應。但貝松斯卻受到車團的排擠，而且據他說，有些車手甚至想把他趕出賽場。

貝松斯在其中一篇專欄中，誹謗了藍斯在塞斯特里的表現，

藍斯‧阿姆斯壯

第二天他說這名德州佬在比賽進行中去找他，叫他不准再一直寫禁藥的事，否則就要叫他滾蛋。貝松斯的法國隊也給他壓力要他停止，因為其他車手都聯手，不讓他的隊友贏得任何分站冠軍。

最後貝松斯在第十三站起點聖佛洛(St. Flour)沒有現身，藍斯請我進了他們隊上的野營車，向我解釋他和貝松斯的談話過程。「我去找他，因為他說他是車團裡唯一乾淨的車手，這侮辱了其他所有的選手。這根本不是真的。」藍斯氣呼呼地說，「接著他說不用EPO就贏不了分站賽，這是狗屁！所以我告訴他：『貝松斯，我支持你反對用禁藥，但你要談這個題目，有對的也有錯的方法。你現在這方法是錯的。你只是孤立了自己。現在你最好安靜。』他回答說：『我不是非作車手不可，我可以作醫生……律師……什麼都可以。』我就說：『那就去做。』我只有這樣說，並沒有叫他滾蛋。」

「貝松斯這樣做只是惹毛藍斯，讓他更拚命。」辛卡皮說，「要是有人問我藍斯是不是服了禁藥，我會告訴他們，他們沒有看到他背後的努力，沒有看他練習得多辛苦，沒有看到他所作的犧牲，比如不吃甜甜圈、不吃巧克力碎片蛋糕——這些他在訓練之時所犧牲的日常生活小小奢侈。我和藍斯一起訓練，知道他吃了多少苦頭，他有多麼努力。」

第二天，就在環法賽進入庇里牛斯山區之前，大家的情緒依舊激動。藍斯在已故隊友卡薩爾泰利意外身亡的地點參加了簡短的追思儀式；他在聖戈頓斯(St. Gaudens)記者會上發言；還接受

《團隊報》冗長的專訪，記者皮耶‧巴斯特(Pierre Ballester)的問題一直繞著禁藥打轉，藍斯對其中一個問題這麼回答：「若你在我房間找到一袋禁藥，好，你就拿到了證據。但現在並非如此，而且也永遠不會。這些含沙射影是對我、對我家人，和對整個癌症社群的侮辱。相信我，我的證據就是我的表現。」

雖然藍斯否認他有服用增進表現的藥物，但謠言卻一直如影隨形。關鍵的時刻是在皮奧到英格利這段路程，正是藍斯在又冷又濕的五月間獨自完成7小時訓練的同一段庇里牛斯山滑雪路段，也就在那一天，布魯尼爾認定：「這小子一定會贏得環法賽！」如今，兩個月後，藍斯踩著踏板攀上第15段賽程的最後一個斜坡，果然快要贏得環法賽冠軍——而且和其他車手有極大的差距。

那天的天氣又熱又乾，藍斯在拚命追逐最後贏得分站冠軍的艾斯卡丁之後，在賽程最後苦苦掙扎。他賽完這一站，總成績依舊保持第一，因此接過新黃衫，作完藥檢，大步走向草坡旁等著載他回旅館的直升機。就在此時，一名法國電視記者拿了一張紙塞到他眼前，那是《世界報》(Le Monde)的文章，說藍斯在比賽早期的尿檢驗出了皮質類固醇。

「我累壞了，根本不知道他在說什麼。」幾天後藍斯告訴我，「他說我是說謊的騙子，我能怎麼辦？這是無所不用其極、以聳動新聞為能事，聞腥嗜血的新聞界。」

藍斯一副身心俱疲的模樣，他又說接下來的二十四小時是他

藍斯・阿姆斯壯

在環法賽的最低潮。一直到第二天在波市(Pau)，國際車總發了公報說明他的清白，他的壓力才減輕。公報說藍斯檢體的皮質類固醇量非常少，還算不上陽性反應，而且那來自藍斯用來塗抹車座瘡(Saddle Sore，股部可能因與座椅摩擦而致破皮起泡)的上皮藥膏，車總已經爲此發了治療許可給他。後來我問藍斯此事，他說：「那不是車痤瘡，而是疤痕組織，非常大片，痛得要命。因此我偶爾會擦藥膏。」

回想起那段風雨，當時在波市爲藍斯翻譯的電視車評舒文說：「想想你一邊要贏得環法賽，一邊又要承擔這一切的壓力，那就是他爲什麼這麼堅強的原因。有些人說他一定是服了禁藥，我得說他在生命中曾如此接近死亡，因此他絕不會亂做可能讓他回到死亡面前的任何事物。」

雖然批評者和懷疑者紛紛談論藍斯使用禁藥的可能，但在全歐洲和大西洋彼岸，卻興起一股興奮熱潮，喚醒美國對這項歐洲在夏季所熱愛運動的熱情，也在舉世成千上萬癌症過來人心中注入了驕傲與希望。藍斯只剩4個平坦的賽程要騎，而且領先了7分鐘，勝券在握。

大家紛紛在賽事最後關頭趕到巴黎要爲他慶祝，賀伊特夫婦拿到週五晚上最後兩張機票（「這是我們頭一次出國」），一票奧

斯丁友人，包括奈格斯、蓋維，全都飛到巴黎。奧查、卡麥可和史代波頓已經來到賽場，克莉絲汀由尼斯趕來，藍斯的母親則在最後兩天趕到。

「那年夏天是琳達人生的最低潮，」她妹妹黛比說，「她第三次離婚，住在小小的雙併公寓。接著藍斯在環法賽一路領先……但她沒有錢可以去。」不過什麼都阻止不了這個「梭魚媽媽」看她兒子登基封王，藍斯幫她弄了一張機票，她就上路了。他們的好友J.T.尼爾也想來，但他的癌症病情嚴重，使他只能留在奧斯丁，在電視上看完最後賽程的轉播。

在被加冕為環法賽贏家之前，藍斯拿下這項賽事三場計時賽中最後一場的冠軍——他母親在後面的車上興奮叫嚷。這個冠軍似乎是為了要強調他是最好的車手，根本不需要藥物，就能在舉世最偉大的比賽中封王。

1999年7月25日，50萬名歡聲雷動的觀眾在香榭麗舍大道上夾道歡迎，美國車迷揮舞著星條旗，來自德州的鄉親則搖晃著孤星州的州旗；來自美國各大媒體的記者全都現身報導這名癌症康復者創下的歷史佳績。在優勝者繞行這舉世最壯麗大道之時，歡欣鼓舞的布魯尼爾和隊主魏瑟也都騎著自行車，加入藍斯和郵政車隊的隊友。藍斯步上獎台時，群眾的歡呼聲達到了最高點。

在作完化療後30個月，藍斯站在環法賽獎台的最高階，身披黃衫，右手把美國郵政車隊的帽子按在胸口，聆聽法國樂隊奏著美國國歌。

藍斯‧阿姆斯壯

「我希望能被當成第一個贏得環法賽冠軍的癌症過來人。」他說。他憔悴的面容反映出他此時此刻的驕傲,與為了要達到這裡一路上所忍受的痛苦。他走下台來擁抱琳達和克莉絲汀,並且把她們擁在身邊合照。「我歡天喜地,滿心感激。」克莉絲汀說,「我非常驕傲,這是多麼奇妙的一刻。我正懷著路克……這麼多美好的事物全都在此刻發生,很難說哪一個更教人興奮、更美妙……好事接二連三。」

她不敢相信她年輕的丈夫已經贏得他那艱難運動的終極勝利,就連史代波頓也終於承認,這是東山再起,而且可能是有史以來最偉大的一次。

- -

那天一大清早,在往巴黎的火車上,我有一段時間正好坐在藍斯身旁,問他對贏得環法賽的感想。

「不可置信,」他說,「我真的沒有做那麼多。我努力訓練,但……沒有團隊是贏不了環法賽的,而且要不是克莉絲汀一直都支持我,布魯尼爾給我信念,贊助者支持,醫生救了我的命,我也贏不了環法賽。這個勝利為他們所有的人,它對我們很特別……香榭麗舍……我的家人都來到這裡,還有所有的朋友,克莉絲汀的家人,我媽媽,真是瘋狂。」

「你能再贏一次環法賽嗎?」我問道。

「我不知道，」他說，「每一年都不一樣……但我並不老。
英杜蘭第一次贏得環法賽時就是我這年齡，27歲，是真的嗎？」

「是的，」我答道，一邊用手指計算年份：「27、28、29、
30、31──五年，五勝。」

「嗯，」藍斯說，「讓我們看看……」

第十八章

險中求勝

那是我很大的動機：烏利赫和潘塔尼重回比賽。
有人說，1999年他們倆沒參賽，
因此那是二級環法賽。
——藍斯·阿姆斯壯

　　藍斯由癌症東山再起，征服舉世最困難的運動賽事，在美國社會掀起的迴響遠超過史代波頓所能想像。這名奧斯丁的運動經紀人不會再一連撥十五通電話給耐吉還沒人理睬，相反地，耐吉把企業專機租借給藍斯，讓他可以來回歐洲參加一個又一個的活動。在所有重要的脫口秀上現身（「賴特曼教人有點緊張」）、訪問白宮（「柯林頓非常有興趣，我們幫他弄來一輛自行車、一個安全帽，還有一件黃衫」）、為紐約證交所按收盤鈴。他的照片出現在早餐脆穀片惠提斯（Wheaties）的「與冠軍選手早餐」系

藍斯・阿姆斯壯

列盒裝上，藍斯光是站在街頭就會被人認出來（「一輛大消防車經過，接下來你就會看到五名紐約市消防隊員瘋狂地由車裡探出頭來，大喊：『藍斯，你是英雄！』」）。

在大西洋彼岸，藍斯戰勝逆境，贏得環法賽冠軍，使他成了自由車運動不論好壞事的避雷針。好事是來自德州的窮苦男孩在與癌症生死搏鬥之後贏得環法賽的傳奇故事，影響力深遠的《團隊報》稱之為「世紀之東山再起」，壞事則是有些人滿腹疑心，認為他脫胎換骨的蛻變只有一個解釋：禁藥。

沒有任何自由車手造成這樣兩極化的反應。歐洲媒體的感受可以用義大利報紙*Corriere dello Sport*的報導作為代表，該報對藍斯的勝利這麼說：「由人的角度，他是希望的光輝，生命之喜的象徵；由運動的角度，他只是另一個必須遵守規則的運動員。如果他遵守了規則，那麼就值得享有他所得的成功，否則，他可得到瞭解，但並不能得到認可。雖然大家的疑惑很深，但並沒有他犯錯的證據。」

也有人認為，藍斯之所以能在環法賽封王，是因為先前的冠軍都沒有參加之故──烏利赫因車禍受傷，正在休養；潘塔尼則因用藥被抓。「等著看他得和烏利赫和潘塔尼決戰的時候，」這些人說：「那時候我們才能真正評斷新的阿姆斯壯。」

「那是我很大的動機：烏利赫和潘塔尼重回比賽。有人說，1999年他們倆沒參賽，因此那是二級環法賽。」

就某方面而言，此言不虛。烏利赫和潘塔尼後來果然是藍斯

最強勁的對手，雖然他們同樣也各有各的缺失，也各有懷疑者質疑他們的表現，但這兩人卻大受歐洲百萬自由車迷的喜愛。魁梧而滿臉雀斑的烏利赫雖然比藍斯年輕兩歲，卻因舉手投足間帶著帝王的尊貴氣質，強力推進而非拚命踩踏自行車的方式，以及一副神聖不可侵犯的模樣，而有「皇帝」（the Kaiser）之稱。身材瘦小、剃光頭的潘塔尼則是「海盜」（ Il Pirata ），他的大圈耳環、山羊鬍，和印花圍巾強調了他神氣活現的登山風格。

　　烏利赫生於共產黨統治的東德，早在青少年時期就展現了冠軍相。他上了國立的運動學校，19歲就贏得世界業餘公路賽冠軍，證實了他的才華。他加入德國數一數二的職業自由車隊「德國電信」之後，臨危受命，在最後關頭被塞進1996年環法賽，要協助隊長畢揚‧李斯奪勝。烏利赫那時年方22，對環法賽並未做任何特別的準備，因此自在地參賽。他在登山賽程就表現傑出，成了李斯手下最強的一員，輕鬆就贏得最後的計時賽，差點就把總冠軍由隊長手裡奪了過來。1997年，藍斯罹癌正在休養康復期間，烏利赫由亞軍一躍封王，領先近10分鐘之多。由於差距如此之大，因此許多人都預言這名德國奇才會成為獲得環法賽冠軍五次以上的第一人。他看起來就是這樣的角色：強壯又自負，棕色的眼睛，紅金色的頭髮，燦爛的微笑。歐洲女孩都在牆上張貼他的海報。

　　和身高6呎、一副渦輪動力、就像推土機一樣冷酷無情的烏利赫相較，5呎7吋的潘塔尼是靠他超輕的體重來作上坡的疾馳攻

藍斯‧阿姆斯壯

擊。他的偶像是生涯橫跨二次大戰時期最知名的義大利車手佛斯托‧柯比（Fausto Coppi）。潘塔尼和柯比一樣，以能在山區路段單獨攻擊，擺脫群雄，而聲名大噪，他也因此在環法和環義賽拿下多次分站冠軍。1997年潘塔尼總成績名列第三，他把野心放在次年：他在環義賽精彩奪冠，使他決心挑戰烏利赫，爭取環法賽冠軍。在環法賽進行兩週之後，烏利赫原本輕鬆地以三分鐘之差領先，似乎冠軍再度在望，但在阿爾卑斯山路段奇寒又濕冷的一天，烏利赫體力不支敗下陣來，黃衫讓給了潘塔尼，而後者再接再勵，成了年度冠軍。

潘塔尼在談到自己的勝利時說：「不是我吹牛，但若沒有潘塔尼，恐怕沒有人能威脅烏利赫，說不定結果又會和去年一樣。人人都會說烏利赫最強！」

在2000年環法賽準備報到時，大家都看好烏利赫。潘塔尼則還在義大利，訴訟纏身，因為他1999年環義賽的血容比高得教人起疑，被指「運動詐欺」，因此正在法庭奮戰；而藍斯則準備以他前一年所採取的那種有力方式衛冕。這名德州人的精力來自於他要打倒傳言的欲望，因為傳言他之所以能在1999年環法賽封王，是因為他服食禁藥，或者因為這兩名強敵不在場。

藍斯現在也明白他的勝利對全球的癌症病患和康復者有多大的意義，他所做的一切會如何影響和啟發他們。「我並不覺得今年這樣是東山再起，」他說，「而是一種證明──這對癌症生還者非常重要，這證明身為癌症生還者的我去年所做的一切有什麼

意義，尤其當今年大家都來到起跑線前之時。」

在家庭方面，這時也有了新成員：藍斯和克莉絲汀八個月大的兒子路克・大衛。如今他們已經是一個圓滿的家庭了，這對藍斯、他的價值，和他的人生觀都有極大的影響。「在罹癌之前，一切都是我，我，我，」藍斯說，「沒有克莉絲汀，也沒有路克，我也沒有歸屬感，沒有任何事物會產生共鳴，沒有任何事物是私人的。現在我的人生則是屬於我的。

「我曾說，如果我對家人好，對朋友忠實，如果我回饋我的社群，或者爲某個目的奉獻，如果我不是說謊者、騙子或小偷，那麼我相信，這樣的人生就該足夠。我認爲這是非常性靈的作法，因爲那就是人們爲什麼經常上教堂的原因——去學習這一切。不論有沒有上帝，或者更崇高的事物存在，它都是灌輸這些價值、社群感、自我的感覺，和家庭感。」

這些就是如今支持藍斯的價值。

藍斯和布魯尼爾一起準備兩人攜手合作的第二次環法賽，他們倆依舊小心謹慎，悄悄地探查了環法賽的場地，沒有任何人知道，一直到藍斯失速摔車，被送往露德（Lourdes）醫院時，兩人五月初赴庇里牛斯山探查環法賽場地的消息才傳了出來。「那天天氣很差，又冷又濕，」布魯尼爾說，「藍斯在蘇洛（Soulor）山

藍斯・阿姆斯壯

頂上停下來，修理機件毛病，我們開車正準備趕上他時，他已經在下坡路上出了事，臉部撞上石頭。他躺在路上，一副慘兮兮的模樣。我們很擔心他能不能參加環法賽。」幸好主要的問題只是輕微的腦震盪，藍斯一週內就恢復了，重新展開練習，也繼續考察場地。

布魯尼爾談起藍斯悄悄進行的環法賽準備說：「我們一直都盡量和別人隔離，這是我們想要的型式。自由車賽的戰略非常複雜，要看你想要以多麼神秘的手段來面對它。我的策略就是讓人人都覺得藍斯很特別，我們有特別的訓練方式，有特別的一套作法。」然而布魯尼爾承認，這樣的秘密作法也有缺點，教媒體疑心大起。

「藍斯是訓練最多的選手。但我認為我們自2000年起該做的一件事，是請一些重要媒體在五、六月間來我們的訓練營，讓大家知道藍斯怎麼為環法賽作準備。我想這能解答很多問題。我們沒有這樣做是因為我認為這會洩露軍情給我們的對手。」

藍斯摔車後十天又回到庇里牛斯山騎完這段路程，如果有記者在場，就會看到他對這些探路之行有多麼仔細。他在冷雨中完成了蘇洛這段漫長的下坡，來到深谷，然後在一條窄路騎8英里上坡，最後來到一個荒涼的高原，名喚歐達康（Hautacam），這就是李斯1996年鎖定勝利之處。藍斯想要把這段重要的爬坡路段牢牢記在心裡，第一段路是不規則的斜坡和急彎，通往鄉間的村落，而最頂端的路段則極其陡峭，需要費勁爬坡，難度教人刻骨

銘心。

　　歐達康這段路在環法賽雖然只要半小時左右就可爬完，但藍斯認為半小時就能旋乾轉坤，決定整場比賽的結果。因此他在風吹雨打中來到山頂，並回頭告訴跟在車裡的布魯尼爾，他還要再來一次，布魯尼爾驚訝不已。他們回到山谷中，藍斯再度爬坡，測試所有彎道，要找出哪一個彎道最適合攻擊。

　　和藍斯辛苦的準備比起來，烏利赫的作法恰巧相反，他絕不勘察環法賽的爬坡路段，如果問他為什麼不這樣做，他的答案是：「有時最好不要知道終點在哪裡。」至於潘塔尼則研究地圖和簡介，但他卻不喜歡事先去體驗爬坡路，而要等到比賽當天臨場反應，這也反應出他對人生的態度。

　　藍斯準備的下一個步驟同樣也保持秘密，他到瑞士滑雪勝地聖莫瑞茲（St. Moritz）進行10天的高海拔訓練營。他與隊友李文斯登同往，按照倍受爭議的義大利訓練顧問費拉里所規定的日程訓練。「最重要的訓練時程是6至7小時，」費拉里說，「總攀爬路程為5000公尺。」這和環法賽本身最長最困難的賽程相當。這也說明了為什麼藍斯從不會因他在七月環法賽時所面對的路程而驚慌失措。

- -

　　任何曾參加環法賽的人都會告訴你這比賽有多麼殘酷，如何

藍斯‧阿姆斯壯

打擊你的身心。這比賽的要求嚴苛，雖然對觀眾和車手很有吸引力，但真正會去參賽的人實在是鳳毛麟角。「正常人不會想參加環法賽，」環法賽老將艾倫‧皮佩（Allan Peiper）說，「如果你身心平衡，就不會為了樂趣去參賽；你會參賽，就是因為你不平衡。這比賽中有某些因素，或者深藏在你心靈中的某個事物，驅策你證明自己的價值或認可。」藍斯、烏利赫和潘塔尼心中全都受魔鬼驅使，讓他們參加環法賽，並且想一贏再贏。藍斯和烏利赫的父親都曾凌虐家人，或者很早就拋妻棄子而去，而潘塔尼則是一直想證明自己能力的小男孩，從他大到能爬上自行車追逐街坊鄰居的大哥哥之後，就一直扮演這樣的角色。

2000年環法賽，潘塔尼的大哥哥對手就是藍斯這名德州佬和皇帝烏利赫，而這回是海盜潘塔尼頭一次有機會能在庇里牛斯山第一個賽程終點的歐達康打敗他們。整整一年來，大家都在談這三名冠軍選手將在環法賽爭王的消息，如今指望了許久的決戰之日總算來了。

藍斯在第10賽程那天，一大早醒來時，聽到大雨潑在旅館窗戶上的聲音，他「激動得發狂，」郵政車隊友漢米爾頓說：「藍斯是很堅強難纏的人物，他喜歡大挑戰。」相較之下，潘塔尼在等比賽開始時，只稍稍打開隊上帳篷車的窗戶，緊張地望了一下黑雲，而烏利赫則躲在隊車裡，直到最後一刻才現身。

這名德國車手希望他們到歐達康之前天氣能放晴，但6小時的賽程騎了5小時，他和潘塔尼和藍斯一同與二十多人的選手騎

完最後一段漫長的下坡時，寒冷的情況依舊。在山谷對面烏雲覆蓋的歐達康，媒體大軍躲在軍用帳篷大小的雨篷下，看著螢光幕上的實況轉播。環法賽三名前冠軍選手抵達山腳下準備展開眾所矚目的雌雄之戰時，媒體起了一陣騷動。一小群車手以2分鐘和10分鐘之差領先在前，但所有記者的眼睛都盯著三大天王不放——他們才是總冠軍的主要人選。潘塔尼認為此刻是他擺脫一年來用藥詐欺罪名的最好機會；烏利赫則因雨暫停而感振奮，雖然地還是濕的；而藍斯則擺好比賽姿勢，希望他的身體能回應預料之中的攻擊。

潘塔尼以熟悉的姿態一馬當先，衝出群雄時，媒體室掀起一波興奮的浪潮，烏利赫並沒有追上去，只是凝視前方，以平穩有力的登山風格穩定前進，希望保持競爭力，而藍斯看著這名德國車手堅定的臉龐，由座墊上站起，探立姿騎乘，加速追上他與潘塔尼的距離，一等兩人齊頭，他就以訓練時的高騎乘節奏穩穩坐定，把住龍頭，藍色的眼睛堅定地看著上方陡峭的爬坡路段。潘塔尼為藍斯的攀爬速度大驚失色，但就是追趕不上。他非但趕不上藍斯，而且在最後6英里落後這名美國選手5分鐘餘。

藍斯沒有露出疲憊的跡象，而且很快地追上爬坡好手如艾斯卡丁等領先2分鐘的優勢，媒體室的許多記者開始搖頭。這些長久以來一直都在報導環法賽的記者記不得有哪一名車手能不流露一點費力的模樣而能騎這麼快，就連1998年在「玫瑰競騎」中教藍斯採取高騎乘節奏的環法賽冠軍英杜蘭也不能。等記者群在華

藍斯‧阿姆斯壯

氏40度(攝氏4.4度)的陰霾天氣中,衝出去看這個賽程的終點結果時,只見藍斯衝刺名列第2,只差巴斯克車手傑維爾‧奧茲瓦(Javier Otxoa)42秒,而這名選手在山腳下時,原本領先他10分鐘。

藍斯非但趕上其他的選手,而且超前他們。他用上了兩次賽前勘察地形所搜集來的情報,在最險峭的坡上加速,在這些地方,他的確像潘塔尼一樣,採取立姿踩踏。這個賽段被稱為自1969年墨克斯巔峰歲月之後最精彩的爬坡賽段表演。藍斯披上黃衫,總成績領先名列第2的烏利赫4分鐘餘,在一片驚訝中,這次的環法賽勝負已定。

藍斯爬上歐達康高原的速度平均每英里比別人快30秒,這樣的表現不免再次受到質疑,認為他有可能使用EPO。懷疑的人說,除此之外,無法解釋他這樣卓越的表現,即使所有的車手都知道他們的尿液採樣已經冷凍起來,準備接受當年稍晚引進使用的EPO測驗分析。如今已成為標準程序的賽前血液檢查雖逮住三名沒那麼出名的車手,發現他們的血容比超過50%的限制,但想要炒新聞的媒體卻希望能網住更大的魚。

法國國營的France 3電視網基於這樣的想法,再看到藍斯在歐達康賽段不可思議的爬坡表現,於是派了一組攝影人員悄悄

地追蹤藍斯的美國郵政車隊，想要找出他們任何啓人疑竇的舉止，任何用藥的證據。一週後，記者以爲他們找到了目標：就在美國隊位於摩津（Morzine）下榻的飯店之外，他們看到有兩個人把一大堆鼓鼓的塑膠袋堆進郵政車隊的隊車，於是他們跟在後面觀察。這些法國記者拍到美國隊把垃圾丟到路邊的垃圾堆，於是去把垃圾揀了回來，後來據說這裡面有醫療用的廢棄物，包括止血敷布和包裝，但並沒有禁藥產品。三個月後，巴黎的檢察官接獲另一次線報，對郵政車隊展開調查。法國《鴨鳴週刊》（*Le Canard Enchaîné*）報導，垃圾袋中唯一可疑的是一個名爲Actovegin產品的空箱子，這是一種小牛血液提煉出來的去蛋白衍生物，郵政車隊的發言人後來說，這個產品是用來治療車手的擦傷和一名職員的糖尿病。而這兩者也都是此產品的正當用途。

　　國際車總次年冬天把Actovegin列爲禁藥，因爲此產品可能增加血液的攝氧量——雖然並沒有確實的資料證實此點。藍斯說他從沒有聽過這個產品，而當法國調查人員最後分析郵政車隊在2000年環法賽的尿液及血液檢體時，全隊篩檢結果也都呈陰性。

　　「我們同意所有的檢體都讓國際車總釋出，」布魯尼爾說，「我在巴黎被警方盤問了三小時，我問他們：『爲什麼這個案子還沒調查完？』他們說：『我們把所有的檢體都交給巴黎的實驗室，這是私立的實驗室，但他們什麼也沒找到，藍斯的檢體尤其查不出什麼，一定是實驗室忘了測試什麼東西了。』這時我才明白，我們根本就不可能讓他們滿意。」十八個月後，這個案子

藍斯·阿姆斯壯

終於不了了之。

　　這件司法案件和法國國營電視的窺探，只不過是官方欲加之罪何患無詞的明顯證據，但德高望重的英國電視車評舒文認為，還有其他想要讓藍斯蒙羞的行動在進行。曾任環法賽車手和車隊主管的他說：「我相信法國政府最高層檢查了他的尿液和血液，但什麼也沒發現，如果有什麼可以查到的，早就查到了。這些人只要想找出證據，就能找出證據。環法賽主辦單位是非常有權力的機構，如果它能讓香榭大道封路，就能讓任何人檢查頭髮毛囊、DNA、全身上下。因此我相信他們拚命要找出藍斯的破綻，但找不出來。」

　　舒文疑心法國當局反藍斯的作法，因五年後一系列的事件而更有力。剛開始是法國國營的巴黎實驗室(LNDD)洩露了該單位正在對環法賽車手作藥檢的消息，刻意把秘密實驗調查的結果走漏給《團隊報》，該報的老闆正是主辦環法賽的企業集團。這個由世界反禁藥組織(WADA)授權的計畫，是要測驗尿液檢體，包括藍斯自1999年奪得環法賽冠軍以來所有冷凍保存的檢體，據說結果可助WADA改進檢測 EPO的分析測驗。不過研究結果宣稱，有些舊檢體已經測出EPO反應，而且檢測單位還違反規章，列出車手的代碼。

　　《團隊報》的記者於是開始追查，設法取得了瑞士國際車總所保管的車手代碼，車總懲處了洩露資料的職員，但記者已經把藍斯和尿檢檢體聯想在一起，於2005年8月23日發表專文譴責。

　　環法賽主辦單位採取尿液檢體之後，立即把它分爲A、B兩瓶，如果A瓶作任何測驗呈陽性反應，就再採用B瓶驗證，如果要有確實的證據，必須兩瓶的檢體都有一致的結果。因此，1999年僅存的檢體只有B檢體——也是這次研究唯一採用的檢體，是原本已經測試呈陰性反應檢體的B檢體，根本不能作爲服食禁藥的證據，但《團隊報》依舊作出這樣的報導。

　　在這篇頭版報導「阿姆斯壯的謊言」標題下，《團隊報》指出阿姆斯壯在1999年環法賽時所採取的十五個尿液檢體中，有六個呈 EPO陽性反應，又說這個結果正符合他在序幕賽前和塞斯特里山區賽段前注射EPO的時機，才能有當時驚人的表現。報導並沒有提到藍斯在1999年環法賽的表現並不符合施用EPO選手的反應。在環法賽的主要賽程，他都沒有致勝：在指稱他EPO陽性反應的麥茲賽程計時賽中，他在最後3英里敗下陣來，以16秒之差輸給祖爾，衝過終點線後還因筋疲力竭倒地；在塞斯特里山頂上驚人的表現中，他也在最後2英里敗給祖爾12秒；在皮奧到英格利這一長段庇里牛斯山賽程，他在終點前最後1英里，以9秒之差，落後維宏格和祖爾。施用EPO 的人不太可能在10天期間三度這樣失利。

　　此外，對於尿液冷凍貯存那麼久，是否還能用來測試，科學家也眾說紛云。2006年獲得加拿大醫學會榮譽獎章，並於蒙特婁國家科學院負責WADA實驗室的克里斯提・艾歐特（Christiane Ayotte）當時就說：「我們很驚訝，保存那麼久的尿液檢體竟還

藍斯‧阿姆斯壯

能在2004年測驗出EPO的存在。不論在天然或合成形式中,它在尿液中都不穩定,即使以零下20度的溫度保存亦然。」

科學家也質疑這個測驗是否有效,因為很難分辨人自然的EPO和人工增強的EPO。EPO的分析測驗並不簡單,要用電場把尿液檢體中的蛋白質拉到吸墨紙的另一端,產生一連串條紋,人體自然EPO和化學形式的EPO所產矩形的條紋有大量重複,需要技師判讀,才能確定結果是陽性或陰性。如果尿液未經適當貯存,條紋就很容易扭曲。有的化學家還說,如果在艱苦練習之後馬上採取尿液檢體,還可能會有偽EPO陽性反應。

《團隊報》的報導受到國際車總譴責,車總稍後委託前荷蘭反禁藥機構的主管維萊蒙律師獨立調查,維萊蒙的報告洗刷了藍斯的罪嫌。報告中列出許多結論,包括如下這點:「如果LNDD按照規定執行測試並據此報告,就不該會產生任何藍斯‧阿姆斯壯使用禁藥的指控;任何和反禁藥單位有關的人,即使只是暗示分析結果有任何證據,都毫無根據;LNDD的代表自行認定所謂的『陽性』尿液檢體是否含有『違規分析結果(adverse analytical finding)』,只是漏洞百出。」

不過WADA主席迪克‧龐德(Dick Pound)卻不以為然,甚至對這樣的結論嗤之以鼻,他說:「維萊蒙報告欠缺專業客觀,簡直荒唐。」這名加拿大官員依舊維持他先前的態度,一口咬定「社會大眾都知道環法賽的車手使用禁藥」。

龐德的激烈言論和《團隊報》聳動的報導,讓郵政車隊總監

布魯尼爾怒不可遏，他說：「我認為藍斯變得比環法賽還出名，這教法國人受不了……我們一直都覺得，他們會竭盡所能打擊我們的信譽，這一切都來自龐德的指控，而我們沒有任何辦法為自己辯護。」

- -

法國人已經十五年沒拿到環法賽冠軍，他們痛恨盛氣凌人的美國年輕人奪走這項原本他們專屬的桂冠，但另一方面，即使他們受不了藍斯在最陡峭的爬山路段輕而易舉領先對手的事實，卻也不得不對藍斯服氣。他們希望他們的冠軍在臉上顯現出努力奮鬥的表情，但藍斯卻沒有。因此在藍斯流露出軟弱的一面時，不喜歡他的人就興高采烈。2000年環法賽第16站的情況就是如此，他那時經歷了車手所謂的「撞牆」（bonk），也就是血糖突然下降，迫使車手減速，甚至停下踏板，覺得頭暈目眩，身體不聽使喚。這是因為在比賽中所吃的食物不足，熱量消耗殆盡，缺乏體力之故。

藍斯的「撞牆」發生在阿爾卑斯山最後一個賽程，在潘塔尼大膽攻擊之後。這名義大利車手隨著比賽進度，表現越來越優異。他在歐達康賽段後兩天，第12站時，首先展露出自己的技巧。在馮杜山杳無人煙的斜坡上，潘塔尼加速超車，藍斯得費勁跟上，兩人並轡爭先，迎著側風，朝向通往終點的陡坡前進。藍

藍斯・阿姆斯壯

斯知道潘塔尼一年來生涯搖搖欲墜，也記得他在藍斯罹癌康復後，曾願讓藍斯加盟他的車隊，因此他打算禮讓這名義大利車手贏得這個賽程，他向潘塔尼打手勢說："Tu vince"，即義語「你贏」的意思，但潘塔尼誤會了，以為藍斯說的是 "Piu veloce"，要他騎快一點——不尊重他的表示。因此在藍斯讓對手贏得這個賽程之後，潘塔尼怒氣沖沖地告訴義大利媒體，他受到輕視。

三天後，在第15站，潘塔尼在山頂庫雪佛（Courchevel）終點前又突然發動攻擊，這回藍斯招架不住，他趕緊用無線電通知布魯尼爾打電話給正在義大利家裡看比賽實況轉播的費拉里醫師，要他計算一下潘塔尼到終點時可能領先他多少時間。費拉里的答案雖讓藍斯安了心，但潘塔尼的確贏了這一站，總成績進步到第六，依舊是藍斯的勁敵。

因此當潘塔尼在下一站第一個爬坡路段單獨領先時，藍斯非常重視他的這個動作，郵政車隊在崎嶇的山道上窮追潘塔尼，結果除了爬坡好手韓普斯登和李文斯登之外，所有郵政車隊的車手都落後。兩個小時之後，潘塔尼的速度讓他爭取到總成績第二的位置，兩名郵政車隊好手不得不更努力緊追，好保住藍斯的領先地位，他們的速度太快，藍斯沒有空在進食區拿取食物袋，而他的隊友都落後他數分鐘以上，因此他也沒辦法獲得隊友支援的食物。

雖然筋疲力竭的潘塔尼最後被李文斯登和韓普斯登所率的團隊追上，但這兩名郵政車隊好手也已經軟弱無力，一旦爬上Col

de Joux-Plane登山點的坡道，他們就落後了。就在這裡，在這賽程的最後一段爬坡上，藍斯「撞牆」了，他在距山頂僅4英里的地方，在一路走來都堅強無比之後，他突然洩了氣。他騎得越來越慢，烏利赫不敢置信地回頭望，並加快向前。布魯尼爾透過無線電要藍斯保持鎮靜，只管向前騎，但藍斯從沒有在車賽中受到這樣的折磨，幾乎連踏板都踩不動。他痛苦地踩踏，全憑意志力和夾道兩旁美國車迷的鼓勵吶喊才能繼續前進。車迷之一是他的奧斯丁老友奈格斯，他看藍斯搖搖欲墜，不由得由群眾中跳出來，跟在他身邊跑，鼓勵他向前。

藍斯憑著盲目的本能，設法跟住兩名在爬坡路段趕上他的義大利車手，一旦攀上山頂，他才鬆了口氣：接下來是一路下坡直到終點。他依舊以1分37秒之差敗給烏利赫，但這樣還算好——1998年環法賽烏利赫「撞牆」那一次，落後潘塔尼達9分鐘之多。

在接下來的幾天，藍斯恢復得不錯，還以史上等長賽道最快速度——時速33.545英里，贏得最後37英里計時賽的勝利，並以6分鐘之差領先烏利赫，拿下第二座環法賽總冠軍。

在環法賽最後一天，實力堅強已獲證實的郵政車隊乘著藍色火車——東方快車號進巴黎市，率領所有車手進行香榭大道最後一段衝刺，並舉行慶祝活動。這一年有上千美國人也擠在人群中為藍斯慶功。他們欣喜地看著藍斯舉起也穿黃衫的九個月大兒子路克放在肩頭，望著他生命中另兩位摯愛——克莉絲汀和琳達。

藍斯‧阿姆斯壯

　　這回藍斯看起來比前一年贏得勝利時自在也有信心得多，不再為自己的勝利而那麼吃驚。這次的賽事壓力沒有1999年那麼大，他前一年曾說：「我花了整個季後的時間，心理上才恢復過來。」另外他也覺得自己已經清白了，他已經證明了禁藥的指控純屬無稽，也打敗了兩名前環法賽冠軍烏利赫和潘塔尼。我問他未來是否還會參加環法賽，想不想平英杜蘭的紀錄，他只說：「我明年還會參加；我可以向你保證這點。」

　　烏利赫也會在2001年繼續挑戰藍斯，但潘塔尼則不然，這名義大利車手日後沒有再贏得任何一場比賽，而且因為憂鬱染上毒癮。他在2004年情人節當天，因服藥過量而去世。

- -

　　兩萬五千人來到潘塔尼的故鄉西桑納提科（Cesenatico）參加他的喪禮，這是亞得里亞海邊的一個小漁港。這些人來此向潘塔尼致敬，是因為他是大家喜愛的車手，也因為他們覺得他是車壇打擊禁藥的犧牲品。車迷覺得潘塔尼被媒體和法院利用了，該改進的應該是整個體系。藍斯寄了一張弔唁卡給潘塔尼的家人，對於承受禁藥指控者所受的折磨，他感同身受，這是他很能體會的一點。

　　藍斯告訴我，經常受人質疑他的誠信與否，實在很難忍受。

　　「我得承認，這真的很困難，有那麼多事，而且很教人生

氣，」他說，「這真是太糟了，這是非常困難的運動——可惡，真的很難！這是你14歲初次騎車時的感受，但當你25或35歲參加環法賽或經典賽時，這也不會改變。你沒辦法拿任何比賽的痛苦折磨和環法蘭德斯或環法賽相比，在環法賽，一天要騎240公里，通過三個登山口，這是舉世最困難的運動，而且又很搶眼。賽場上有許多事物，有金錢、有名聲，還有眾人的注意……何況在歐洲，還有你們社群的尊嚴——永遠！」

　　歐洲人瞭解自由車賽，是因為每一個社群都有一個車賽英雄，就像潘塔尼一樣，而美國社會大眾卻對這項運動的困難度所知不多，大家雖聽過環法賽，但卻只知道它是一場持久賽，騎車環繞法國，為期三週。其實，環法賽對運動員而言，是多方面的挑戰，只要搞砸其中之一，就會全局皆輸。而藍斯之所以和他的競爭對手不同，是因為他對細節越來越注意，還有他希望在任何重要因素上都要掌握優勢，不論是製造自行車的科技、科學訓練、後勤計畫、身心兩方面的健康，抑或只是平衡的飲食。指稱他不可能不用藥而在環法賽成功的人，其實是只看到藍斯在比賽時的表象。

　　藍斯說他從未在藥檢中測出陽性反應——他已經檢驗過數百次，不論是例行檢查或是抽檢，但懷疑他的人卻說，這是因為他的醫生找出方法規避檢測出陽性。他們說微量使用EPO在藥檢中檢查不出，但卻能讓參加環法賽的運動員很快地恢復體力，但藍斯有他自己恢復體力的方法，是由一流的脊椎治療按摩師傑夫·

藍斯‧阿姆斯壯

史賓塞（Jeff Spencer）所提供的服務開始。自1999年起，藍斯就仰賴史賓塞，後者也在高球大賽時，協助照顧老虎伍茲。環法賽每一位選手都有專屬的治療按摩師，在每日賽程結束之後幫他們調理身體，但史賓塞與眾不同，他也和藍斯一樣，運用各種科學或科技的進展，採用各種新知，把他的專業發揮得淋漓盡致，達到藝術的境地。

法國當局對史賓塞十分疑心，據布魯尼爾說，在法國於2000年環法賽之後展開對郵政車隊的調查時，史賓塞是重點對象。「警方給我看史賓塞的照片，問我為什麼他沒有被列入環法賽名單中。『因為他不需要參加環法賽的通行證，』我說，『他是由一個旅館到另一個旅館。』他們告訴我：『我們認為他很可能透過遺傳作法參與禁藥作業，因為這方面在美國非常先進。』他們有些瘋狂的理論。」

史賓塞年約五十來歲，身材瘦小，頭髮已禿，戴著窄窄的無框眼鏡，他喜歡參與幕後作業，很少接受訪問。在擔任脊椎治療按摩師之前，他曾是奧運爭先賽車手，也是葛斯基1984年拿下奧運爭先賽金牌時的顧問。葛斯基擔任美國郵政車隊經理後，馬上就把史賓塞帶到隊上來。

「藍斯和我一見投緣，」史賓塞告訴我，「我馬上就喜歡上他的個性、智慧，和他想盡量發揮自己的志向。」藍斯對他也有同感。在《分秒必爭》一書中，藍斯寫道：「史賓塞一方面是醫生，一方面是導師，一方面也是藥師……沒有他，我們知道我們

永遠到不了巴黎。」

　　史賓塞的正式職銜是隊上的脊椎治療按摩師，但藍斯說他「其實不只是物理治療師。頭一年，他做了很多工作。我的左臀有點下垂，他總幫我調整它，把它拉高，因此我總會說：『我需要拉拉腿。』」

　　在環法賽典型的一天裡，藍斯早上總會花點時間與史賓塞在一起，主要是拉筋；到下午，藍斯最後要做的一件事也是請史賓塞到他房裡三十分鐘或更久，「照看一切。」說話快速精確，又常喜歡整段敘述的史賓塞說，「我們會盡量找身體上緊繃的地方、緊繃的肌肉、活動不正常的肌肉、過緊的關節，以及不能正常動作的肌肉，我們會矯正這些肌肉，並盡快把緊張排出身體，讓身體能恢復正常，讓他第二天起床時，可以恢復最佳的身體狀態。」

　　史賓塞說，促使他探索傳統脊椎按摩之外領域的正是藍斯。「我們總尋找並接納尚未成為主流的新科技，」他說，「我得找出大家還不知道的新知，讓藍斯擁有競爭優勢。我所做的事，原本就不能昭告天下，不該讓大家知道。」

　　「2000年，我們採用較先進的科技，比如冷雷射頻率和血容科技，在極短的時間內造成身體的改變。這讓我們能加速每天復原的時間，讓他不致累積身體的緊張和壓力，以免造成疾病或傷害。這些新方法讓我們能夠檢視人體，瞭解其缺失，趁著傷害尚未顯現之前去除它。」

藍斯・阿姆斯壯

　　促進藍斯每日復原的另一個關鍵因素是高海拔帳篷，這是模擬高海拔低氧的環境，讓人睡在裡面，藉以促進人體的血容。這是以安全合法的方式來作相當於EPO非法所做的事。「我認為偉大環法車手的秘密，」史賓塞說，「是要在身體經過努力運動之後恢復原樣，而高海拔帳篷就扮演重要角色，藍斯也能很安心地使用它。」

　　史賓塞常和傑出的運動員相處，因此他能夠看出藍斯之所以與眾不同之處。「藍斯有很多特色，堪稱歷來最偉大的運動員而無愧。」他說。他首先提出的是藍斯獨特的生理條件，「如果摸他的身體，就會發現它雖柔軟卻堅強，不像其他車手在每一站結束後的情況，他的身體不像其他車手受到比賽的影響，而能更快地作出反應。」

　　最後史賓塞也指出藍斯為什麼可以成為偉大的隊長：「他從不要求別人做他自己沒有做十次以上的事，他總是很徹底地做每一件事，而且對隊友也總表現出十分的感謝和敬重，他總以得而非失作決策考量。他真可說是求好心切，並且以身作則的典範。」

- -

　　藍斯依舊覺得有必要證明他是真正的冠軍，而且他對勝利的胃口並不因兩次坐上環法賽王座而飽足。他2001年連續第三

度參加環法賽事，等於也進入了菁英的領域。只有四名車手曾連續三次以上贏得環法賽：路易森・波貝（Louison Bobet，1953-1955）、賈克・安奎提爾（1961-1964）、比利時車手墨克斯（1969-1972），和西班牙車手英杜蘭（1991-1995）。藍斯希望能成爲第五人，但即使在下一屆環法賽開始前，一切似乎就聯手和他作對。

尤其他服用禁藥的謠言已經傳開，甚至在他自己的故鄉。「《德州月刊》在2001年環法賽前不久，就報導了藍斯和自由車賽中使用禁藥的故事，」奧斯丁運動作家蘇珊・哈利波頓（Suzanne Halliburton）說，「我的報社那時也安排請一名自由攝影師爲藍斯、克莉絲汀和路克一起合影，搭配我寫的環法賽前報導，已經準備要登了，但《德州月刊》的報導卻搶先一步，並且用了同樣的照片。克莉絲汀勃然大怒，藍斯也因爲克莉絲汀的緣故，對我們非常生氣，他說他永遠不再和我說話。那正是我準備動身採訪環法賽的前兩天。」

這雜誌冗長的報導穿插了滿心懷疑的記者和熟悉自由車壇人士的引述，有一段引言是來自要求匿名的美國隊上醫師，記者稱之爲「藍斯的攻擊者」，他很肯定藍斯必然「服用了所有主要的禁藥。」問到證據時，這名醫師說：「我沒有證據，很難突破這個體系——大家都遵守保持沉默的原則。」

這篇報導中，記者也引述了大衛・華許（David Walsh）的話，華許是《週日泰晤士報》的頭牌體育記者，而《週日泰晤士報》在環法賽的第一天就刊登了華許所寫的長篇報導，暗示藍斯

藍斯·阿姆斯壯

服用了提升表現的藥物。華許指出前摩托羅拉隊友所提出的「證據」，並透露藍斯與「惡名昭彰」的費拉里醫師有所關聯。搶著探詢細節的國際媒體全都湧向郵政車隊所下榻的小旅館，但藍斯卻沒有現身，因此他們的問題並沒有得到答案。華許後來就以這篇文章為本，發表了他備受爭議的書《藍斯·阿姆斯壯秘密檔案》（*L.A. Confidentiel: Les Secrets de Lance Armstrong*）。

車壇上的發展也對藍斯不利，他的奧斯丁友人李文斯登離開郵政車隊，加盟敵隊——烏利赫的德國電信，教他覺得受到背叛。布魯尼爾聘了兩名西班牙車手來取代他的位置：羅伯托·艾拉斯和荷西·魯比耶拉（ José Luis "Chechu" Rubiera），他們倆是歐洲最佳的登山好手，但失去一個信賴的隊友依舊很教人難過。

即使如此，在以精彩的表現贏得了10天的環瑞士賽冠軍之後，藍斯成了2001環法賽最熱門的冠軍人選，烏利赫則再一次成為他最強的勁敵，他才剛在德國的單日全國公路賽封王，也展現了他在為期三週環義賽中甩掉10磅贅肉的最佳體魄。

一等環法賽展開，藍斯除了禁藥疑雲之外，還得面對其他的問題。他隊上的頭號登山好手艾拉斯在團計時賽中和隊友凡德·瓦爾德意外相撞，傷了膝蓋；幾天後，凡德·瓦爾德又撞了一次車，不得不退賽；藍斯和布魯尼爾估計錯誤，讓哈薩克的安德瑞亞·基維勒夫（Andrei Kivilev）總成績領先藍斯15分鐘；接著另一名郵政車隊的登山好手漢米爾頓在阿爾卑斯山前最後一個賽程撞

了車。由於隊友紛紛受傷，再加上對手志在必得，因此藍斯知道他必須採取積極攻勢，彌補落後登山好手基維勒夫的時間，並且拉開與烏利赫的時間差距，因為在10天的比賽之後，烏利赫只落後他3秒鐘。

藍斯的第一個機會是在阿爾卑斯-于茲賽程，也就是他1999年在贏得塞斯特里站後，因不想再惹來更多的用藥指控，而刻意壓抑的賽程。這回大家都期待他以前一年在歐達康高原上展現的風格，來一段精彩的登山表演。藍斯知道車迷的期待，也知道艾拉斯和漢米爾頓都受了傷，因此想了一招來化解隊友的壓力——並且欺騙烏利赫，誤導他產生希望。

「我回到隊車旁告訴布魯尼爾：『我們讓他們偷聽我們的無線電交談，不要相信我說的任何話。』」藍斯說。他留在領先群後面，假裝疲憊不堪，並且用無線電和布魯尼爾溝通。烏利赫的車隊經理華特・古德福魯特（Walter Godefroot）果然中計，以為藍斯真的不舒服，於是下令他的車手，包括李文斯登在內，加快配速。這正是藍斯預期的結果。這樣做讓烏利赫的隊友很早就耗盡體力，而讓傷兵累累的郵政車手能保持精力，以備于茲賽程最後的登山路段。

藍斯的表演十分逼真，讓每一個電視轉播的車評都告訴觀眾說，這名美國選手受了傷。和大家一起看電視的觀眾之一正是一位演員：藍斯的朋友——好萊塢明星羅賓・威廉斯（Robin Williams）。「整個環法賽中，我最欣賞的那一段就是他假裝

藍斯・阿姆斯壯

快要輸了的時候；他表演得真可以得奧斯卡獎。」威廉斯說。
「就連(英國車評)費爾・李吉特(Phil Liggett)都說：『我不知道
發生什麼事了，藍斯今天看起來沒什麼活力。啊，烏利赫在那
裡……』」

　　支持烏利赫的大群觀眾揮旗吶喊，他們的英雄在通往終點
的第一個陡峭山坡上追過隊友李文斯登和安德瑞亞・克羅登
（Andreas Klöden），「皇帝」似乎終於發威了，然而藍斯的新隊
友魯比耶拉卻發出吶喊，以飛快的速度衝過烏利赫和他的隊友，
只有藍斯還能維持他的位置不變。擠在這段阿爾卑斯山21個曲折
山道的25萬名觀眾莫不滿心敬畏地看著藍斯和魯比耶拉衝上山
頂，身後跟著基維勒夫和烏利赫，他們終於慢慢趕上這兩名郵政
車隊車手，就在他們趕上那一刻，魯比耶拉退了下來，只剩下藍
斯一馬當先，身後是烏利赫和基維勒夫，這時藍斯回過身來，盯
著烏利赫，似乎在引誘他往前，但接著藍斯加速騎開了。

　　「他回頭時，大家都明白這混球是假裝的，」羅賓・威廉斯
說，「他們都浪費了體力想拉開和他的距離……結果他突然之間
精力飽滿，把他們全都甩開了，就連李吉特都說：『他真的有體
力，我錯了。我不知道怎麼回事，噢我的天。』」

　　藍斯在發動猛烈攻擊之前，對烏利赫的那回頭一望，就成了
日後他知名的「回眸一望」，瑞士明星車手羅明傑在德國電視上
稱之為 "ein provokation"（挑釁之望），但這並非藍斯的本意。

　　「大家都以為我那一望是為了要奚落他，但其實我是在找魯

比耶拉，」藍斯說，「我想的其實是你在發動攻擊之前所會想的事：我已經達到極限了，不知道這樣做能不能成功。我也許能拉開和他們的距離，或者他們會追上我。要是我突然兩腳打結，讓他領先了，那怎麼辦？那樣我就成了守勢，必須找隊友支援。』所以我只是回頭看萬一我需要他們協助才能脫離困境，他們會在哪裡。我的眼睛根本是穿過烏利赫，看魯比耶拉在哪裡，不是在看烏利赫。」

但是嚇了一跳的烏利赫卻是望著藍斯，就在那一刻，在藍斯加速由他面前騎走之前，這名高大的德國車手反應就像1974年10月拳王福爾曼（George Foreman）被欺敵的阿里（Muhammad Ali）擊中之後的反應。諾曼·梅勒（Norman Mailer）在《打鬥》（*The Fight*）一書中描寫道：「福爾曼的眼睛一直都在阿里身上，他向上望，並不憤怒，就好像阿里的確是他在世上最熟悉的人，在他瀕死那一天看著他的那個人。他搖搖欲墜，雖然並不想倒下，卻不得不倒下。」

烏利赫也同樣被藍斯擊倒，在接下來6英里車迷夾道的爬坡路段上，他又領先這名德國車手2分鐘，拿下這個賽程的勝利……他第三次參加的環法賽大勢也已經底定。

「你辦到了，你這小子！」羅賓·威廉斯看著藍斯由假裝疲憊到一馬當先，最後致命一擊的戲劇化過程，不由得如此想道。他把藍斯的戰術比喻為「就像電影裡斯巴達人躲在羊屎裡，接著突然出現，讓二十萬波斯大軍大呼小叫：『哇，這是瘋狂羊屎』

藍斯・阿姆斯壯

的精彩戰略。這就是那神奇的一刻，非常有力量！」

　　藍斯在阿爾卑斯山上的勝利是那一次環法賽的決勝關鍵，但他並沒有擺脫基維勒夫的糾纏，直到他一週後在庇里牛斯山上再贏了另一賽程，在那次的比賽中首次披上黃衫。兩天後，在山區賽程的最後一天，烏利赫超越基維勒夫，總成績躋身第二，他和藍斯齊頭並進，一起衝過Luz-Ardiden的終點線時，藍斯向烏利赫伸手交握，就如阿里多年前在與福爾曼交手之後所做的一樣。烏利赫是藍斯的頭號勁敵，他也不止被打敗一次。「我不以再次落在藍斯之後爲恥，因爲我已經發揮了我的極限。」烏利赫說，「我像獅子一樣作戰，而這一次的第二會激勵我明年再戰。」

　　在巴黎的獎台上，藍斯再一次與兒子路克和身懷雙胞胎的妻子克莉絲汀慶祝勝利。 欣喜而輕鬆的藍斯洋溢著豐裕富足的光輝。「我有健康、金錢、還在增長的家庭、喜愛我的朋友、支持我的友人、傑出的隊友……而且我一直都懷抱著熱情，」藍斯說，「我誠實地生活，快樂幸福，我希望什麼都不要改變。」

第十九章

藍色列車

他不是原來的藍斯，大家都很擔心。

——喬治·辛卡皮

「藍斯的心態是，他永遠不會覺得自己已經達到目標，」他的脊椎治療按摩師史賓塞說。「許多運動員是以他們的成就來衡量自己的成功，藍斯卻時時在找尋他下一次的勝利。」就是這樣的態度促使藍斯贏得一次又一次的環法賽，每一次他在比賽中看到的，都是獨特而不同的挑戰。2002年的挑戰是要尋找新血，為爭取第四次環法冠軍，追求體能和情感上所需要的支持。

郵政車隊的生態也有了大幅度的改變。藍斯雖然吸引了越來越多的美國記者來採訪環法賽，但他最強的隊友也得到了他們應有的榮耀，並且各奔東西，追求各自的前途。李文斯登已經跳槽薪酬更高的德國電信；李維·萊菲默（Levi Leipheimer）也同樣轉

藍斯・阿姆斯壯

到荷蘭合作銀行(Rabobank)車隊；漢米爾頓轉往丹麥的CSC擔任隊長。郵政車隊得聘請更多的歐洲好手來取代他們，提升效率，但在此同時，車隊也喪失了一些純樸的洋基精神。

藍斯在隊上最親密的友人依舊是美國車手辛卡皮和俄羅斯的艾奇莫夫。不過脾氣溫和的辛卡皮把賽季重點放在春天的經典賽，在環法賽前的訓練營中並不在藍斯身邊，而37歲的艾奇莫夫已經接近生涯尾聲。雖然新加盟的西班牙車手貝爾川、艾拉斯和魯比耶拉都是很有才華的登山高手，但他們卻不是藍斯能吐露心事或者一起廝混的朋友。

佛洛伊德・蘭迪斯(Floyd Landis)在此時出現，26歲的他是個身強體壯，一臉純真的美國青年，在美國車壇表現優異，也擁有使藍斯揚名歐洲車壇的許多特性。「藍斯原本就是我的偶像，在我遇到他之前，他就已經三度贏得環法賽冠軍。」在賓州門諾派(以生活簡樸聞名的基督教派)鄉下家庭長大的蘭迪斯說，「因此光是能和他一起訓練，對我就足以成為參與郵政車隊的動機。」

藍斯對他的新隊友也印象深刻，他喜歡蘭迪斯的一點是，他也是個愛家男人，有個五歲的女兒，藍斯也喜歡他的謙遜和使命感。蘭迪斯很早就告訴藍斯他背負卡債，「我原來的車隊前一年沒有給我多少薪水，」蘭迪斯解釋說，「但我相信我一定能在車壇有所表現。因此我只能想辦法熬完這一年，加盟藍斯的車隊，結果這一年來我背了一屁股債。」藍斯為了讓蘭迪斯多拿獎金，

爭取更高的薪水，因此訓練他賽車的專長，這是他很少爲其他車手做的事。這名年輕美國人啓發了藍斯，讓他成爲導師，就如葉慈、鮑爾和安德森當年爲他所做的一樣。

藍斯爲了要讓蘭迪斯成爲他在環法賽的終結者，因此只要兩人都在西班牙吉羅納，在他們位於歐洲的家，就會一起訓練——蘭迪斯和另一名賽車手合租了一間公寓，而藍斯則和家人由尼斯搬來，買下一棟由古蹟建築改建寬敞的集合式住宅。藍斯也讓他精心訓練的好手和他一起參加密集的環法賽前訓練營，「他帶我到聖莫瑞茲，」蘭迪斯說，「我們在那裡訓練再訓練，訓練完就睡覺，只有如此而已，沒有別的活動，沒有別的娛樂。到一天結束之時我們已經筋疲力竭，吃飽就睡著了。若你想贏得環法賽，就得這麼做。」

蘭迪斯說，藍斯的義大利訓練顧問費拉里醫師「會到聖莫瑞茲來作測驗，大部分是針對一公里的爬坡作測試，我對他印象很好，他非常直接，是最好的人。會做不同程度的騎乘練習，先以某個瓦數開始。他會由你的手指採取你的血液樣本，作乳酸測驗，然後畫出表來，看看你的程度在哪裡，這就是我們訓練的基礎。」

這個目標明確的訓練，再加上在法國俗稱小環法的多芬尼

藍斯‧阿姆斯壯

（Dauphiné Libéré）一週艱苦的賽事──藍斯在此賽中輕鬆摘冠，蘭迪斯則漂亮拿下第二，都使得藍斯得以最佳狀況參加環法賽。他欠缺的是犀利的對手。前兩年名列第二的烏利赫這回不參賽，他因膝傷整季報銷。因爲他不在場，因此前兩屆環法賽排名第三的車手約瑟巴‧貝洛基（Joseba Beloki）就成了藍斯的頭號勁敵。貝洛基害羞而隨和，雖然在計時賽表現很穩，也是實力堅強的登山好手，但卻並不咄咄逼人。他最強的優勢是他所屬的O.N.C.E.車隊給他強力的支援，而車隊的運動總監是火爆的西班牙人，名喚曼洛諾‧塞茲（Manolo Saiz）。「烏利赫比貝洛基容易激起我們的鬥志，」藍斯說，「貝洛基給我們唯一的樂趣，就是塞茲，我們喜歡逗弄他！」

布魯尼爾在成爲郵政車隊總管之前，曾在塞茲旗下參加車賽，他和O.N.C.E.車隊有競爭關係。塞茲手下從沒有一名環法賽冠軍，布魯尼爾一當上總監就拿下冠軍，叫他氣得牙癢癢地。「1999年，塞茲非常渴望贏得環法賽，」布魯尼爾說，「沒想到半路我殺了出來──才34歲，帶著名不見經傳的車隊──沒想到我們贏了環法賽。」

郵政車隊的秘密作風也惹惱塞茲及其他車隊總管。「你可以說，我們不該用這樣的策略，比如說『我們以特別方式訓練』，這樣的說法對公關不利，但在運動上，卻絕對沒錯，」他說這讓藍斯有一副高不可攀的光環，削弱了對手的信心。

這樣的策略在2002年非常有效，藍斯挾著排山倒海之勢，被

當成打遍天下無敵的車手。他以招牌風格展開比賽。一個喜氣洋洋的傍晚，他在盧森堡困難的賽道上輕鬆贏得計時序幕賽。但缺乏像烏利赫這樣的對手，使他在比賽前半程似乎漫不經心，即使如此，他在團體計時賽騎出第二（落後塞茲的O.N.C.E.車隊！），以及在不列塔尼一段漫長平緩的計時賽程名列第二，使他以第二的名次抵達庇里牛斯山，只落後另一名O.N.C.E.車隊車手伊格‧岡薩雷茲（Igor Gonzalez de Galdeano）26秒。光是塞茲的車手奪勝這個念頭，就足以刺激藍斯奮勇爭先，而士氣高昂的郵政車隊也提供足夠的後援，讓他在庇里牛斯山上連續幾個賽程獲得分站冠軍。每一次隊友辛卡皮、貝爾川，和艾拉斯都破壞對手攻勢，讓藍斯在最後幾英里能夠一馬當先，輕鬆得勝。這些勝利讓藍斯能披上黃衫，總成績領先名列第二的貝洛基2分鐘，而這樣的領先優勢讓他很容易拉開與對手的差距。

但要保住藍斯的黃衫，他的車隊就得領先所有車隊一整天，而且每天都得如此。郵政車隊巧妙地執行這個任務，因此法國媒體為身穿海軍藍隊服的郵政車隊取了「藍色列車」的封號，把他們的速度、風格與馳騁歐陸的豪華「藍色特快車」相比，如今全隊又充滿活力，正符合藍斯的期待，勢不可擋的藍斯將贏得他第四次的環法賽。

新來的車手蘭迪斯這回是頭一次參加環法賽，他很快就證明了自己的價值。他每天都發揮自己的極限，在153名騎完全程的車手中，名列61，這樣的成績相當不錯。他也設法以自己古怪的

藍斯・阿姆斯壯

幽默感和他在隊車上播放的狂野搖滾CD，保持全隊鬥志。

蘭迪斯在這場長達2,036英里比賽的每一個賽程，都努力發揮，他終於體會到環法賽對於像他這樣的車手多麼辛苦。「環法賽真教我筋疲力竭，」他說，「這是我畢生所經歷最大的壓力，要協助藍斯，而且明知他已經三度贏得這項比賽的冠軍。我相信我能辦得到，但我給自己太大的壓力，結果在山區路段有幾天表現不好，但我走過來了。起先我只是要自己『賽完，賽完！』我沒辦法思考。但老天，我很高興它結束了。」

相較之下，藍斯卻說，這是他四次環法賽勝利中最輕而易舉也最設想週到的一次。他的專業技巧逐漸增長，名聲也越來越響亮，他很快建立了自己的朝代，有一堆來自全世界的死忠擁護者，尤其是癌症團體的支持。就連夾道吶喊「加油，藍斯！」而非「禁藥，禁藥！」的法國人也越來越多，他們明白他已經成了名副其實的冠軍，而他再一次站上香榭麗舍獎台時，他們也熱情地歡迎他。環法賽的歐洲觀眾大半是女性，她們見到藍斯的妻、兒和兩個孿生女兒在終點等候，不由得感到溫馨，這顯現了藍斯有血有肉的人性，而非只是冷血機器人。要是她們聽到克莉絲汀為什麼會受她丈夫吸引的理由，一定會更喜愛他。「我最敬、最愛他的時刻，就是即使面對眾人指責的一切，他依舊會流露出極少表現出來的甜蜜和柔情，」她說，「而且只對極少數人表現出來。」

在歐洲人逐漸熟悉藍斯之際，美國人則是以天文般迅速發展

的數字成為環法賽的觀眾，不是在家觀賞，就是到法國現場。奧斯丁記者哈利波頓說：「因為他的緣故，因此環法賽有了全新的觀眾。自我們開始計算我們網站上的點擊數字起，也就是他贏得黃衫的2002年，點擊他新聞的數字就如最熱門的美足新聞一樣多。他就和德州大學美足隊一樣熱門，讀者非常多！」

　　郵政車隊在巴黎舉辦盛大的慶功宴，賓客達上百人。但蘭迪斯說，在盛會之前，「藍斯也為隊上舉辦了一場小聚會，光是我們帶妻子參加，總共只有二十五人」，地點是豪華的克里戎大酒店(Hotel de Crillon)。傳統上，環法賽贏家會把獎金平分給隊友，但那晚藍斯還另外各給了八名隊友一個信封，裡面裝了兩倍的獎金。「其實他不必這麼做，」蘭迪斯說，這筆數字達六位數的獎金讓他還清了債務，「這可能是到當時為止我賽車生涯的巔峰。我不知道自己究竟是為哪一點欣喜──是因為比賽終於結束了，還是因為那張支票。我只是覺得鬆了口氣，而且非常疲憊。

　　「我太太也來到巴黎，我們在那裡盤桓數日。我根本爬不起床，叫了送餐服務，至少睡了四十小時。我很高興一切終於結束，而且十分值得。我不想動，我太太也是，她因為剛飛來巴黎，還有時差。因此我們倆在飯店裡一連睡了兩天，然後去吃麥當勞。這就是我們的巴黎經驗。我永遠不會忘記這次的環法賽和一切。」

藍斯・阿姆斯壯

　　藍斯連續第四度環法賽冠軍之後，美國唯一的奧運男子公路賽金牌選手葛瑞渥就親筆為英國一本自由車雜誌寫了一篇預告文章。父親是錫克教徒的葛瑞渥是印地安原住民，曾在1986年參加環法賽，後來成為基督教牧師，也是木工大師，為無家遊民發聲。對於藍斯2002年的勝利，他寫下了如下的文字：「在這次的環法賽中，我們見到了環法賽史上前所未有的景象：贏得舉世最困難的比賽，卻並未以此為主要目標的車手。你在這次比賽中所見到的，其實是藍斯在準備贏得第五、第六、第七次環法賽冠軍的先聲。『七』這個數字象徵了超越五官知覺的完美，對我而言，這樣的前景賜予了生命。」

　　在環法賽百年歷史上，車手摘冠的次數最多是五次，藍斯還沒有達到這樣的紀錄，光是要追平安奎提爾、墨克斯、伊諾和英杜蘭的紀錄，就已經是夠大膽的嘗試，要想像再添第六、第七次紀錄，簡直就像高球選手——比如老虎伍茲，想要一連七年贏得名人賽一樣困難。雖然有如蘭迪斯等隊友也努力支援藍斯，但以藍斯探囊取物如此輕鬆贏得第四勝的情況來看，葛瑞渥的預言不是沒有道理。只是美國車手能一連贏得七次環法賽冠軍，這樣的念頭對英國雜誌來說未免是天方夜譚，因此雜誌最後抽掉了這篇文章。

　　滿心懷疑的歐洲人並沒有看出藍斯訓練方法的效能，也不瞭解他和布魯尼爾辛苦組織藍色列車的力量。但這名列車的隊長在

2003年衛冕冠軍之前，身心兩方面都曾受到意料之外的打擊，當年他最重要的挑戰，就是在這樣的情況下，維持自己的信心和焦點。

表面上看來，藍斯的人生簡直如夢似幻，他有自己喜愛的工作，有數以百萬計的薪酬，在奧斯丁和吉羅納擁有華宅，有他啟發和啟發他的癌症社群，有成千上萬崇拜他的車迷，有漂亮的妻子和三個可愛的子女。但他狂熱地爭取環法賽勝利，卻付出了沉重的代價。最重要的是，他和克莉絲汀的婚姻出了問題；他和重病的友人J.T.尼爾漸行漸遠；他和母親的關係近年來也淡漠疏離，而這時正是琳達在許多方面都受到打擊，焦頭爛額之際。

有些朋友為此伸出了援手，包括J.T.在內，「他告訴藍斯：『你該打電話給媽媽。』那正是我深感寂寞的時候，」琳達說。另一名友人，普蘭諾的游泳教練麥柯迪也想幫忙。「藍斯和克莉絲汀感情出問題時，他有段時間不太注意他母親，」麥柯迪說：「她很難過。我在他的手機上留言：『你得和媽媽談談，非常重要，她想念你。』我還發電子郵件給他，他也回了我一封：『你不瞭解。』我說：「不，我瞭解，你還是得和媽媽談談。」

這樣的問題又因為藍斯婚後婆媳之間的冷淡而加劇，據琳達的妹妹黛比說：「克莉絲汀排擠琳達。」克莉絲汀承認婆媳之間很難相處：「婆媳的關係本來就很複雜，而且如果母子非常親密，情況就更糟。」她說。「我想我太年輕，太不成熟，不懂得

藍斯・阿姆斯壯

該如何維持關係，而且她也正處於不太快樂的人生階段，兩者加在一起，對我們的確不太有利。」

琳達的不快樂在2002年她嫁給麥柯迪的朋友凱利之後逐漸消散。但她的好友J.T.卻因血癌病重而無法前來參加婚禮。「他不想讓我看到他生病的模樣，」琳達說，「那時他已經病得很重，但他的確戰得英勇。他吹牛說他和癌細胞鏖戰，已經達到保險的極限……他覺得這點最酷，他做了骨髓移植，用手機和我說話。他是最好的朋友。」

十月一日，琳達接到J.T.的電話，他與癌症抗戰的情況惡化了。「他只是要告訴我他愛我，他很高興我終於得到幸福。」她邊說邊哭，「他說：『琳達，我已經請安寧療護的人過來了。』『J.T.，你沒告訴我，我馬上就過來。』 『不，我沒事的，我兒子史考特已經在路上了。』 第二天我撥電話過去，史考特接了電話說：『他睡了。』」

那天是藍斯被診斷出癌症的六週年，琳達打電話到她兒子位於奧斯丁的家，而他正在舉辦一年一度的「及時行樂」聚會。「我不知道接電話的是誰，我說：『我是藍斯的母親，請藍斯聽電話。』但他沒有來接。他們在慶祝他重生六週年，而我竟不在場……沒有人能請他聽電話。

「當晚我輾轉反側，因為我知道藍斯應該要來向J.T.道別。我無法擺脫這個念頭……突然之間，屋裡一切安靜下來，我心裡一片平和，我知道那是J.T.的靈魂。至今我還非常生氣，不知道

是誰不讓藍斯接電話，因爲若沒有J.T.，我想藍斯不可能在奧斯丁有所表現……而J.T.去世時，他卻不在他身旁。」

因爲癌症而失去一位朋友，一位在他私生活和早期自由車生涯都意義重大的朋友，對藍斯也是一大打擊。他記得他們倆都在對抗癌症病魔，合拍光頭照片的時光，「他是好人，」藍斯說，「有點古怪，但那正是他之所以偉大之處。他可以一連數小時講故事……」

「J.T.的喪事是我第一次參加喪禮，」藍斯說，他把自傳「獻給J.T.尼爾，癌症所見過最難纏的病人。」我曾問過藍斯，J.T.對他而言是否像父親一般的角色，「嗯，J.T.爲我做了一切，因此他是。」藍斯說，「他很擅長處理你在那個年紀很容易陷入的困境，並且幫我重新掌握人生。」J.T.似乎依舊在指引這位年輕的朋友，因爲他的死使藍斯和琳達修復了母子之間的關係。

那年冬天，藍斯更加痛苦，因爲他的婚姻開始瓦解，2003年2月，他和克莉絲汀宣布分居，「那很困難，」藍斯說，「牽扯了許多情緒，很多負面的感受，爲小事爭吵……爭取孩子，把我們的父母親也扯了進來。我喜歡我愛她的那段時光……而我依舊愛她。我會爲克莉絲汀・阿姆斯壯做一切。」

━━━━━━━━━━━━━━━━━━━

藍斯的私生活越來越痛苦，而他在公眾領域也並不好過。

藍斯・阿姆斯壯

J.T.去世後不久，藍斯到巴黎參加一年一度的環法賽大會，會中將宣布次年的賽道。為了慶祝2003年是環法賽百年，因此主辦單位邀請了二十二位曾摘冠的選手齊聚一堂參加餐會。藍斯坐在另一名美國冠軍選手雷蒙德身旁合影留念時，擺了一張臭臉，因為他還在為雷蒙德前一年的話生氣：「藍斯1999年贏得環法序幕賽時，我激動得泫然欲泣，但當我聽說他和費拉里合作時，卻十分震驚。」雷蒙德接受《週日泰晤士報》專訪時如此說，「如果藍斯是清白的，那這是史上最精彩的東山再起，但若不是，這就是最嚴重的詐欺行為。」

這就是美國頭兩位環法賽冠軍車手齟齬嫌隙的開端。雷蒙德說，藍斯致電質疑他的言論，這名德州佬說：「你是說你從不用EPO？人人都用EPO。」藍斯氣憤地否認，接下來這幾年，他與雷蒙德的關係越來越僵。（雷蒙德輕視藍斯的言語最後導致 Trek Bicycle 企業終止了和雷蒙德長久以來的合作關係，因為藍斯是Trek公司的正式代言人與發言人，而此舉則使雷蒙德自行車公司對Trek採取民事訴訟，此案於2010年3月宣判。）

藍斯在2003年7月回到巴黎參加百年環法賽時，他與雷蒙德的不和只是諸多不順之一，而他的第一優先是要保持身心健康，以最佳的狀態爭取環法賽冠軍，加入五獲冠軍者的陣容。

「由於他的婚姻破裂，使他不再像原來的藍斯。」辛卡皮說，「他想念孩子，他在剛裝修好的公寓中備感寂寞，甚至到我的住處來借電影和書，這是以前從沒有過的事。我那時想：『老

天，這真不像藍斯。』大家都很擔心。」

　　而藍斯在自行車上的表現也不好，自六月參加多芬尼以來，就再沒有拿過冠軍。那是歐洲人記憶以來最熱的夏天，在長達一週的多芬尼賽事裡，熱氣尤其逼人。藍斯好不容易在主計時賽拿下一勝，披上領先者的黃衫，進入阿爾卑斯山山區，但在賽事第五站，他卻在之字形下坡道上，出了畢生最慘的車禍。藍斯說他為了閃避落在路上的水壺，右刹車手把一滑，猛拉了刹車線，鎖住後輪，使他的自行車以45英里的時速甩尾。「我跌了個狗吃屎，我的左臂伸了出來，撞在地上。」雖然左臂有了深長的切口，臀部重擊，但藍斯還是繼續比賽，甚至追回西班牙新秀登山好手艾本・梅約（Iban Mayo）的猛烈攻擊，以保住自己的領先地位。

　　「藍斯摔車之後該讓梅約先走，而不要拚死爭先。」卡麥可說。「我費了一番工夫，身體才恢復過來，」藍斯說，「而且還得用抗生素，這絕非好事。」此外，藍斯和蘭迪斯賽前赴聖莫瑞茲訓練營時，背痛到需要整骨師來治療，而他回到吉羅那家裡時，情況更糟，因為克莉絲汀由西班牙帶孩子來為藍斯打氣，並且希望能破鏡重圓，沒想到唯一的成果是藍斯由兒子那裡感染了腸胃病毒。「我腹瀉得很厲害，腸胃不適，差點就無法趕到巴黎及時參賽。」他說。此外，他的臀部還患了腱炎，這不是因為新鞋底防滑釘的緣故，就是因為比賽和練習用車齒盤不同造成的。

　　使藍斯的健康問題更複雜的，是他在開賽前於巴黎計時序幕

藍斯‧阿姆斯壯

賽前兩天，還在一家豪華餐廳用餐，和他的經紀人史代波頓共飲美酒。「史代波頓覺得我喝酒真是瘋狂，我也不知道自己是怎麼回事。」藍斯說，「我的胃很難過，它已經不好了一整年。因此我那年環法賽開始時，已經在多芬尼摔了車，臀部不適，腸胃也不舒服……2003真是不好的一年。」

藍斯的重重問題使他在賽前記者會中拉長了臉，相較之下，他的勁敵烏利赫則顯得輕鬆自在。烏利赫一身曬成褐色的肌膚，在簡短的問答時間經常對著媒體微笑。這名高大的德國車手在上一次參加環法賽之後的這兩年中，已經動過兩次膝蓋手術；因酒醉駕車被訴；也因檢出安非他命（他在一場派對中吃了搖頭丸）而被德國電信車隊炒魷魚；加入新車隊畢安齊（Bianchi），和女友搬到瑞士；在環法賽前一週成了新手爸爸，喜獲女兒。終於獲得快樂與健康的烏利赫，用比以往更佳的狀態準備迎戰藍斯。

在贏得四次環法賽之後，大家都認為藍斯穩操勝券，一定能拿下第五座環法冠軍，許多權威都在預測他這回會不會如常以6或7分鐘的差距領先烏利赫。但在高潮迭起的環法賽，藍斯頭兩週卻陷入困境苦苦掙扎，到關鍵的第十五賽程，只領先烏利赫15秒。要是別的車手經歷這一連串的災難，一定是退賽，或是倒地不起，不過兩件事挽救了藍斯，一個是他自己堅定的意志，另一

個是大家對他日益增長的神祕想法，認定藍斯絕對不可能被打敗。

這名德州佬一路走來災難頻頻，包括摔車、受傷、車子故障、健康不佳，還死裡逃生，差點出大車禍。一切都由序幕賽開始，他臀部疼痛、胃腸不適，只列第7，第二天又發生大追撞，結果前隊友萊菲默尾骨摔斷，不得不退賽。接下來的團隊計時賽，辛卡皮很吃驚地發現「藍斯竟不是最強的車手，他對我大喊要我放慢速度。從沒有過這樣的情況。」在藍色列車團隊的合作之下，郵政車隊依舊贏了這一站冠軍，藍斯的總成績以半分鐘之差領先烏利赫，來到他最喜愛的登山路段阿爾卑斯-于茲，但這回藍斯沒辦法重複他在2001年那般精彩的表現，由他在多芬尼賽事的勁敵梅約搶得先機，分站封王。幸運的是，烏利赫因病毒感染，落後藍斯1分32秒，這個差距在比賽最後關頭非常重要。

接下來的賽程，藍斯差點就打包回家。他正加速衝下當天最後一個下坡，後面跟著總成績躋身第二的貝洛基，但這名巴斯克選手突然在溶化的柏油上打滑，他在一個大轉彎前拚命剎車，結果據藍斯說：「貝洛基的車胎爆了，這是我在騎車時最害怕的時刻。」藍斯本能的把龍頭繞過摔在地上的貝洛基，千鈞一髮差點就摔下深溝，他猛衝過巔簸的路面，駕車躍過6英尺寬的水溝，重回路面上──他說這次大難不死，實在是靠運氣。貝洛基的運氣就沒那麼好，他以50英里的時速飛撞上石舖地面，結果摔斷了腿、肘，和手腕，永遠無法再在車壇有所表現。

藍斯‧阿姆斯壯

　　藍斯奇蹟似地逃過一劫，讓他能繼續再戰，但他的隊友都很擔心。「這和我們在其他環法賽見到的藍斯完全不同 。」辛卡皮說，「他心不在焉，他不再說：『我要痛宰所有對手』，也不像以往那般自信。這教我們擔心。我們想『或許他今年沒辦法再封王了。』」

　　在第12站，這個可能似乎更明顯。那是在一個炎熱無比的下午舉行的30英里計時賽，藍斯稱這天「是我騎車以來，狀況最糟的一天。」對烏利赫而言，則是最好的一天，他一鼓作氣衝過起伏的鄉村小徑，創下最快的成績。藍斯雖想趕上烏利赫的速度，在前10英里的確也辦到了，但接下來他在熱浪下犯了種種錯誤，先是半路水喝完了，接著後繼無力 。「我從沒有這樣口渴，我面對的是不可思議的危機，」藍斯說，「我覺得自己好像倒退走。」

　　他的嘴唇上都是鹽粒，兩腿無力，搖搖晃晃地騎上坡到達終點，沒想到依舊在這個賽程拿下第二，依舊穿著總成績領先的黃衫。「他失水這麼嚴重，我想他在那一個小時之內，至少失了11磅(5公斤)的水。」辛卡皮說，「任何人在這樣的情況下參加計時賽，一定都會落後6、7分鐘──會完蛋，但他只落後烏利赫1分36秒。」

　　「我很擔心，」車隊總管布魯尼爾承認，「那站賽完後，我們花了許多時間分析、思索、討論。我不能對他說：『你表現沒有以前好。』 只能設法為他打氣。在那場計時賽的前三分之

一，他的時間和烏利赫的幾乎相當。他看了資料說：『的確如此。』因此他至少可以說：『我沒那麼糟。』」

辛卡皮搭著隊車前往下一站起點時，決心要鼓舞藍斯的士氣。「我看到他在計時賽的表現，只輸了一分半鐘，所以我告訴他：『那大概是我在你整個賽車生涯中印象最深刻的比賽。』他盯著我，彷彿我發瘋了似的，我告訴他：『你身體狀況這麼差，還只落後這麼一點，教我很感動。』」

烏利赫打算在第二天的第13站拉開與藍斯的距離。他知道藍斯因為失水而體弱力不支，想要再在華氏100度(攝氏37度左右)的大熱天裡撐一天，大概吃不消，何況這天的賽程最後是兩個困難的爬坡，車迷已經群聚該處多天，其中許多都希望看到藍斯在那裡吃鱉。大家預期烏利赫會在其中一個爬山路段展開攻擊，彌補他搶黃衫所需的半分鐘。但布魯尼爾也擬了一個計畫應戰：他派了兩名郵政車隊的車手早早就領先，使烏利赫的畢安齊車隊不得不帶頭率車團緊追，藍斯得以保持體力。

經過90英里(144公里)的追逐抵達山區時，疲憊的畢安齊車手開始落後，到第一個爬坡的一半，也就是超級登山點佩西里斯口(Port de Pailhères)，已經看不到烏利赫的隊友。藍斯則還有兩名隊友可以支援：他後面是貝爾川，前面則有魯比耶拉領先，

藍斯・阿姆斯壯

這是在初段領先後碩果僅存的車手。

　　10英里長的佩西里斯口坡段已經使每一個人都發揮了極限；跟在後面的有些義大利車手，因為陡峭而狹窄的上坡而痛苦吶喊。寡不敵眾的烏利赫一直沒有發動攻勢。

　　即使在最後一段爬坡，這名德國車手也沒有動靜，直到他的前隊友亞歷山大・維諾庫羅夫（Alexander Vinokourov）在倒數1英里半時向前猛衝，烏利赫才採取行動。他超過了維諾庫羅夫，直奔終點，藍斯跟不上他的突擊，但他保持冷靜，用他由賽前預勘場地的資訊，在近山頂的一個平坦路段回擊，勉強保住黃衫。他的總成績如今只領先15秒，但他心中的鬥士卻很欣喜。他依舊還是領先者，依舊還披黃衫。

　　回想起那關鍵的一天，布魯尼爾說：「我相信那場環法賽有三四名車手實力都比藍斯強，但他們之中沒有人覺得自己能贏過他——尤其是烏利赫。我很確信，如果我是烏利赫的運動總監，他一定能打敗藍斯。」

　　也許能，也許不能，但即使只發揮七成的實力，藍斯依舊保持他那虛張聲勢的外表，一如過去許多偉大的冠軍一樣。唯有在逆境，才能顯出真正的冠軍；而這次的環法賽就讓藍斯展現出這樣的氣魄，只要他能在最後七站擋住烏利赫的攻勢，就能拿下冠軍。其中最大的難關是在庇里牛斯山關鍵的第十五賽程，這段路繞著俗稱「死亡之陣」（Circle of Death）的山路，越過超級坡圖瑪列山（Col du Tourmalet），然後是一長段的疾衝直下，緊接著最

後一段則是艱苦地爬上呂茲-艾迪登（Luz-Ardiden）。藍斯在這天的開始，還維持領先15秒的成績。

「那天早上，我在往分站起點的巴士上，坐在藍斯對面，」辛卡皮說。「在那次環法賽我和他談了很多，我希望能鼓勵他，讓他相信我們全都對他有信心，知道他辦得到。在車上我把我的iPod給他聽，那時我正在聽P.O.D.的「活著」（Alive），他把耳機戴上，歌詞絕對能激勵人心。」這個基督搖滾樂團的那首歌，頭幾行是「每天都是嶄新的一天，……我為自己每一口呼吸感恩。」藍斯說，那一直是他奉行不渝的真言，自他小時他母親就這樣教他，罹癌之後他有更深的體會。

這兩人走下巴士到達那一站的起點時，辛卡皮看著藍斯說：「我今天有很好的預感。」

不過到圖瑪列山的登山半途，這預感似乎失靈。貝爾川和魯比耶拉雖支援藍斯到達半山，但烏利赫發動他早在兩天前就該發動的攻勢時，他們倆開始落後。烏利赫在還有25英里處發動攻擊，藍斯則靠著西班牙巴斯克地方的車手梅約支援應戰，但烏利赫卻再度加速，藍斯追不上這樣的速度。「好吧，」藍斯心想，「要是你能整天都以這樣的速度騎車，你就是冠軍，因為我不能維持這種速度。」

不過藍斯依舊保持鎮靜專注，他看著烏利赫領先25公尺，而且一直維持這樣的距離，一分鐘又一分鐘過去了，烏利赫發現他拉不開差距，又甩不掉藍斯，他明白他的對手比他想像的強，只

藍斯・阿姆斯壯

好放鬆踏板。他會在最後一個登山路段呂茲-艾迪登再試一次。

其他十五名車手好不容易在圖瑪列山漫長的下坡路段趕上兩名主角，但當梅約在呂茲-艾迪登山腳下開始加速時，只有藍斯和烏利赫追在他身後。藍斯已經神奇地恢復了體能，他一馬當先，就如他1999年在塞斯特里、2000年在歐達康，和2001年在阿爾卑斯-于茲出發時一樣強勁有力。P.O.D.教人熱血沸騰的合唱縈繞在他耳際：「我活力十足……畢生首次……如此活潑……我可以飛上青天。」

而在奧斯丁老家，電視開始轉播這一站的比賽時，藍斯的好友奈格斯和柯列吉屏氣凝神，一心希望藍斯可以飛上呂茲-艾迪登。「我們天天都在擔心，不知道藍斯怎麼回事。」柯列吉說。「那天早上，我走進奈格斯的辦公室，比賽已經接近呂茲-艾迪登了。我有個看法，藍斯一定會撐過去。所以我對奈格斯說：『他哪一件事不是不必事先安排，就高潮迭起，劇力萬鈞？比如他在世錦賽的表現、他戰勝癌症，還有在市區的繞圈賽……』奈格斯說：『我喜歡你這種說法，我喜歡。』

「就在那一刻，藍斯開始行動，發動攻勢，奈格斯和我站在電視前對著他大喊。但這時他的袋子卡住車輪，他摔在地上。奈格斯和我不由得雙腿一軟，差點喘不過氣來。『啊！』奈格斯

喊叫：『快起來，起來，起來！』

「藍斯爬起身來，繼續向前，後來車子又差點脫鏈。『啊！』接著他繼續騎，我們也在電視前大喊大叫。他擺脫了烏利赫，贏得這一站。奈格斯望著我說：『他真的做什麼都很戲劇化。』」

藍斯以驚人的40秒差距領先梅約和烏利赫，拿下分站冠軍，搖頭驚嘆的不只是柯列吉和奈格斯而已。在比賽進行中駕著隊車跟在後面的布魯尼爾說：「我依舊認為他在呂茲-艾迪登的表現應該不是他當時的體能所能負荷，他是下定決心非贏不可，沒有任何事物能夠阻擋，即使摔車也不能。而且那站賽後，我們發現他的車架都裂了。」他車鏈旁的碳纖的車管因為摔車已經裂開。「我們把後輪卸下來，車架就垮了。」

在這高潮迭起的一天，最後還有一波教藍斯隊友興奮莫名的轉折。大家登上隊車準備回旅館，藍斯則在履行分站冠軍的義務之後會隨後跟上。「正當我們開始下坡時，車子突然停到路邊，」隊上的脊椎治療按摩師史賓塞說：「門開了，藍斯跳上隊車吼道：『大家現在覺得我怎麼樣？』全隊歡聲雷動，互相擁抱，在地上打滾。藍斯真心感謝他的隊友……我不相信有誰能打敗他。他總能找到辦法。他有毅力、才能、計畫的技巧，和執行計畫的勇氣。而且他永遠不會搞砸。永遠不會。你不可能看著種種數據說，他為什麼這樣，他是什麼樣的人。他根本蔑視數據，他就只是藍斯。」

藍斯・阿姆斯壯

　　但這次的環法賽還沒結束。倒數第二天30英里的計時賽和藍斯脫水以1分36秒之差敗在烏利赫輪下的那一站長度相當，因此藍斯目前只領先烏利赫1分05秒，並不保險——何況比賽那天又潮濕，風又大，觀眾全都躲在雨下。濕滑的道路已經讓幾名車手發生追撞，最後輪到這兩名車手——領先者和挑戰者登場，藍斯比烏利赫晚3分鐘出發。這名德國車手像龍捲風一樣，才1英里就領先藍斯6秒，藍斯則在這場決勝之爭中展現出速度和控車技巧，兩人在雨中迎風飛馳，臉上扭曲的表情顯出他們所承受的痛苦。「有時候兩個輪子都要飛出來了。」藍斯說。

　　10英里之後，兩人都以破紀錄35英里的時速狂飆，旗鼓相當。烏利赫繼續以畢生最快的速度馳騁，只希望藍斯會崩盤或摔車，然而夢想和災難往往只有一線之隔，烏利赫在轉彎時騎上了一片油污，失去摩擦力，摔到路旁，跌進一捆蓋著塑膠的稻草裡，雖然他趕緊爬起身來，但機會已失。藍斯順利地騎向終點南特，環法賽第五冠已經在握。次日的終曲賽事只是儀式性的騎進巴黎，對主角車手根本不是挑戰。

　　藍斯登上南特的獎台，五獲環法賽冠軍的伊諾綻開微笑，溫暖地與藍斯握手說：「歡迎加入這個俱樂部！」五度在環法賽封王的冠軍俱樂部。藍斯已經證明他是這項運動中最偉大的車手

之一，如今他在逆境中贏得冠軍，也證明了他是最偉大的冠軍之
一。

第二十章

不可能的夢想

一切都圍著藍斯再贏環法賽打轉，
而他自己就是這件事的執行長。

——卡麥可

　　在藍斯最大的勝利之後不到一個月，他又經歷了他稱為「畢生最大的挫敗」。「八月間，他告訴我他想離婚。」克莉絲汀說。在分居四個月之後，這對夫妻重修舊好的努力畢竟沒有成功。他們和孩子一起在香榭大道上慶祝藍斯的第五個環法賽冠軍，大家都舉起五支手指供媒體拍照，之後全家還一起去度假，但一回到奧斯丁，藍斯和克莉絲汀就開始辦離婚手續。

　　雙方都有錯，藍斯說，再加上三個幼小的孩子，使這樣的決定更加困難。「沒有子女時，離婚是一回事，但有子女之後，則是一件大事。如果夫妻不快樂，我不覺得他們還該待在一起，就

藍斯・阿姆斯壯

是有子女也一樣，因為那沒有用。」

　　克莉絲汀在公開場合對兩人分手只有一次說明，她在2006年歐普拉・溫芙瑞(Oprah Winfrey)的節目中接受這位名嘴訪問時說：「如果你放棄自己的本性，這段關係就會喪失掉一些事物。問題不是藍斯⋯⋯想掌握大權而讓我像隻小老鼠一樣跟在身後，而是因為我想盡力趕上，希望能做個完美的妻子或完美的母親⋯⋯我想他可能會說：『這不是我當年愛上的女人。』」

　　藍斯也自我反省：「我們進展得很快，約會不久就訂婚結婚，很快就有了孩子。我們在1997年10月開始約會，一年半後就已經訂婚結婚有了孩子，還要參加環法賽。有點太⋯⋯」

　　他沒有把話說完，但他長久以來的教練兼至交卡麥可卻對兩人的問題知之甚詳，在他們倆交往結婚的六年間，他一直都在他們身邊。他說：「我認為他和克莉絲汀的關係之所以破裂，是因為一切都在癌症之後發生得太快。他們原本有健全的關係——和任何婚姻一樣健全——但他們邂逅時，他還在因為癌症後的創傷壓力而苦苦掙扎；要是他們倆能晚一點相逢，或許一切就會不一樣。但我認為另一個因素是藍斯做事的方式是，他要的是全部擁有或全部沒有。他展開一段關係，速度快得該死，打得火熱，然後繼續向前衝，在這段旅程中，你最好繫上安全帶。但隨著時間過去，他們的關係也逐漸降溫，日常生活是煩瑣乏味的，那對他恐怕才是考驗。」

　　但卡麥可說：「要指責某人，怪這怪那總是很容易，我從沒

見過哪一個人不覺得婚姻是考驗，而我認為他生命中所有的改變，對克莉絲汀都很困難：他由贏得環法賽到成為名人，到癌症團體對他的關注。」

克莉絲汀也暗示隨環法賽衍生的問題，她說：「我希望藍斯（在私生活中）也能有他在體育活動所展現的熱忱和決心。」

蘭迪斯對他隊友的勃勃雄心如何影響到婚姻，則有另一番見解。「要達到他的成就，至少得有上千的特質，」他說，「你得專注執著、事事追求完美、對一切細節比其他人都更注意，你得比其他人都更努力，你還得……。他的整個人生都繞著環法賽打轉。」

藍斯和克莉絲汀離婚，有許多錯誤的傳言，其中有一個說法教他母親大感不快。「有人說他怎能離棄和他共度癌症歷程的妻子？克莉絲汀並沒有和他共度癌症歷程，」琳達說，「那時他根本還不認識她。大家至少該搞清楚事實。」

最切實的恐怕是藍斯和克莉絲汀迄今依舊感覺到的悲傷和遺憾。藍斯說：「別人問我今生最大的遺憾，我說：『離婚。』到目前為止……這是個重大的錯誤，我絕不願再犯。」

克莉絲汀也同意：「我非常懊悔。」

但他們倆都決心要讓仳離的過程盡可能友善實際。藍斯依舊住在和克莉絲汀同一個奧斯丁社區，孩子們可以很容易由保母帶著往返雙方的家，也能自在地住在兩個不同的家裡。藍斯也努力做個好爸爸，不讓孩子受到當初他父親對他的待遇。「我想他要

藍斯·阿姆斯壯

擺脫自己的童年經驗，」克莉絲汀說，「要做個不同的男人。這有時對他並不容易，因為他並沒有可以效法的典範。但孩子和我一直都是他優先照顧的對象，這很窩心。」

在離婚這困難的轉換期，藍斯得到朋友、隊友和企業夥伴的幫助。在奔波於比賽之中，他回到奧斯丁之時，他的母親也常來幫忙照顧孩子，烹調食物。「但他是個需要有伴侶的人，」卡麥可說，「你很少看到他身邊沒有女友。」

這回藍斯的新女友也是個像他一樣的明星。藍斯為了癌症基金會的工作，經常會交際應酬，常常要見募款單位的人，而這正是他邂逅歌手——作曲者兼音樂家雪瑞兒·可洛(Sheryl Corw)的機緣。在他與克莉絲汀申請離婚之後數個月，他在洛杉磯的一場慈善活動上見到雪瑞兒，兩人並非初識。1997年初，藍斯因化療而光頭時，曾應「壁花」合唱團吉他手麥可·伍德之邀參加演唱會，「我們為雪瑞兒暖場，」伍德說，「我那時還不認識藍斯，只知道他罹癌正在康復，也聽說他喜歡音樂，所以就發了邀請函給他。他和柯列吉來參加演唱會，玩得很開心，我把藍斯介紹給雪瑞兒。」

七年後，藍斯開始和雪瑞兒約會。

他們互相欣賞對方的才華、成就，以及要改造世界的行動；

他們有相似的展望、背景和幽默感；兩人很快就同居──只要雙方行程許可。他們倆都有緊湊的行程，對自己的專業也十分投入，這也讓他們更容易瞭解伴侶的生活和需要。

他們倆除了相愛之外，也喜歡參與對方的世界。藍斯喜愛雪瑞兒的音樂，喜歡看她在巴黎、布魯塞爾和倫敦等地表演。她排練時，他就去練車。

雪瑞兒對藍斯熱愛的自由車也十分熱情。「她全心全意投入自由車運動，」藍斯說，「她學習各種戰術、背下選手和車隊的名字……她的支持意義非凡，因為她自己也很忙碌，但卻總陪著我南征北討，總是鼓勵我。」那樣的支持和愛，讓藍斯能在當時的動盪生活中得到他所迫切需要的一切，而那正是他面對下一個重大目標：第六座環法賽冠軍的基礎。

連續五年在環法賽封王，使藍斯在歐洲名氣響亮，大家認為他是自由車壇最偉大的冠軍之一──雖然還是有些車評質疑他是否因為用藥才有這樣的成就。在美國，他的名氣由來則略有不同，範圍更加深遠。戰勝癌症，成為環法賽冠軍，依舊是他名氣的主要成因，但他四處倡導防癌知識和他與鄉村歌星的花邊新聞，更使他躋身超級名人之流。拿下第六座環法賽冠軍，對他的名氣並不會有太多影響，但藍斯有其他參賽的理由。

藍斯‧阿姆斯壯

　　身為運動員的他依舊像當年的小男孩一樣，想要做第一個攀越巔峰的人，而如今他的雄心壯志就是要成為舉世第一位六度在環法賽摘冠的選手，他也覺得對癌症群體有義務要繼續參賽，啟發還在與癌細胞奮鬥，或者僥倖康復的人。

　　「藍斯是中間的媒介，」藍斯的朋友奈格斯說，「他以母親琳達的意志力和生命力為推力，以癌症病患及與癌症相關、受癌症啟發者的力量為拉力。藍斯以他的魅力、外表，和才華連結他們。」

　　這些特色也吸引了越來越多的企業，付他數以百萬計的鉅款，邀他代言——舉凡速霸陸、耐吉、和製造他抗癌藥物的必治妥施貴寶等廠商都包括在內。同樣的特色也讓美國郵局繼續贊助他的車隊。

　　但就運動贊助而言，一旦品牌建立了知名度，大部分公司就會把行銷預算花到別的地方去，郵局亦然。那一年，美國郵局告訴車隊東家——魏瑟的順風運動公司（Tailwind Sports）和史代波頓的首都運動娛樂公司（Capital Sports & Entertainment），郵局的贊助到2004年底結束，這是藍斯覺得非得再參賽不可的原因之一。如果沒有藍斯作隊長，車隊很難再找到像美國郵局這樣好的贊助單位，而藍斯史無前例再一次爭取環法賽冠軍將帶來任何贊助單位都企求的宣傳，他不想讓其他人——車手、員工、管理階層等的生計受到影響。

　　那年冬天，歐洲媒體對藍斯要贏得第六次環法賽冠軍，有諸

多報導，大部分的文章都殘酷地指出，先前在環法賽五度封王的四位冠軍選手，沒有人拿過第六勝。1966年的環法賽，安奎提爾欠缺再拿環法賽的動力，在因支氣管炎退賽之前，他協助一名隊友取代他隊長的位置。1975年，墨克斯原本已經領先，但有一名瘋狂的觀眾跑出來痛罵這名比利時選手，最後還在墨克斯緩慢攀爬超險的上坡時，毆擊他的腎臟。墨克斯雖繼續向上爬坡，兩天後也在阿爾卑斯山上大膽進攻，但卻在最後一段攀爬路段敗退下來，失了黃衫，此後再也沒法在這項運動中稱霸。1986年，伊諾也領先群雄，但後來隊友雷蒙德在阿爾卑斯山路段的表現更強，讓他落為第二，這名法國選手那一年退休。1996年，英杜蘭則在一段上坡終結路段突然「撞牆」，此後未能由那次的挫折恢復，在那次的環法賽僅名列十一，次年冬天他退出車壇。

　　如今，該輪到藍斯失利了，至少歐洲人是這樣想的。不過藍斯的支持者都很興奮，因為他要嘗試史無前例的壯舉。成千上萬來自全球各地的車迷，包括美國、澳洲、英國，和加拿大人都訂了機票，要去2004年環法賽現場，觀賞藍斯完成不可能的夢想——他們如此盼望。

　　這樣的興奮情緒逐漸高漲，而藍斯自己也很興奮，他希望能改寫歷史，證明懷疑他的人是錯的，確定他超級冠軍的地位。他知道很多因素對他不利，尤其是因為離婚，以及因為他在歐洲受訓及參賽因此得和子女分開所造成的情感壓力，此外，他為摘下環法賽第五冠歷經千辛萬苦，使大家對他的狀況是否還在巔峰感

藍斯‧阿姆斯壯

到懷疑，有些人甚至認爲他已經沒有再拿一勝的能力，他們的理
由是：看看他在2003年驚險的表現。

- -

　　「2003年那場環法賽，是喚醒藍斯的警鐘。」卡麥可說，
「贏得2002年冠軍，對他來說輕而易舉，使他以爲2003年的冠軍
也是探囊取物，但事實不然。所以我們整個2004年春天幾乎都在
一起，主要是在洛杉磯，因爲他那時正和雪瑞兒在那裡交往。那
時的情況是，在訓練營待個兩三週，然後我去雪瑞兒家住，藍斯
去練他的車。我們總有同一個問題：『我們要拿什麼做訓練？
我們要拿什麼做分析？』我會接獲費拉里醫師的電子郵件，他會
對我們的體力分析作一番評論，我們討論之後付諸行動。但做決
定的總是藍斯。」

　　但卡麥可說，2004年和所有先前的年份都不同 。「一切都
圍著藍斯是否會再贏得環法賽打轉，而他自己就是這件事的執行
長。布魯尼爾、費拉里、我，和其他與他再度參賽相關的所有人
選，全都是向藍斯報告的副總，由藍斯做各種決定。這並不是因
爲我們不尊重任何人的職務或經驗或成就，雖然整個情況和藍斯
在1994、95年罹癌之前不同，那時他比較聽從別人的建議，如今
則是『我們得改這個，或者得改那個。』很明顯大家都對藍斯負
責，而藍斯也很會領導。」

　　郵政車隊的幾位車手很快就看出藍斯的領導能力，其中一員就是加拿大車手麥可・貝瑞(Michael Barry)。「我頭一次見到藍斯時，大家正在吃晚餐，他一進房間，所有的人都停下手裡的動作。我想他能夠贏得這所有的環法賽和其他賽事，很大的原因是他總能激起大家恐懼、尊敬和信心等種種感受。你可能感覺到，只要他在旁邊，大家總是比較緊張或小心謹慎，就像老闆在身邊一樣。他參加比賽時，大家都各盡其職。藍斯總能激起大家這樣的反應，因為九成的時候你都知道他一定會有好的表現。」

　　貝瑞也見過藍斯板起臉的一面，尤其隊上表現不佳時。「如果車手不克盡厥職，如果比賽時他們狀況不佳，或者他們只顧自己的表現而不顧團隊，那麼你就知道他們待不了多久。」貝瑞說，「這並不是出於恐懼的因素，而是因為他的個性很強，因此引發了大家的敬畏之心，深怕搞砸了就會惹上麻煩……」

- - - - - - - - - - - - - - - - - -

　　選擇環法賽的隊友只是藍斯2004年衛冕大計的一環，他還得檢討造成自己2003年差點失冠的錯誤，加以改進。而為了要運用最先進的科技來增進他的表現，因此他創立了F-One計畫，這是由他的器材贊助商共同合作，以更快的自行車攻進他「舊科技」的計時用車。這也是各家廠商頭一次攜手，以車人合一為宗旨設計自行車的計畫。這項計畫由奈格斯負責協調，整合各種零件、

藍斯・阿姆斯壯

車輪、空氣動力車身、安全帽、緊身衣和賽車鞋，讓各種條件相輔相成。「奈格斯以整合整個計畫爲己任，」藍斯說，「我們讓所有的人都齊心協力，所有的人都以自行車和我爲目標。」

這個計畫造成的一個重要改變，就是減少一點兩個踏板之間的距離，盡量讓藍斯的雙腳靠近。風洞測驗顯示這樣做能使藍斯的騎乘姿勢更有空氣動力，但這樣的理論尚待實際比賽證實，而三月間在西班牙的環穆爾西亞（Tour of Murcia）大賽就是測試的時機。這樣修改可能會有些潛在的問題，部分是因爲較窄的踏板限制了藍斯的腿部活動，使他無法產生穩定的力量。而力量瓦數減少就會使他速度減慢，不管車子多麼符合空氣動力都沒用。

「我記得那場環穆爾西亞大賽，」藍斯的隊友貝瑞說，「我們是隊上最後兩個在計時賽中出發的選手，藍斯試騎下托架較短的新車，但他最後只得第五，他對自己的表現很不滿意。

「賽後我們坐上隊車，他開始考我在計時賽時該有多少瓦數，突然之間，他開始質疑他的訓練方法，質疑一切，因爲他的瓦數在計時賽中並沒有保持穩定，而是逐漸下降。

「我感覺很奇怪，因爲他一向都充滿信心，但我現在卻看到他的另一面，他的內心裡其實常常缺少自信，必須靠別人幫他打氣。」

不過這個問題在藍斯參加（且贏得）下一次的計時賽後已經解決。他在2003年面臨的另一個問題，也藉著修改了行程而煙消雲散，如今他可多留點時間在美國訓練和比賽，因此能多和子女相

處，他也因此參加了環喬治亞州比賽，輕而易舉就摘冠。

在這場比賽中，藍斯也推出了「堅強活下去」（LiveStrong）黃色腕帶產品，這是由環法賽領先者身披黃衫得到的靈感，由耐吉的廣告商設計，作為藍斯防癌基金會的募款商品。藍斯認為這個腕帶可以提醒他生命的使命，他自己從2004年起也戴在手上，很快就風行全球，六個月之內就達到募款7千萬美元的初始目標，讓基金會和「堅強活下去」品牌獲得七年歷史以來最大的資金挹注。

那年春天，郵政車隊的狀況比以往更驚人：蘭迪斯的實力越來越強，也習慣了歐洲賽事；辛卡皮已經更改了他的賽程和訓練日程，在登山路段更有斬獲；而表現不弱的葡萄牙選手荷西・艾斯維多（José Azevedo）則取代了艾拉斯，成為隊上排名第一的登山好手。他們通力合作的堅強表現，吸引了探索頻道（Discovery Channel）成為該隊日後的贊助商。

但在郵政車隊日漸茁壯的同時，也有越來越多的對手作好準備，虎視眈眈，一心要扳倒藍斯。烏利赫再一次會成為藍斯的勁敵，雖然這名德國車手抗拒不了糕點美食的誘惑，在車季開始時體重更甚於以往，努力想要控制自己的身材。而這問題的癥結之一，也是在於他的藍斯情結。藍斯的前隊友韓普斯登就一語道

藍斯‧阿姆斯壯

破。

「藍斯很容易就成為看好的對象，不怒自威，讓其他對手心驚膽戰，」韓普斯登說，「他讓任何想贏得環法賽的選手在考慮自己之前，都會先想到藍斯。」他和烏利赫競技，後者體能雖然很強，但心理上卻不堪一擊。藍斯可能害得他一整年都飲食失調。」

藍斯還得注意烏利赫的德國隊友兼友人克羅登，這是一位才華洋溢的全方位車手，正開始嶄露頭角；進步神速的艾文‧巴索（Ivan Basso），這名年輕英俊的義大利車手才取代了漢米爾頓的地位，成為CSC車隊的隊長；另外還有剛創辦峰力（Phonak）車隊的漢米爾頓本人。不過在環法賽之前數週，成為頭號挑戰者的是巴斯克車手梅約，他在六月份的多芬尼賽事中叱吒全場，這正是前一年藍斯使盡力氣打敗梅約的比賽。但這一回藍斯趕不上梅約的爬坡速度，在馮杜山上漫長的計時賽以2分鐘之差敗給這名巴斯克車手──這樣的表現讓許多人為藍斯擔憂或欣喜，端視他們對藍斯的看法而定。

計時賽後幾個小時，郵政車隊在中世紀古城聖保羅三堡（St. Paul Trois Chateâux）舉行計者會，吸引了整屋子記者，他們紛紛對藍斯這次計時賽的不佳表現提出種種問題。有些問題繞著他的狀況和他是否作好衛冕環法賽準備打轉，媒體質疑他是否有能耐在短時間內旋乾轉坤，不過藍斯依舊展現他原本信心滿滿的姿態。有人問他怎麼輸梅約這麼多時間，藍斯答道：「兩分鐘是很

多，但要抵達環法賽還有很長的路。」難道他不擔心嗎？「在環法賽前一年我都擔心，」藍斯說，「這是爲求最佳狀況的持續奮鬥，而由差勁的表現可以學到比優異表現更多的事物。」

　　雖然藍斯流露出冠軍的氣魄，也盡一切可能再對自己的表現做任何小小的提升——不論是F-One計畫、高海拔帳篷，或者其他合法的方法——探人隱私的新聞記者依然想要提出指控和懷疑，想要把他逮個正著，其中最固執的，就是原任《團隊報》的記者皮耶·巴斯特，和英國《週日泰晤士報》的體育主筆大衛·華許，兩人共同寫書，就在2004年環法賽前於法國出版，名爲《藍斯·阿姆斯壯的秘密檔案》。這本書是以華許2001年發表在報上的文章爲本，那篇報導指稱藍斯服禁藥欺騙，並掀出他和費拉里醫師有所牽扯的內幕。而《秘密檔案》則大篇幅引申這幾年來詳細調查藍斯的結果，爲的只是一個目的：曝露藍斯的真相。只是雖然書中有無數的細節，但全屬道聽塗說，間接的傳言，或是想當然耳人云亦云的說法。不過此書一出版，在法國依舊造成轟動，躋身暢銷排行榜，只是《週日泰晤士報》加以引用報導之後，藍斯憤而提告。

　　這次的環法賽於比利時列日展開，在賽前記者會上，這名德州車手面對了更多的禁藥質疑。華許就坐在前面正中央。「特別的指控需要有特別的證據，」這是藍斯出名的回應，「華許先生和巴斯特先生花了四五年的時間，卻找不到特別的證據。我會不計代價，竭盡所能，討回公道。」

藍斯‧阿姆斯壯

　　在環法賽前兩天，藍斯面對咄咄逼人的記者，雪瑞兒則默默地站在燈光幽黯的大廳裡。她穿著牛仔褲、戴著太陽眼鏡，沒有化妝，似乎很樂於回答我所提關於藍斯和她關係的問題。她很興奮自己能首次親臨環法賽為藍斯加油，並說他們共同的特色不光是兩人的事業生涯都有極高的要求，而且兩人也都有許多共同的特色。「我們都有古怪的幽默感，我們都認真面對自己的工作，而且我們都極端好勝，野心勃勃。」她覺得最奇妙的是「他的家庭和我的很相似。他也在很小的城市生長，有點像小市鎮。我們都是南方人，都有關係很密切的家人。因此人人都很滿意。」

　　雖然許多人都打賭這名德州佬六奪環法賽冠軍的機會不大，但藍斯也對自己非贏不可下了極大的賭注。除了他想在環法賽史上留名的欲望之外，他還有另一個不為人知的動機。他簡潔地說：「1000萬美元。」如果他能六度摘冠，就可由三家保險公司獲得這樣的保險金。其中一半來自SCA公關公司，因為在2001年環法賽前，藍斯和車隊東家「順風運動公司」付了SCA公司42萬美元的保險金，賭他能在未來四年每年的環法賽都摘冠⋯⋯並且一連六次封王！SCA賭藍斯連一口氣贏三次都辦不到。如今，在攤牌之前，SCA公司開始擔心了，他們的確有該擔心的理由。

　　如果環法賽是由個人參賽，就像SCA經常做的一桿進洞高球

賽保險，那麼賭一個人能否再連贏四次，SCA還有勝算，但自由車賽是團隊運動，而郵政車隊又是強隊中的強隊，是環法賽上最團結一致的車隊，由布魯尼爾和藍斯小心翼翼地建立培養，一心一意要追求成功，而就如卡麥可所說的藍斯如今領導全隊，一如執行長領導企業，而且他是事必躬親的執行長，這是藍斯在2004年最強的優勢，也是他打算贏得環法賽的方法，而他率領並聯合全隊力量、啓發他們對他和對他們自己的信心、贏得他們無怨無悔的支持，這些能力是使他成爲偉大冠軍的另一個要素。

「我們赴環法賽只有一個重心，」蘭迪斯說，「大部分的團隊只能希望獲勝，我們卻很確定：只要一切按部就班，勝利就是我們的囊中物。環法賽大部分的車手從沒有參與有這種想法的車隊。」

蘭迪斯說，他們這種志在必得的態度直接來自藍斯。「他之所以能成爲第一，是因爲他的專注，」蘭迪斯指出，「不論他做什麼，都和他的目標有關。大部分的人做不到這點，如果他們執迷某件事，整個人生都會崩潰失序，他們沒辦法包辦一切。而這正是讓我欽佩藍斯之處，他可以從容面對這一切，依舊爲隊上做出決策。他所處理的壓力比我所見過的任何人都多，而他依舊能專注在他們所做的一切上。」

藍斯在上一次的環法賽中，只能勉強招架身心雙方面的挑戰，如今僅隔一年，他已經能夠在掌握大局的情況下分層授權。F-One計畫正是如此，而他也以同樣的方式面對環法賽本身，

藍斯・阿姆斯壯

他、布魯尼爾、卡麥可,和他們的團隊已經把爭取勝利列為絕對優先。

2004年,主辦單位設計了一個理論上應該正好對藍斯不利的賽道。在第一個登山路段之前,先有兩週的車賽,一直到第三週,才有較長的計時賽,而團隊計時賽的優勝者,也只能獲得少許的計時獎勵──過去藍斯在團隊計時賽獲得相當重要的優勢,這回大家依舊看好郵政車隊的團體表現。

事後證明那場長40英里的團隊計時賽,果真是環法賽上半場賽事中最關鍵也最戲劇化的賽段。車隊在比賽中經歷了強風暴雨,唯有默契最佳、設備最好,並且在濕滑路面騎得最謹慎的車隊,才有最豐富的收穫。烏利赫和T-Mobile因為未採用碟輪而速度減慢;漢米爾頓的峰力車隊因為選用較輕的車胎,結果爆胎頻頻;巴索的CSC車隊則因冒太大風險,因此頻出意外,影響了速度。

郵政車隊的車手卻沒有這些問題,他們起步雖較慢,但在藍斯的激勵之下,卻能以一分鐘以上的差距打敗對手。「我們頭一次採用跑速分配計畫表時,藍斯只是對每一個人高喊加油,」辛卡皮說,「他滿身活力,就好像他還是頭一次參加環法賽一樣,為我們必勝不可而歡欣鼓舞……而且這次的勝利是精彩的團隊合作,不光只是藍斯・阿姆斯壯一個人的力量。」

藍斯因為全隊的表現而精神大振,他總算撐完這一天,也因此鬆了口氣,因為這天得在已經有數世紀之久的潮濕石頭路上競

賽，而他一直都很擔心石頭路面。「在這場賽事中，我也很害怕，」藍斯說，「如果再考量雨、風……等因素，最後這幾天真教我痛苦難當。」雖然藍斯感到恐懼，但他還是在團隊計時賽小小領先勁敵烏利赫、漢米爾頓，和巴索，披上黃衫。梅約因為前一天撞車，已經出局。開賽頭一週就發生二十五場意外，漢米爾頓也在其中之一受傷不輕。

郵政車隊下一回展示團隊力量是在一週後，環法賽到達山區路段之時。經過幾天的熱浪之後，車團在暴風雨中進入庇里牛斯山，傾盆大雨已經把道路淹沒成河，氣溫也劇降了華氏30度。辛卡皮和蘭迪斯兩名好手在開場的爬坡路段以飛快的速度向前推進，擺脫了大部分的車手，也阻止了對手的進攻，更讓藍斯以自己的速度登上終點的拉蒙奇（La Mongie）山頂。和藍斯旗鼓相當的巴索拿下分站冠軍，「我認為藍斯之所以讓我贏得此站，是因為我母親正因癌症而住院，」這名26歲的義大利車手說。兩人已經建立了友誼，藍斯基金會也協助巴索的母親抗癌。

因發生意外而疼痛不堪的漢米爾頓跟不上藍斯和巴索在拉蒙奇登山路段的速度，烏利赫也落後2分鐘半，這德國人必須更努力，才有挑戰藍斯的希望。他要隊友克羅登盡量跟住藍斯，雖然如此，但在這一站結束時，藍斯依舊領先，巴索和克羅登則落後1分多鐘，烏利赫則落後近四分鐘之多。

但下一站才是郵政車隊展現團隊實力的時刻，這是近130英里的馬拉松賽，共要經過7個登山口，最後以拜萊高原（Plateau

藍斯・阿姆斯壯

de Beille)為終點。到第五個坡段，只剩22名車手留在領先集團，其中7名是郵政車隊的車手。辛卡皮和蘭迪斯領著車團來到終點前的10英里爬坡路段，接著由魯比耶拉護送藍斯，最後則是由新加盟的艾斯維多在山頂上為藍斯配速3英里。

「這些車手全都像忠心耿耿的士兵，為他工作無怨無悔，」曾幾度隨郵政車隊觀看環法賽的影星羅賓・威廉斯說，「他們保護他，餵他，幫他驅趕其他車手……這是一個團隊，而藍斯是火箭的最後一節。」

一旦火箭升空，就無法停止引爆。藍斯在高原的最後一段衝刺獲勝，雪瑞兒已經等在那裡「看藍斯獲勝」，啜飲香檳。接著他又在阿爾卑斯路段三度開香檳慶祝：他勝過了巴索和烏利赫，在維拉德蘭斯(Villard-de-Lans)拿下分站冠軍；又在阿爾卑斯-于茲上坡計時賽中勝過烏利赫1分鐘，領先克羅登和巴索達2分鐘；最後在格蘭德波爾南德(Le Grand-Bornand)，原本計畫由隊友蘭迪斯拿下勝利，卻因克羅登和烏利赫作梗，因此他發火衝刺，超越了這兩名德國車手。

從沒有冠軍連續四站登山賽段奪冠——而且要不是藍斯讓了一個分站冠軍給巴索，就一連在五個登山站封王。他這回精彩絕倫的表現非但沒有惹惱車迷，反而讓他們更加熱心地為他加油。估計約有50萬人在傳奇的阿爾卑斯-于茲路段共21個之字形轉折的路上夾道歡迎，大家對藍斯爭取第六個環法賽冠軍的努力莫不熱情相迎，熱烈的程度讓警察不得不重視對藍斯的死亡威脅。他

們擔心喝了啤酒在道旁搖旗吶喊的車迷，也怕藍斯騎車經過時會挨車迷冷拳，因為車迷離車手只有幾英寸遠，雙方之間亦無屏障。藍斯前後都有便衣警探開車相隨，到頭來他也安然無恙。

　　藍斯在山區的分站冠軍，再加上後來在貝桑松（Besançon）最後一場計時賽的勝利，拉開了藍斯領先的差距，他和第二名克羅登與巴索的差距拉大為6分鐘餘。最後關頭發揮實力的烏利赫名列第4，這是他參加環法賽以來頭一次沒有名列前三。「我今年沒有得獎，很可惜，」1997年曾是環法賽冠軍的這名德國車手說，「我必須承認，看到香榭麗舍大道上的頒獎典禮，的確教我有點難過，但我的目標並沒有改變，我依舊希望能再一次披黃衫騎進巴黎。」

　　藍斯史無前例六獲環法賽冠軍，在全歐洲獲得讚譽。報紙頭條標題寫著「冠軍中的冠軍」……「人中之龍」……「環法賽之王」，但有些標題之下的報導依舊含有負面或諷刺的文字。有的媒體說藍斯是「獨特卻教人不安心的冠軍」，有的則說他「冷漠而高傲」，有的說它認為藍斯「介於疑惑和讚美之間」。如果含沙射影暗示藍斯用藥欺騙的書還高踞法國排行榜而不下，那麼這樣的疑惑恐怕終究免不了。

　　書裡影射的內容也傳到了大西洋的彼端：SCA公司不肯支付

藍斯‧阿姆斯壯

藍斯贏得2004環法賽冠軍所該獲得的最後500萬美元獎金，要等他們的律師調查書中有關禁藥的內容之後再說。九月中，在環法賽結束後六週，藍斯的律師團具狀要求對SCA不肯支付獎金之事進行仲裁，訴狀上說，其他家保險公司已經很快支付另外的500萬美元，何況藍斯在環法賽所有的藥檢都是陰性反應。

SCA的問題只是藍斯在那年秋冬諸多問題中的一個，另一個問題是義大利法院對他的訓練顧問費拉里冗長的審判終於有了結果。這名義大利運動醫師在最嚴重的散布禁藥產品罪名上雖被判無罪，但在藥劑師非法執行業務和「運動詐騙」兩方面卻被判有罪。所謂「運動詐騙」，內容包羅萬象，由給賽馬服食禁藥，到為牟利而在足球賽中有欺騙行為，全都包括在內。

法院公布這樣的判決結果之後，藍斯發表聲明說：「我很遺憾得知義大利法院對費拉里醫師有不利的判決，他長久以來一直是我的朋友，也是我和美國郵政車隊信任的顧問。在擔任顧問期間，他從未建議、處方，或提供我任何增強體能表現的藥物。我一直都說我絕不能容忍任何使用禁藥的人，而當今的發展使美國郵政車隊和我不得不暫停我們和費拉里醫師在業務上的關係，等待正式的裁決。」

這個決定結束了雙方合作九年的關係。「藍斯對費拉里醫師依舊十分敬重，過去如此，如今亦然。」藍斯的教練卡麥可說，「顯然他對藍斯有很大的幫助。」和蘭迪斯一樣與這名備受爭議的訓練顧問合作數年的辛卡皮也說：「費拉里是個好人，是非常

聰明的訓練顧問，知識淵博。」

藍斯面對的另一個問題是，他和個人的自行車技師以及助理麥克‧安德森(Mike Anderson)產生齟齬，他在那年冬天炒了安德森魷魚，安德森於是提出控訴，指他未能履約，並宣稱他2004年在西班牙為藍斯清理公寓時，發現了一盒名為 "androstenin" 的產品，他認為這是一種像類固醇的用品，健美和棒球選手會使用 "andro" 藥物，促進肌肉發展，但由於此藥會使人增重，對自由車手並無好處。不過他的控訴依舊讓人對藍斯的誠信提出質疑。

這一切，再加上和英法出版商不斷進行的誹謗訴訟，和藍斯形形色色的各種責任，那年冬天全都重重壓在藍斯心頭。可以處理多重問題，同時又維持專注的這個冠軍如今已達到極限。一天早上，藍斯在洛杉磯附近的山上練習時，接獲一堆和《週日泰晤士報》與SCA相關的電子郵件，就在那時，這一切教人煩心的控訴、情感和義務排山倒海湧來，教藍斯招架不住，他把黑莓機往峽谷裡一扔，象徵他甩掉了他的人生。但他甩不掉他的問題。

第二十一章

再度上路

緊張又飢餓對我比較有用。

——藍斯·阿姆斯壯

　　除了自己的紀錄之外,藍斯不必再打破任何紀錄了。如今他已經33歲,大部分的職業車手在這個年紀都已經退休,他之所以未加入他們,是因為他和車隊的新贊助商「探索頻道」合約中的一項條款,言明藍斯得在2005或06年再參加一次環法賽,其實他大可以毀約,但只要藍斯許下承諾——不論是對朋友、對癌症群體,或是對贊助商,他總是信守不渝。

　　一月下旬,他和雪瑞兒待在洛杉磯時,和他的樂手朋友麥可·伍德一起去練騎,伍德說:「騎到一半,他對我說:『你知道嗎?我要再參加一次環法賽,雖然我不想,但探索頻道的人要我參賽。』接著他說:『我該召開記者會,昭告天下我有此計

藍斯‧阿姆斯壯

畫，還是要默默進行，順其自然？你覺得怎麼樣比較好？」我告訴他該公諸於世，讓全世界所有的人，所有的車迷，都能擬好計畫，來看他再參賽一次。」

2005年2月16日，藍斯宣布他會參加那年的環法賽，而且他也明白表示這會是他最後一次參賽。他知道自己現在才開始準備有點晚，而他要面對的挑戰是要很快恢復體能，同時找個有意義的動機。

那年他的心思沒有放在賽車上，更不想招來更多服用禁藥的指控。法國方面才以華許在《秘密檔案》中的訪問為本，進行另一波調查，而藍斯則發表聲明因應，聲明中說：「我現在不用，以前也從來沒用過提升體能表現的藥物。歡迎調查單位檢視我長久以來的藥檢結果，我從沒有一次過不了藥檢。光是去年（2004）一年，我就由國際車總、世界反禁藥組織，和美國反禁藥組織藥檢了二十二次。」

華許本人在書中也承認：「其實我們並沒有證明任何事，只是列舉事實，讓我們的讀者自行決定究竟是誰說真話。」法國的調查很快就不了了之。

藍斯其他的法律訴訟還在進行，而他本人則待在家裡陪伴子女，或者和雪瑞兒消磨時光。這對名人情侶在葛萊美獎頒獎典禮上吸引了八卦媒體的注意，藍斯也喜歡在雪瑞兒演唱時，到後台探班，他和與她同台的樂手打成一片，不論是壁花或是滾石合唱團。他一直拖延，直到三月才回歐洲，開始參加大小賽事。

在藍斯抵達歐洲後兩天，雖然還有時差，但他已經展開長達一週的巴黎-尼斯分站賽。比賽出師不利，一開始他在計時賽的表現是歷來生涯最差的一次：在168名車手中名列140。在第4站，天氣變得很糟，藍斯退賽，回到西班牙的家。

不過他沒有時間老是去想自己表現不佳，除了還沒解決的大小訴訟問題之外，他還對藍斯‧阿姆斯壯基金會、總統癌症委員會，和各個贊助商有各種義務。就連他只為了訓練而來到吉羅納，也很少有放鬆的機會。「他總在電話上和基金會或耐吉或其他什麼人開會，」隊友辛卡皮說，「有一次，他的公寓在裝潢，所以來和我住，幾週以來頭一次，我終於看到藍斯躺在沙發上，這實在太難得了，因此我拍了一張照片，不過就連這樣，也是他練車7小時之後才有的休息。」

等雪瑞兒完成她的新專輯「野花」，來到吉羅納，藍斯的精神為之一振。雪瑞兒這張專輯中有一些情歌，許多人都認為這是在描述她與藍斯的戀情。在第一首歌中，雪瑞兒唱道：「他們說愛會持續增長／這是我一直奉行的信念／因為不論你去哪裡／你所在之處都是我要去的地方。」

四月初，藍斯的隊友貝瑞和這對佳偶一起搭乘私人專機要飛往比利時參加環法蘭德斯大賽。「機上就我們三個人。整個行程中，我一直和雪瑞兒聊天，而藍斯則沒有說什麼，」貝瑞說，「她很親切，我相信她也很真誠。她顯然覺得他很棒，全心接納自由車這項運動以及他所做的一切，對他的生活極為好奇。她對

藍斯・阿姆斯壯

其他人在自由車賽之外的生活也很有興趣，這和藍斯不同：他從不是那種問人：『喂，你家人如何』的那種人，而雪瑞兒卻可以坐著和大家閒聊。」

在比賽時，藍斯就像執行長一樣公事公辦，他對隊上那年春天的表現很不滿意。「藍斯非常嚴謹，最討厭失敗。」貝瑞說，「環法蘭德斯賽後，我正在隊車上，全隊沒有一個人在終場時名次在前，藍斯勃然大怒，他走進隊車，收拾了一下，握握手就走了。不聊一下，也沒有其他的寒喧。他的訊息很清楚：車隊表現太差！他是不開玩笑的。」

兩週後，貝瑞和藍斯在美國參加環喬治亞大賽，他們的對手包括蘭迪斯和戴夫・塞布瑞斯基（Dave Zabriskie）——又是兩名跳槽他隊的前隊友。

「我們隊上在計時賽表現很差，」貝瑞說，「而蘭迪斯和塞布瑞斯基則分居一、二……我們隊上最高的排名才第七。晚餐時，藍斯非常沉默，棒球帽低低蓋在頭上。大家還沒吃完，他就已經離桌回房。那天晚上他什麼也沒說，第二天在隊車上，布魯尼爾開了一場小會，大家都明白自己該做什麼。

「接著藍斯開始發言，他說：『我們昨天被人好好教訓了一下，這很難為情，尤其這兩個人（蘭迪斯和塞布瑞斯基）原本是我們隊友，因此今天，我們要給他們好看。』他的話很少，但卻很有力，那一天，每一個人從頭到尾都在前面。」

藍斯的精神訓話果然達到效果，探索車隊的湯姆・丹尼爾森

(Tom Danielson)次日分站封王，讓蘭迪斯失去總成績領先的地位，丹尼爾森最後也贏得總冠軍，藍斯則名列第5。

　　藍斯在登山和計時賽的表現都還待改進，而且還沒有任何激勵他比賽士氣的誘因，他只能盡力掌握時間，準備他最後一次參加的環法賽。他必須在五、六月訓練營中脫胎換骨，而他依舊希望雪瑞兒能在他身旁，只是這造成了他與教練很少發生的爭執。

　　「我告訴他，他不該讓雪瑞兒來參加下一次在阿爾卑斯山和庇里牛斯山上的訓練營，」卡麥可說，「我覺得這會使他分心。那次的討論很不愉快。我認為雪瑞兒是很好的女孩，是個好人，而且他顯然也很愛她，但同樣明顯的是這段關係似乎有點不對勁。我不知道是什麼問題，但總是使他分心，這會影響他在最後一次環法賽中的表現。我先前就和他討論過，但……」

　　在這個時候要教練對他的老友下指令，實在不容易。就如卡麥可說的：「你現在談話的對象，是成績在史上無人能及的選手，他已經六獲環法賽冠軍，賺進數百萬美元，是國際名流……但我對他說：『藍斯，我得老實告訴你，就算你教我去死，我也得說出對你表現不利的因素，你可能不想聽，但雪瑞兒實在不該在接下來的訓練營露面，因為我覺得你們的關係有點不穩，這會讓你分心，影響你的表現。』

藍斯‧阿姆斯壯

「他的反應是：『你知道嗎？我也有同樣的想法。』接著他說：『讓我想想。』她沒有來下一次的訓練營，但卻在再下一次時來了。這是2005年，而不是1995，我以前可以對他下令說：『她不准來』，但現在不行。」

訓練營的確讓藍斯的狀況有所改進，但卻還是不符合教練的期待。這在他環法賽前最後一項賽事多芬內車賽時非常清楚，他在這場賽事中，最好的名次是在計時賽名列第3，並在一場登山站名列第4。因此在藍斯十三年職業賽車生涯中，這是唯一一次藍斯在環法賽前沒有拿到任何一個冠軍。不過他依然比2004年參賽準備破紀錄時輕鬆。「今年我並沒有要追求任何傳承，」他說，「我來這裡只是為了好好參賽，享受我最後一次的環法賽事，享受我自認為擁有的優秀體能。」

這名德州選手在這次環法賽最可能的勁敵是烏利赫和巴索，他們的實力似乎比前一年更強，而且各有堅強的車隊支援。前一年在環法賽名列前三的克羅登和維諾庫羅夫，如今都在烏利赫的T-Mobile車隊，因此車隊經理古德福魯特在比賽前夕說：「長久以來我一直想證明數大為美，但卻一直沒有任何收穫。」

古德福魯特和烏利赫都渴望證明有多名好手在隊上必能有所作為，但古德福魯特最後的結論「我認為烏利赫能打敗阿姆斯壯」，聽起來卻並沒有什麼說服力。

　　如果考量阿姆斯壯上半年的心態，那麼如今他面對環法賽能充滿這樣的信心，就未免教人訝異，彷彿他早就知道拿下環法賽第七冠是他命中註定，一如葛瑞渥2001年所預言的一樣。

　　烏利赫的命運則不同：他似乎註定要排在這位德州選手之後，名列老二。不然怎麼解釋在環法賽開賽前二十四小時差點害他不能參賽的那場離奇車禍？這名德國車手希望能為開幕的計時賽作好萬全的準備，因此師法藍斯，在賽前到場地預騎。他以隊車配速，用相當於比賽時35英里的時速向前騎，到半路上，他騎在離隊車擋泥板僅幾英寸之處，這時一輛卡車轉彎逆向駛來，讓隊車駕駛措手不及只能緊急剎車，烏利赫沒有時間反應，直撞上隊車後窗，被玻璃割破脖子皮膚，雖然只是輕傷，但受驚不小。

　　烏利赫和藍斯就像兩名鬥士一樣騎車繞圈，等著計時賽開始，這是純考驗速度的比賽，他們倆是最後兩名出發的選手，也是觀眾翹首以待的好戲。烏利赫先出發，很快就達到正常的速度，在頭1英里就騎上高橋，然後才抵達他喜愛平坦又筆直的路段。藍斯晚一分鐘出發，他衝向出發坡道時，右腳由踏板上滑了一下，教他心驚肉跳，但他很快就恢復過來，平穩地騎上橋面，一眼看到烏利赫的粉紅上衣。光是這遠遠的一瞥就足已成為藍斯

藍斯‧阿姆斯壯

的動力,他越騎越快,目標也越來越接近,而他越接近烏利赫,就越專注。要是他能現在就趕上最大的勁敵,就能擊垮烏利赫的士氣,也能提振他自己的精神。

舉世都在注目採訪直升機在上方拍的鏡頭,藍斯朝烏利赫直駛而去,接著教人難以置信的是,他在還剩2英里之處一舉越過烏利赫絕塵而去,在這充滿象徵的一刻,藍斯再一次讓他最強的敵手吃了驚,烏利赫還是得不到勝利。

這是「七月先生」脫胎換骨的一刻 ,由三月到六月,藍斯都一直在掙扎,然而一到七月,他就有亮眼的表現。「緊張又飢餓對我比較有用,」藍斯說,「巴黎-尼斯的經驗不好,環喬治亞大賽和多芬內賽事亦然。這一切都讓我自問:『你究竟想要糟到什麼樣的程度?』而每一次我也做了回答。或許(環法賽)三週的表現就是成績。」

藍斯打算在第10站發動致命攻擊,這一段最後是12英里長的上坡路段,以阿爾卑斯山的滑雪勝地庫赫雪佛(Courchevel)為終點。這一個路段展現了探索車隊的人才濟濟。辛卡皮賣命地帶動車隊漫長的爬坡,讓烏利赫在離山頂7英里處終於跟不上而落後,「我的腿受不了, 肋骨也很疼痛。」在前一站摔了一大跤的烏利赫說。2英里之後,巴索也撐不下去,「我的腿不聽使喚,」他說,「不過至少我能限制住損害的範圍。」

兩名對手巴索和烏利赫在這一站所損失的時間,葬送了他們挑戰藍斯的希望,而藍斯在庇里牛斯山區更拉大了領先的差距。

美國挑戰者萊菲默憶起當時，這段環法賽最困難的路段佩赫斯山口（Port de Pailhères），只有他、烏利赫、巴索，和蘭迪斯是少數幾名能夠跟上藍斯的車手，「我們趕不上——或者在他心裡以為我們是不肯趕上他想要的速度，教他很挫折。」萊菲默說，「我已經發揮到了極限，而且我相信我也不是唯一一個有這種感受的人。我們不可能依他的速度行進，他問我們：『你們在搞什麼？這太荒謬了。』或許這只是一般運動時的碎碎唸，但很明顯他根本就毫不費力。」

在巴黎終點前一天，藍斯贏得在聖艾蒂安（St. Etienne）舉行的最後一場計時賽，拿下環法賽第七次勝利，而這一天的第二名落後他半分鐘，正是他永遠的對手烏利赫，烏利赫在這場計時賽中根本就沒有過任何第一的機會，因為藍斯花在準備這場計時賽的精力，一如他1999年在彼杜富頭一次贏得黃衫一樣賣力。在環法賽開始之前，藍斯到聖艾蒂安預騎了整個35英里的計時賽場地，而且不是一次，而是兩次。他在那一站早上再度複習，記下這2242英尺爬坡（和下坡）路段的每一個細節，而這也是他自十二年前在環法賽初試身手以來最困難的一場計時賽。

在拿下第22次環法賽分站冠軍之後，藍斯說出他再度參賽拿下勝利的動力和誘因。「對我而言，沒有勝利的壓力，」他說，

藍斯・阿姆斯壯

「是為了我自己心裡的事物。身為運動員，我希望能夠達到巔峯，而這就是唯一的誘因和唯一的壓力。」藍斯接著讚美了「密友」布魯尼爾，他說要不是這名比利時總監，他不可能拿下任何環法賽冠軍，更不用說一連七次奪冠了。

二十四小時後，在香榭麗舍大道，藍斯連續第七度獲頒環法賽冠軍獎杯，他馬上回身恭喜名列二、三的巴索和烏利赫。站在講台上最高一階，陽光斜映在他身後的凱旋門上，藍斯傾身給他長久以來的德國勁敵一個笨拙的擁抱。「烏利赫是個特別的車手，也是個獨特的人，」他接著轉身向巴索：「巴索則是個好朋友……是這項運動的未來希望。」

那晚在巴黎，他不再像21歲當年站在酒吧外「左擁小妞，右抱啤酒」，而是一個成就非凡的33歲冠軍，在豪華大舞廳參加探索車隊的慶功宴，慶祝他所創下的新紀錄。「他是主持人最後一位訪問的車手，」脊椎治療按摩師史賓塞說，「藍斯接過麥克風說，還有另一名車手要介紹，他介紹了烏利赫。全場750人歡聲雷動，起立向烏利赫致意。烏利赫欣喜異常，不知如何是好。他們是相互競爭而且各霸一方的兩名對手，因為他們引出了對方最好的表現，這是和解——也是真正尊重的一刻。」

藍斯彷彿頭一次明白自己剛完成人生最後一次車賽那般向大家說：「我沒有再繼續比賽的理由，我不再需要更多的比賽。週一上午，我們會在巴黎醒來，孩子們和雪瑞兒和我，以及親友團，我們要飛到法國南部享受一週的假期，躺在沙灘上啜飲美

酒，不騎車，光是吃喝，在池裡游泳，和孩子嬉戲，不再擔心。
這個工作壓力很大，這場比賽也壓力很大，因此接下來這一週的
生活將是我未來五十年生活的寫照，無憂無慮，沒有壓力。」

第二十二章

舉世最偉大的冠軍

我們每一個人都努力解決我們自己如蟻丘的小小一堆問題，
但這人卻去尋覓如山一般高的問題。

——伊利莎白・愛德華茲（Elizabeth Edwards）

　　身爲七度在環法賽封王的冠軍、癌症過來人，也是以全球爲
對象的防癌運動領導人，藍斯的確有權利享受毫無壓力的時光。
而他也的確一如預期般，在法國蔚藍海岸度了一週的假期。他在
2005年8月初帶著三個孩子與雪瑞兒抵達該處，但這個月還沒過
完，巴黎的《團隊報》又刊出了一篇煽動性的文章〈阿姆斯壯的
謊言〉，這篇報導是以冷凍尿檢樣本所作的新測驗結果爲本，指
稱藍斯在1999年使用EPO才贏得環法賽。這篇報導攻擊的是他的
誠信，如果沒有誠信，他在環法賽的成就根本就沒有意義，而他
在癌症群體中的英雄地位也就毀於一旦。

　　稍後，國際車總所委託的獨立調查機構強烈譴責這篇報導及
它所根據的測驗不實，即使這引起了科學單位對測驗正確性的質

藍斯‧阿姆斯壯

疑，但傷害已經造成。為了要減少這篇報導引起的懷疑，因此藍斯及他委託的律師立即發表聲明，上電視，並發電子郵件捍衛他的名譽，這個課題依舊受到最瞭解他的人關懷討論。

藍斯先前的游泳教練麥柯迪以他數十年來訓練最高水準運動員的經驗說：「自由車壇的事件教人以為，要像藍斯這樣傑出，非得做些體制外的動作不可，而體制外的動作可能就不合法，但他對自己所做的一切都吹毛求疵，而他又是如此罕見的人，因此他不必那樣做，一點也不必，一點也不必。」

運動經紀兼教練艾德當年指導少年時期的藍斯練三項運動，他的看法有所不同。「我認識一些在歐洲參加職業隊的選手，他們後來回美國來了，因為他們不想用禁藥，」艾德說，「是不是因為非得吃禁藥才能追得上別人？我的心態很開放，我知道有許多遮蔽劑可以遮蓋服用禁藥的蹤跡，但如果要像他那樣做那麼多次藥檢，而且每一次都通過，恐怕不太可能。我比較相信他沒有服藥，而且到目前他也已經證明這點。」

在藍斯生涯之初指導敵隊車手的自由車專家派提強則認為，藍斯自始就這證明了自己的清白。「我見過藍斯和雷蒙德由少年選手一路發展成為環法賽和世錦賽冠軍，」派提強說，「他們倆都展現了非凡的專注和能力。他們19歲時就沒吃禁藥，只是天生比人強，因此如果他們最後因為環境之故，免不了服用禁藥，依舊比人強，他們的成就並不會因此而減少。」

常常和藍斯同台競技的奧運金牌選手葛瑞渥認為禁藥這個問

題根本不相干。「就算服下舉世所有的禁藥，也不能使你贏得環法賽，」他說，「你要嘛就有能力，要嘛就沒有。藍斯是有史以來最佳的車手，而他活在有人專門嘗試打敗他的年代，在也有其他極佳好手的年代，尤其是潘塔尼和烏利赫，但他就是打敗了他們，每一次都如此。」

《團隊報》的報導除了再度勾起人們對藍斯的疑心之外，也讓SCA公司申請裁決的理由更充足，不願在藍斯贏得2004年環法賽後支付500萬美元獎金。「SCA無所不用其極，」藍斯說，「他們很顯然在捏造事實，並且扯出十幾個人來作證，但當我們交叉檢視時，卻發現那根本純屬戲劇，只是讓他們蒙羞。」

SCA想找的一位證人是1992年奧運冠軍鮑伯・麥恩斯克，如今他是律師。「SCA的人打電話給我，以為他們可以取得打擊藍斯的資料，」麥恩斯克說，「他們想引誘我，以律師身分雇用我打這場官司，基本上是為錢，這很無恥。」

或許SCA找來破壞力最強的證人，是法蘭基・安德魯的太太貝西・安德魯（Betsy Andreu），她作證說，在藍斯動了腦部手術後──在他贏得頭一次環法賽前兩年多，她和安德魯去醫院探視他，無意中聽到他對醫生說，EPO是他過去服用過的幾種增強體力藥物之一。不過卡麥可夫婦，以及當時在病房裡的其他人，都

藍斯·阿姆斯壯

沒聽說這樣的對話；在印地安那波里斯治療藍斯的腫瘤科醫師尼克斯則在書面證詞中說，他和藍斯沒有這樣的談話。因此大部分人的結論是，安德魯夫婦可能聽錯，或誤解了藍斯的意思。

「我也可以給你一大堆證人，」藍斯說，「但這樣就可能得纏訟(SCA)一年，因此我們決定還是不要牽扯這些人。我們本來可以請像馬克·艾倫等一路到我生涯之初的人，那是我最自豪的事，我永遠都是清白的。」

要是三項運動傳奇人物艾倫被邀請作證，就可以告訴仲裁者藍斯在15歲時就已經表現驚人，他如何發揮自己的天賦，在1990和2000年的二十年間，贏得最大最困難的比賽。曾在鐵人世界錦標賽破紀錄六奪冠的艾倫也可以告訴他們，要贏得你所選擇運動項目最高榮譽的頭銜有多麼不易，而要年復一年一再重複這樣的表現有多困難，就像他在夏威夷和藍斯在法國的表現一樣。

SCA的案子幾乎花了一年時間，才終獲裁定，而且對藍斯有利。仲裁人決定SCA無法證明藍斯是用藥才贏得環法賽冠軍，因此該把500萬獎金撥給藍斯，再加上250萬的利息、各項花費，和律師費。

藍斯無罪的更進一步證明，來自2006年，藍斯提告的對象《週日泰晤士報》和藍斯達成庭外和解，因為該報明白它的報

導缺乏具體證據，所以這場官司必然會輸，於是該報針對那篇影射藍斯服藥，後來成為《藍斯・阿姆斯壯秘密檔案》一書基礎的文章，發表了這樣的聲明：「《週日泰晤士報》已經向阿姆斯壯先生確認，該報從未故意指控他服食任何增進表現的藥物而有違法行為，並且誠心向造成此種印象而致歉。」其巴結諂媚的文章細訴了藍斯和備受爭議的義大利運動訓練顧問費拉里醫師的關聯，而費拉里如今也洗刷了罪名：他對「運動詐欺」和「濫用醫療執照」的罪名提出上訴，並在2006年5月勝訴。

　　但在2005年夏，《團隊報》的報導和指控一直沉重壓在藍斯心頭，「藍斯究竟有沒有欺騙？」的辯論，在八月下旬依舊反覆在電視媒體上播映，他和雪瑞兒此時赴愛達荷州太陽谷騎車旅行，在那裡，他們的船因汽油用盡而在山中湖泊漂浮，此時藍斯向雪瑞兒求婚，而她也答應了。他們決定在次年春天結婚。

　　整個秋天，雪瑞兒都很自豪地戴著六克拉的訂婚戒，並接受婦女雜誌訪問，談即將舉辦的婚禮，藍斯也在歐普拉・溫芙瑞的節目上談兩人相戀的故事。他們的友誼和戀情似乎比以往更熾烈，雪瑞兒和藍斯的子女也和他們益發親近，讓他們倆感情更好。但此時34歲卻突然退休的藍斯也感到困惑迷惘。「有點像『我們合得來嗎？我們該結婚嗎？』因為如果不行，那就會是我第二次離婚，」藍斯說，「但我不想再有第二次離婚。」

　　2006年1月底，就在兩人訂婚後五個月，雪瑞兒44歲生日前兩週，這對情侶卻宣布取消婚約。「我們的關係有點緊張，」

藍斯・阿姆斯壯

藍斯說，「我認為雪瑞兒是個好女人，但她想要結婚，想要孩子，並不是我不想要孩子，而是我那時不想有孩子，因為我才剛結束一段婚姻，才有過孩子。所以我只是想：『哇，這是怎麼回事？』但她的生理時鐘已經到了，這樣的壓力毀了一切。

「我們試過去找婚姻顧問，但其實那樣的情況沒什麼好諮詢的。因為如果有人想要孩子——那是你給女人最好的禮物，你怎麼站在那裡說，我不想要孩子。因此我們只是處在生命的不同點，在這方面無法配合。這對女人和男人都是非常重要的考量，只是我覺得自己還沒有做好準備，在那時不能這樣做……未來我會要孩子，但不是那時候。」

雪瑞兒在《浮華世界》（*Vanity Fair*）的訪問中說：「我們大可以說，我們分手都是因為我想要結婚生子，但其實並不是那麼簡單，比這個表面的理由深得多。」她對和藍斯這段戀情一直都諱莫如深，但再一次地，她在歌詞中傾吐了自己的情感。在兩人分手之後她寫的歌《如今你走了》之中，她寫道：「你的臉孔在我周遭／你的鑰匙在我手裡／不論我去哪裡／我都會試著記得／我究竟是誰。」

藍斯也覺得極端失落，「他和雪瑞兒分手之時身心交瘁，」當時採訪他的奧斯丁記者哈利波頓說：「任何男人和自己最要好的朋友分手，都一定會崩潰。」

在這樣的情緒之下，藍斯決定自己出去走走，並且就馬上安排行程，開車上路。「我從沒有這樣做過一次，我從沒有獨自一

人，因為我總是和人在一起，尤其是現在成名之後。在商業和基金會那方面，我身後根本總是跟著一大群人。」他畫出自己打算走的路：沿著太平洋海岸的1號公路，向北直穿北加州和奧勒岡州。但他才展開行程，就接到雪瑞兒發來他黑莓機上的簡訊：她剛被診出第一期乳癌。

「我本已掉頭駛回洛杉磯，」藍斯對《浮華世界》表示，「我們沿路一直通話，但她說：『其實你回來看我並不合適。』」雪瑞兒覺得「同時要面對分手和她的疾病很困難」，她需要一個重心，能夠給她無條件的支持，而不摻雜其他任何情感，而她由她的家人獲得這方面的協助。

「這很困難，我知道他想要在我身邊，」雪瑞兒後來說，「我也很希望他能趕來支持我。」藍斯的確想要如此。

自藍斯戰勝癌症以來，他默默協助了數百甚或上千癌症病人，有時是親自探視，有時則是打電話、發電郵、信件，和送簽名照。這些病人大部分對他都是陌生人，他們自行或透過朋友，尋求他的協助，而不論他的行程排得多滿，也總是找出時間和重病的患者長談，或者寫些感人肺腑的訊息，在他素昧平生的癌症病人喪禮上朗讀。「他很害羞，並不會主動找人攀談，也不會和人聊天，」他的友人奈格斯說，「因此他不太擅長和瀕死的病人談話。」但他還是這樣做了。

如今藍斯要面對的癌症，打擊了兩年多以來和他最親密的人，是他最希望能夠在她身邊提供援助的對象。他說在他五天上

藍斯・阿姆斯壯

千英里的單獨旅行中，一直揮不開雪瑞兒的身影。「大半時間，我都是在想她的事，」藍斯說，「你正打算要分手，但你又希望在她身邊談她的病況，她也想要分手，自己面對這一切。這很尷尬，因為我一直想要瞭解她的狀況，不時地和她談話，和她的醫師談話……也因此我和她母親談得很多。她母親柏妮絲很酷，是個很優雅而時髦的女人。」

更感困惑的藍斯駕著租來的休旅車轉頭朝北行駛。「我沒有預訂任何旅館，」他說，「只是直接走進去問接待處的小姐，而且我總戴著帽子和眼鏡。」等藍斯把他的黑色美國運通卡拿出來，接待人員「會因為大吃一驚而多看我兩三眼，但沒有人煩我。我在房裡用餐，偶爾做個按摩——除此之外，沒有和任何人談話。」

他在門多西諾（Mendocino，加州西北的一郡）住了兩天，「花很長時間跑步，在紅木森林中的景致實在教人屏息，跑在鬆軟卻結實的泥土路上。」

藍斯繼續駛過「消失的海岸」（Lost Coast），這是衝浪者等待大浪之處。接著他北上阿卡迪亞（Arcadia）到尤瑞卡（Eureka）。「那裡沒有廣播，」他說，「在收音機上按下『搜尋頻道』的鈕，結果它只是一路向前轉。但我有帶有聲書，聽了《讓心自由：自在人生的四種智慧》（*The Four Agreements: A Toltec Wisdom Book*），作者是唐・梅桂爾・魯伊茲（Don Miguel Ruiz）。」

　　書中談到的四個智慧是：讓言語真實純正；不把事情個人化；不要自作假設，和時時刻刻全力以赴。藍斯喜歡這本書的訊息——它強調了他自己的價值——而他也願意把它應用到生命的所有層面，不論是他身為父親、兒子、合夥人，或朋友的角色；或者是作為鼓吹防癌的宣傳者、運動員，或甚至身為名人也一樣。

- -

　　很難界定藍斯何時躋身名人之列，不過可能早在1999年秋，在他頭一次贏得環法賽冠軍後不久。他回到奧斯丁時，受到家鄉父老英雄般的歡迎，由打上燈光的德州首府大廈前展開正式遊行。但他的明星地位卻一直要到不久之後，他在奧斯丁的巴斯電影院參加棒球電影「往日柔情」（Love of the Game）首映時，才真正確定。他受邀和該片主角凱文‧柯斯納（Kevin Costner）以及另一位明星，也是經常住在奧斯丁的居民馬修‧麥康納（Matthew McConaughey）一同露面。「在放映電影前，他們介紹了我，觀眾響起一片掌聲，接著他們又介紹了坐在我後面的藍斯，觀眾大聲歡呼吶喊，我回過頭去，他說：『這掌聲可比你的掌聲大，不是嗎？』我那時心想：『我喜歡這傢伙。』」

　　一年後，藍斯的名人地位更上一層樓，三項運動的超級巨星馬克‧艾倫說：「在2000年環法賽之後，耐吉為他辦了一場慶功

藍斯‧阿姆斯壯

宴，那時他已大紅大紫。那時的他和1998年我在『玫瑰競騎』活動上看到的他，有了很大的轉變。『玫瑰競騎』時，他是我所見過他歷來最純樸、謙遜和感恩的時刻，」艾倫說，「耐吉的宴會是在比佛利山一名製片人的豪宅舉行，俯看一切，景色絕美。我們乘著高球車駛上漫長的車道，接著藍斯抵達現場，非常戲劇化地出場。對他來說，就是飛來，和大家見面寒暄，然後飛走……回到歐洲去。」

雖然藍斯天生是傑出的運動員，卻不是天生就會作名人。他得要在公眾面前擺出一副輕鬆自在的模樣，但這並不容易。除了生性害羞——「如果處在他覺得無法控制的場面，就會顯露出來，」藍斯的前妻克莉絲汀說，他還欠缺幽默感。奈格斯說：「他不怎麼有趣。」前隊友貝瑞說：「他總是一再重複同樣的笑話，而且是很遜的笑話。」藍斯也不太會自然地與人交談或演講。戴維斯‧費尼說，在耐吉慶功宴前五年，「我們一起參加正式晚宴，『美國自由車冠軍之夜』我獲得終生成就獎，也發表了演說，接著是藍斯上台領『自由車新聞年度美國車手獎』，他只說：『謝謝大家前來，好好享受。』 就結束了。後來我們聊起來，他問我該怎麼演說，我告訴他：『只要自己覺得有趣就行了，享受說故事的樂趣。』 他聽進去了，幾年後他在奧斯丁的基金籌募會上，表現得自在得多。」

藍斯吸引大家的，是他的人格而非機智的談話或幽默，如今據他的經紀人史代波頓說，他的演講費是15萬美元，但也有時他

不收出場費，比如他在2007年12月隨羅賓．威廉斯參加聯勤活動，到伊拉克和阿富汗去勞軍。「藍斯可以激勵別人，但讓他接觸每天面對生死交關的人而受到啓發，對他也有益，」威廉斯說，「他現身，只對他們說：『你們是我的英雄』，而且他也真心這麼想。」

「他從不希望自己被當成名人，」藍斯基金會的第一任總裁，也是如今的副董事長傑夫．蓋維說，「他只想作個夥伴。」但對藍斯而言，身爲名人，卻是達到他目的的有力手段——爲他的癌症基金會作宣傳推廣。而他在這方面的成功，也幾乎和他在運動方面的成就不相上下。基金會由柯列吉凌亂簡陋的小公寓開始，發展爲頗具規模的非營利組織，籌得了兩億五千萬美元來執行它的使命：「啓發並鼓勵癌症病患堅強活下去……透過教育、支持、公共衛生和研究計畫等種種方法。」它的主要貢獻包括一個提倡健康和運動的重要網站，以及一年一度的「堅強活下去」高峰會，如今這個高峰會已經推廣到全球。

「參加堅強活下去高峰會，你就會明白他和他的組織對全美人民有多重要，」前參議員約翰．愛德華茲（John Edwards）之妻伊利莎白．愛德華茲告訴我說。

「那是他們的生命線，他們由那裡獲得資訊，得到支援；如果你想要找又深又廣的影響力，那麼我覺得他以自己的技巧和訴求，的確找到了完美的結合。」

愛德華茲稱自己是「因爲罹癌而知名的女性典範」，她就是

藍斯‧阿姆斯壯

在一場「堅強活下去」高峰會上，見到了這位「全美因罹癌而最知名的男性」，他們倆此後攜手合作，宣導防癌知識。愛德華茲的乳癌雖已擴散，預後不佳，但她依舊滿懷希望，而她的希望也因藍斯的典範而更堅定，尤其在他於2008年以37之齡宣布重返車壇之時。

「我認為對像我這樣的癌症患者，最有意義的是他現在所做的，再度訓練和參賽。」愛德華茲說。「我們每一個人都努力解決我們自己如蟻丘的小小一堆問題，但這人卻去尋覓如山一般高的問題。這讓我們比較難抱怨，不論我們面對的是什麼。而我知道他之所以這樣做，是為了許多複雜的原因，個人的原因。但我不知道他是否體會到它對其他人的意義。他不斷地做這些不可能做到的事，而比起他所經歷的一切，我們所面對的都是可以做到，可以完成的小事。

「你看過其他重返體壇的運動員，比如麥可‧喬丹（Michael Jordan），但自由車是如此消耗體能的運動，而他花在其上的時間，更是教人難以想像，這不是踢踢足球，或者在五個月季賽中打多少場比賽就結束，即使是對年輕男子，它依舊是極大的體能挑戰，而且在自由車賽中，他已經算是『老人』。他把自己的身體全部拆解再全部接回。即使你不算癌症的這一部分，他的成就依舊駭人，而如果把它計入，更教人屏息。」

藍斯雖然花了許多時間支援並鼓勵別人，他自己也由男性好友身上，獲得支持鼓勵：如柯列吉、奈格斯等奧斯丁老友，和新結交的影壇友人羅賓‧威廉斯和馬修‧麥康納。麥康納說，他和藍斯在1999年電影首映會上結識之後，他有一年半的時間沒有再見到他。後來他駕著Airstream拖車回奧斯丁，停在一個營區，打電話給藍斯邀他聚聚，「他的反應正是藍斯的典型反應，」麥康納說，「他說：『你今晚要做什麼？』沒有人由A處到B處能比藍斯還快，『我幾個小時內來接你，你在哪裡？』『呃，我在拖車營地第十二區。』他的反應是：『什麼？！等等，不會吧。』『是，我是在那裡。』於是我告訴他怎麼走，他來了之後一直搖頭，『你在這裡做什麼？』他不太明白我爲什麼開Airstream拖車。

「接著我們去艾迪餐廳（Eddie V's）吃牛排，我們在後面角落找了個卡座坐下，點了一瓶紅酒，坐下吃晚餐，坐了四五個小時，認識對方，扯一些人生道理，就像兩個出名的年輕人談話那樣。那天之後我們就成了好朋友，而且也常再去那個卡座。」

「而且那是『我得的掌聲比你得的大』之後一年半。」麥康納拍膝大笑。

在藍斯的人生中，和男性的友誼一直都很重要，尤其在公私關係結合在一起之際，就如和奈格斯、史代波頓、布魯尼爾，以及和他長久以來的教練卡麥可一樣。「他想要瞭解可以依賴誰，

藍斯・阿姆斯壯

又不能依賴誰時，曾測試我幾次，我並沒有背叛他，」卡麥可
說，「我認爲他對遭到背叛非常敏感，因爲他童年時發生過這樣
的事，艾迪・B亦然，而且它也發生在其他的運動上，但我並沒
有這樣。我認爲他總在注意這樣的事會不會發生，如果沒有發
生，他就覺得安全自在。

「如果你觀察他的生涯，就會發現基本上他身邊一直都是同
一批人，一小群人：史代波頓、奧查或我、費拉里或布魯尼爾。
我認爲這些人一路走來都各有考驗，就像對我的考驗一樣，直到
最後他認爲他們獲得他的信任。

「能夠像這樣經歷某人的一生非常美妙。曾有人問：『你
不再找一個像藍斯一樣的運動員嗎？』我說：『不行，我吃不
消，一個人的一生只能有一個藍斯・阿姆斯壯。』我很幸運能和
他有這樣的關係，非常幸運。這對卡麥可和藍斯都很好，但你得
投入非常多……你不可能對許多車手都投入這麼多。我初識這人
時29歲，因此難道我要在50歲時再認識一個藍斯，再花半輩子和
他合作？不，一切這樣就好了。」

- -

卡麥可指導藍斯完成七次環法賽勝利，但他的指導並不止於
此。藍斯喜歡持續有運動挑戰，也會盡心爲它做好準備，因此他
又來找卡麥可作訓練，讓他在頭一次參加馬拉松——2006年紐約

市的馬拉松大賽，就以不到3小時的時間跑完全程。卡麥可也鼓勵他參加在科羅拉多舉辦的里德維爾100英里登山車賽，「只是爲了樂趣，」卡麥可說，他自己也參賽兩次。因此這兩人在2008年一起參賽，而卡麥可說得對：藍斯享受了其中的樂趣，他喜歡訓練、競賽，和他由這其中所得的感受——保持健康，充滿活力。「他爲里德維爾作了三週紮實的訓練，」卡麥可說，「在那之前，他根本是遊手好閒。」

在訓練的最後一週，藍斯想重回職業車壇的念頭萌了芽。「起先我以爲他在開玩笑，」卡麥可告訴我，「他並不很堅持，只是說『這能使我活動，保持我的身材……而且也能使我推動一些癌症計畫。』波諾(Bono，U2合唱團的愛爾蘭主唱，也是拯救世界的行動份子)告訴過藍斯，他如何以搖滾明星的舞台來推動他的一些社會方案，藍斯當年在車壇也有這樣做一點，但規模不如他現在可以號召的那麼大。」

在里德維爾，藍斯在長達7小時的車賽中名列第2，教大家都大吃一驚。他想重返車壇的念頭也更熱烈。他想再試一次環法賽，爲孩子路克、葛麗絲和伊莎貝爾證明自己的清白。但他得先爭取他們的母親克莉絲汀的同意。

「我們談得很好，」克莉絲汀說，他對她和孩子們的關懷讓她感動得哭了起來。「他告訴我他的打算，這顯然是很大的承諾，也是一件大事，尤其現在對孩子們有很大的影響。他們現在年紀比較大，很難接受他不在。不過克莉絲汀強調，藍斯是個好

藍斯·阿姆斯壯

父親。「他全心全意地照顧孩子,對他們很溫柔,而且也盡量參與。」她說,「不論他在世上什麼地方,我都覺得孩子和我能夠接觸他。」

擔任父職一直是藍斯的第一優先,因此他和雪瑞兒及其他女性交往時,也總讓孩子參與,包括安娜·韓森(Anna Hansen)在內。2008年9月,他宣布安娜懷了他的孩子。「我是在2007年初在丹佛認識她,」藍斯提到這位愛好運動的金髮科羅拉多女子說,她有生物學位,那時正在為一家非營利機構工作,為癌症青年提供戶外活動。「我到那裡去演說,是T-Mobile的發表會,會後我們一起喝了一杯……之後我們互有聯絡,那時她正在為我們的姊妹機構First Descent工作。」

他們倆在2008年7月以後「更認真交往」,藍斯說,那時他正在為里德維爾車賽作準備。「這是我所有過最私人的一段經驗,她喜歡保有隱私,不希望有人來探問,這很好,對我也很好。」

就因為他尊重對方保有隱私的意願,因此他不願多談安娜或他們的計畫。我問他,安娜懷孕時他是否很驚訝,他擺出他緊張時常有的笑容,「我們有點驚訝,」這是他頭一個自然懷孕的孩子,他不再因癌症而不孕了。「應該說快樂大於驚訝,」他又說,「安娜和我都很興奮,所有相關的人都很興奮,我母親很高興,克莉絲汀很高興,路克、葛麗絲和伊莎貝爾都很高興。」

克莉絲汀也證實了她對藍斯新戀情以及即將加入他們大家

庭的寶寶感到開心。2008年冬天，她說：「那是12月18日，藍斯、安娜，幾個和藍斯一起練車的年輕車手，我自己和孩子們，我們全都開心得不得了，到藍斯的Airstream上去喝葡萄酒、吃披薩。」藍斯買了一輛像麥康納一樣的鋁製車身Airstream拖車。「接著我們去看聖誕燈。我們笑個不停，非常有趣。第二天我才想到，五年前的12月18日正是我們離婚的日子，但那天我卻連想都沒想到。

「如果有人在2003年告訴我，五年後你會去看奧斯丁一年一度聞名的燈之徑（Trail of Lights），帶著孩子和藍斯與他的女友在一起，她還懷孕，而且你們還玩得很開心，我可能會大笑：『是呀，當然。』然而這是很美好的痊癒範例，對我個人是很美好的典範，說明了上帝會保祐我們，讓不同的情況到頭來都順利。」

隨著藍斯在私人的情感上比以往更加安定，他也準備回到自己熱愛的運動。他努力訓練，要在最大的幾場賽事中與頂尖的車手競技，這其中也包括環法賽；而他也準備好要開始最徹底最獨立的藥檢計畫——每週一或兩次藥檢，徹底終結他服食禁藥的傳聞。他要再度證明自己的清白，他要呼籲全球對抗癌症，而世人都將再看到一次偉大的表現。

- -

有些人說藍斯天生就有頂尖運動員的特質：完美的體魄、罕

藍斯‧阿姆斯壯

見的心血管構造，對疼痛的超級忍耐力。有些人說，他之所以出人頭地，是因為他如痴如狂但卻嚴守紀律的訓練、充滿創意的想法、鍥而不捨的動機、勃勃雄心，和求勝的本能。許多人指出藍斯如何巧妙地組織了教練、運動總監、物理治療師、技術專家，和車手的傑出團隊。這一切都有其道理，但卻不足以解釋他所做到的成就。

1993年不肯參與讓藍斯贏得百萬美元三冠王交易的庫爾斯啤酒隊車手費尼更進一步分析藍斯獨特的原因：「我認為他就像完美的風暴型人物，天生擁有卓越的體能，再加上良好的工作道德，和全心全意追求目標的態度。然後他經歷面對死亡的經驗，逃過一劫，因此對生命和他所有的天賦另有一番體悟。不是人人都能有這樣的瞭解，藍斯明白脫穎而出非常困難，而要成為例外的人物，必須要先有這樣的意願。在我看來，這就是藍斯故事的命運，我很榮幸能在場親眼見證。」

藍斯的故事的確有命中註定的成份，由他很小的時候全家搬到賀伊特自行車店對面的街上開始，而賀伊特只是眾多影響藍斯，協助他發揮潛能、實現夢想的人之一，就連離開藍斯生命的人，他的生父與養父，都給了他一些恩賜：激勵他贏得勝利的那股憤怒之火。

然而，來到藍斯生命中的人，才是使他成為舉世最偉大冠軍的人：在他少年時期教他參加另類運動的朋友；他的導師、教練、運動總監，和訓練顧問；拯救他生命的醫護人員；他的隊

友、車隊東家和員工；愛他、支持他的女人；以及永遠在他身邊陪伴他的男性友人。這一路走來，每一步都有貴人相助，讓藍斯得到在這神奇之旅所需要的一切，而這都是由他母親琳達開始。

「我認為我並不是天生的冠軍，而是後天培養出冠軍的心態，」藍斯說，「你不可能天生就有進取心或殺手本能，但母親教我要做個鬥士，絕不放棄。她每天都會說：『去爭取它們！』」

他辦到了。

藍斯·阿姆斯壯：環法自由車賽七冠王

2009年12月初版　　　　　　　　　　　　　　定價：新臺幣399元
有著作權·翻印必究
Printed in Taiwan.

著　　　者	John Wilcockson	
譯　　　者	莊　安　祺	
發 行 人	林　載　爵	

出 版 者	聯經出版事業股份有限公司	叢書主編	林　芳　瑜
地　　　址	台北市忠孝東路四段555號	校　　對	張　毓　如
編輯部地址	台北市忠孝東路四段561號4樓		林　蔚　儒
叢書主編電話	(0 2) 8 7 8 7 6 2 4 2 轉 2 2 1	封面設計	蔡　婕　岑
總 經 銷	聯合發行股份有限公司		
發 行 所	台北縣新店市寶橋路235巷6弄6號2樓		
電話：	(0 2) 2 9 1 7 8 0 2 2		
台北忠孝門市	台北市忠孝東路四段561號1樓		
電話：	(0 2) 2 7 6 8 3 7 0 8		
台北新生門市	台北市新生南路三段94號		
電話：	(0 2) 2 3 6 2 0 3 0 8		
台中分公司	台中市健行路321號		
暨門市電話	(0 4) 2 2 3 7 1 2 3 4 e x t . 5		
高雄辦事處	高雄市成功一路363號2樓		
電話：	(0 7) 2 2 1 1 2 3 4 e x t . 5		
郵 政 劃 撥 帳 戶	第 0 1 0 0 5 5 9 - 3 號		
郵 撥 電 話：	2 7 6 8 3 7 0 8		
印 刷 者	世和印製企業有限公司		

行政院新聞局出版事業登記證局版臺業字第0130號

本書如有缺頁，破損，倒裝請寄回聯經忠孝門市更換。　　ISBN 978-957-08-3512-0 (平裝)
聯經網址：www.linkingbooks.com.tw
電子信箱：linking@udngroup.com

國家圖書館出版品預行編目資料

藍斯・阿姆斯壯：環法自由車賽七冠王/
John Wilcockson著 . 莊安祺譯 . 初版 . 臺北市 . 聯經 .
2009年12月（民98年）. 440面＋16面彩色 .
14.8×21公分 .
譯自：Lance : the making of the world's greatest
　　　champion
ISBN　978-957-08-3512-0（平裝）

1.阿姆斯壯（Armstrong, Lance）　2.賽車　3.癌症
4.傳記　5.美國

785.28　　　　　　　　　　　　　　　98021760

聯經出版事業公司

信用卡訂購單

信用卡號：□VISA CARD □MASTER CARD □聯合信用卡

訂購人姓名：_____

訂購日期：_____年_____月_____日　　（卡片後三碼）

信用卡號：_____ _____ _____ _____

信用卡簽名：_____(與信用卡上簽名同)

信用卡有效期限：_____年_____月

聯絡電話：日(O)：_____夜(H)：_____

聯絡地址：□□□_____

_____

訂購金額：新台幣_____元整

（訂購金額 500 元以下,請加付掛號郵資 50 元）

資訊來源：□網路　　□報紙　　□電台　　□DM　□朋友介紹
　　　　　□其他_____

發票：□二聯式　　　□三聯式

發票抬頭：_____

統一編號：_____

※ 如收件人或收件地址不同時，請填：

收件人姓名：_____□先生　□小姐

收件人地址：_____

收件人電話：日(O)_____夜(H)_____

※茲訂購下列書種,帳款由本人信用卡帳戶支付

書　　　　　　　名	數量	單價	合　　計
	總　　計		

訂購辦法填妥後

1. 直接傳真 FAX(02)27493734
2. 寄台北市忠孝東路四段 561 號 1 樓
3. 本人親筆簽名並附上卡片後三碼(95 年 8 月 1 日正式實施)

電話：(02)27683708

聯絡人:王淑蕙小姐(約需 7 個工作天)